【短期】【中期】【長期】の
10年スパンで考える
事業承継・相続の
税金対策

ミレニア綜合会計事務所
税理士 **甲田 義典**
著

清文社

■はじめに

　オーナー企業における事業承継問題は年々深刻さを増しています。
　そのような中、後継者がいないのに何ら手を打っていなかったり、税金対策が手つかずのままになっているオーナー企業からの相談が、この数年間で多く寄せられてきています。
　書店では、相続税対策や事業承継対策の個別の対策法を述べた書籍が多く見受けられますが、具体的にどのように対策を進めていくかを述べたものはほとんどありません。そのため、実務家の多くは、ほぼ手探りの状態で対策を立てて進めているのではないかと思います。
　私が最近携わった事業承継に伴う相続税対策の実績を述べさせていただくと、最大で1億円を超える相続税額が発生すると見込まれた事案で、複数の節税策を講じることで約8,300万円の納税額（割合にして8割以上）を減らすことが可能となりました。
　なぜ、このような節税を可能にできたかといえば、長期的な視点で複数の節税策を計画的に実行することが重要だと考えた結果です。
　本書では、この長期的な視点として「10年間」というスパンを設け、①お客様からの情報の取りまとめから、②効果的な対策案のしぼり込み、③節税対策シミュレーションの作成、④その実行のサポートまで実践的な手法について事例を用いて解説しています。また、税金対策については、相続税だけでなく、オーナー企業の法人税や消費税やオーナー個人の所得税等を含むオーナー一族の一体的な対策についても解説しています。本書が、実務家の皆様をはじめ、相続税や事業承継問題に悩まれている経営者の皆様に少しでもお役に立てれば幸いです。
　最後に、本書の企画から刊行までを担当してくださった株式会社清文社の橋詰守氏に感謝を申し上げます。
　平成26年9月

税理士　甲田　義典

【短期】【中期】【長期】の
10年スパンで考える事業承継・相続の税金対策

目次

はじめに

第1章
事業承継対策はなぜ必要か？

1-1 事業を継続させるために必要 ……………………………………………… 2
 [1]「後継者候補の不在」は「会社解散の危機」　2
 [2] 増加する遺産相続争い　6

1-2 事業承継に取り組む際の問題点 …………………………………………… 8
 [1] オーナー企業（同族会社）であること　8
 [2] 動機の欠如　10
 [3] 後継者候補の有無により想定させる問題点　12

第2章
事業承継対策を考える基本的な流れ

2-1 事業承継の基本的考え方の2つの視点と成功のポイント ……………… 16
 [1] 経営基盤の承継と自社株・事業用資産の承継　16

2-2 事業承継の5つの基本ステップ …………………………………………… 20

2-3 現状分析 ……………………………………………………………………… 22

2-4 相続財産の評価と相続税額の試算 ………………………………………… 26

2-5 後継者の選定①（親族の場合） …………………………………………… 29
 [1] 親族内承継の特徴　29
 [2] 後継者選定後の対応　31

2-6　後継者の選定②（親族以外の場合） ·· 33
　　[1]　親族外承継の特徴と選定方法　33
　　[2]　事業承継に向けた各関係者への理解　35
　　[3]　承継後を見据えた経営組織の整備と後継者教育　36
2-7　後継者の選定③（M＆Aの検討） ·· 39
2-8　資産の承継方法①（生前贈与） ··· 41
2-9　資産の承継方法②（遺言） ·· 43
　　[1]　概要　43
　　[2]　遺言の特徴と作成ポイント　44
2-10　資産の承継方法③（会社による買取り） ··· 49
2-11　資産の承継方法④（会社法の活用） ·· 53
2-12　資産の承継方法⑤（その他） ·· 61
2-13　事業承継計画の作成と実行 ··· 65

第3章
自社株の評価と対策

3-1　自社株対策の概要 ··· 70
　　[1]　評価の概要と評価上の株主の判定　70
　　[2]　評価方法　80
3-2　自社株対策（評価額の引下げ）のポイント ··· 124
　　[1]　類似業種比準方式での対策　124
　　[2]　自社株対策におけるその他の留意点　137

第4章
10年スパンでの
税金対策シミュレーションの作成（全体像）

4-1　10年スパンで考える効果的な税金対策の概要 ··· 140
　　[1]　税金対策シミュレーションの目的　140
　　[2]　なぜ10年スパンか？　140
　　[3]　短期・中期・長期の時間軸の考え方　141

4-2	税金対策シミュレーション作成の5つの基本ステップ	143
4-3	税務ポジションの整理①（相続税）	145
4-4	税務ポジションの整理②（オーナー企業の法人税等）	147
4-5	税務ポジションの整理③（オーナー一族の所得税等）	150
4-6	10年間の成行きの税金シミュレーションの作成	153

　　［1］シミュレーションが必要な理由と利益計画上の留意点　153
　　［2］10年後の成行きの相続税額の試算　155
　　［3］成行きの相続税シミュレーション　157
　　［4］成行きの所得税シミュレーション　159
　　［5］成行きのシミュレーションの全体像　161

| 4-7 | 税金対策メニューの検討と節税効果の測定 | 163 |

　　［1］【短期】【中期】【長期】の時間軸の設定と対策のメニュー出し　163
　　［2］各税金対策のメリット・デメリットのとりまとめ　167
　　［3］各税金対策の節税効果の測定と絞り込み　171
　　［4］税金対策メニューの記載例　174
　　［5］実行スケジュールのまとめ　176

第5章
10年スパンで考える【短期】の税金対策

| 5-1 | 贈与税の配偶者控除 | 180 |

　　［1］制度の概要　180
　　［2］制度の主な内容　180
　　［3］対策上の留意点　181

| 5-2 | 教育資金の一括贈与の特例 | 182 |

　　［1］制度の概要　182
　　［2］制度の主な内容　183
　　［3］対策上の留意点　185

| 5-3 | オーナーの会社に対する貸付金を自社株へ転換（DES） | 187 |

　　［1］DESの概要　187
　　［2］事業承継におけるDESの主な税務上の取扱い　187

[3]　ＤＥＳによる自社株評価の影響　189

　　　[4]　税金対策上の留意点（行為計算否認の可能性）　190

　5-4　不動産管理会社の活用 ……………………………………………………………… 191

　　　[1]　不動産管理会社による節税効果　191

　　　[2]　一般的な不動産管理会社の形態　191

　　　[3]　不動産保有方式を選択する際の税金対策上の取扱いと留意点　193

第6章
10年スパンで考える【中期】の税金対策

　6-1　養子縁組 ……………………………………………………………………………… 202

　　　[1]　養子縁組活用による相続税の節税効果　202

　　　[2]　養子の数の制限　206

　　　[3]　養子縁組活用の留意点　206

　6-2　組織再編（合併、会社分割等の活用）……………………………………………… 210

　　　[1]　自社株対策として利用される組織再編の例　210

　　　[2]　組織再編税制の概要　213

　6-3　子供への住宅取得資金の贈与と住宅ローン控除の適用 ………………………… 215

　　　[1]　概要　215

　　　[2]　住宅取得等資金の贈与の特例適用のポイント　216

　　　[3]　住宅ローン控除適用のポイント　217

　　　[4]　併用して適用するためのポイント　218

第7章
10年スパンで考える【長期】の税金対策

　7-1　生前贈与 ……………………………………………………………………………… 220

　　　[1]　概要　220

　　　[2]　生命保険の活用　222

　　　[3]　税金上の特例とセットで活用　223

　7-2　役員退職慰労金の支給 ……………………………………………………………… 224

　　　[1]　退職所得の課税の概要　224

[2] 退職金の支給形態別の税務上の留意点　225

7-3　従業員持株会の活用 ……………………………………………………… 230
　　[1] 従業員持株会制度の概要　230
　　[2] 税務上の留意点等　231

第8章
10年間の税金対策シミュレーション

8-1　10年間の税金対策シミュレーションの作成 ……………………… 234
　　[1] 税金対策のパターンの検討とシミュレーションの前提　234
　　[2] 税金対策シミュレーション（自社株評価）　236
　　[3] 税金対策シミュレーション（相続税）　244
　　[4] 税金対策シミュレーション（個人の収支）　248
　　[5] 税金対策シミュレーション（各パターンの対策後納税額の結果要約）　256
　　[6] 税金対策シミュレーション（節税効果の結果要約と内訳）　260

8-2　節税対策シミュレーションの実行と更新 …………………………… 263
　　[1] 工程表の作成　263
　　[2] 相続財産の更新作業から贈与契約締結までのスケジューリング　266
　　[3] 最新の決算書と利益計画に基づく自社株の再評価　268
　　[4] 対策実行中の相続財産の更新と相続税額の試算　270
　　[5] 税金対策シミュレーションと節税効果の更新　272

参考文献　274

〔税務上の取扱いについては、特に記載がない限り、平成26年4月1日現在適用される
法令等に基づき記述しています。〕

【凡例】

相法	相続税法
相令	相続税法施行令
相規	相続税法施行規則
相基通	相続税法基本通達
相続税関係個別通達	相続税関係個別通達
評基通	財産評価基本通達
所法	所得税法
所令	所得税法施行令
所規	所得税法施行規則
所基通	所得税基本通達
措法	租税特別措置法
措令	租税特別措置法施行令
法法	法人税法
法令	法人税法施行令
法基通	法人税基本通達
法人税関係個別通達	法人税関係個別通達
民法	民法
会社法	会社法
金商法	金融商品取引法
金商令	金融商品取引法施行令
所法25①四	所得税法第25条第1項第4号

第1章
事業承継対策はなぜ必要か？

1-1 事業を継続させるために必要

[1]「後継者候補の不在」は「会社解散の危機」

❶ 厳しい中小企業の経営環境

わが国の中小企業の事業承継を難しくさせている理由の1つとして、「厳しい経営環境」があげられます。

事業の将来性が不透明のなか、多くの経営者はリスクを負わせて事業を引き継がせたくないと考える一方で、リスクを負いたくないと考える後継者の存在が、事業承継を進まなくさせている主な原因と考えられます。

中小企業白書によれば、2013年3月までの中小企業の景況感について、以下のように述べています。

中小企業の業況判断DIは、大震災後の2011年7-9月期に、大震災前の水準にまで持ち直した後は、2012年4-6月期まで緩やかな回復を続けた。同年7-9月期には、我が国経済の後退を受けて、業況判断DIもやや低下する動きを見せたが、2013年1-3月期のDIは再び上昇に転じている（**図表1-1**）。

図表1-1　中小企業の業況判断DI

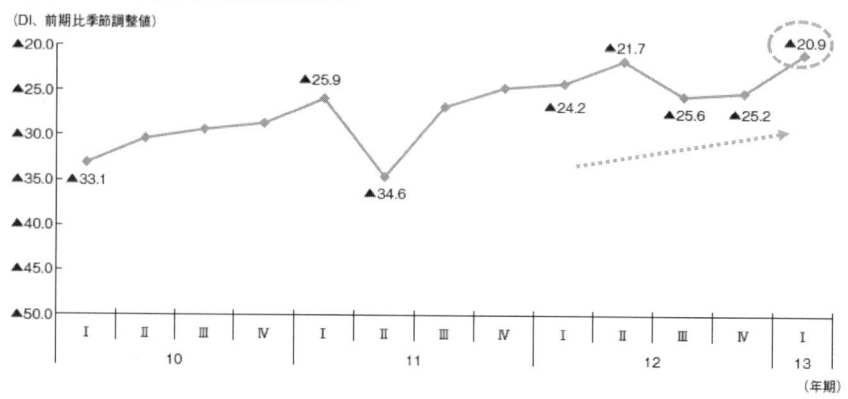

(DI、前期比季節調整値)

年期	DI
10-I	▲33.1
11-I	▲25.9
11-II	▲34.6
12-I	▲24.2
12-II	▲21.7
12-III	▲25.6
12-IV	▲25.2
13-I	▲20.9

出典：2013年版　中小企業白書（一部加工）

1-1　事業を継続させるために必要　3

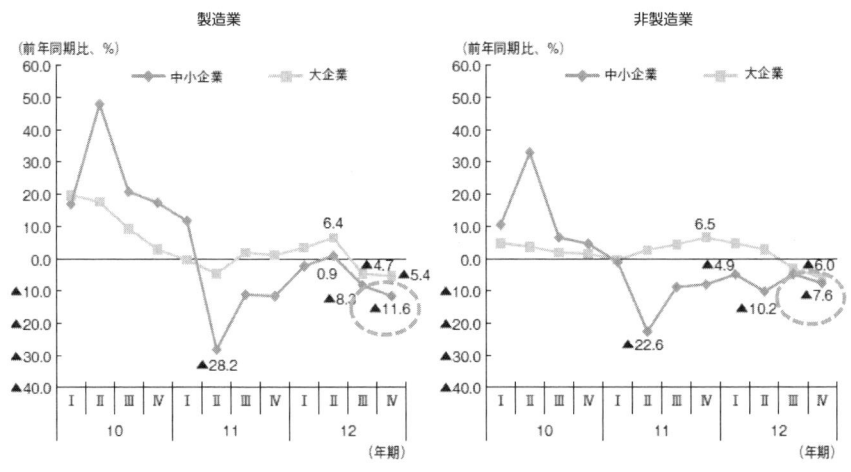

図表1-2　規模別・業種別　売上伸び率の推移

製造業／非製造業のグラフ（前年同期比、%、2010年〜2012年）
製造業：中小企業　▲28.2（11年）、▲8.3、0.9、▲4.7、▲11.6、大企業 6.4、▲5.4
非製造業：中小企業 ▲22.6、▲4.9、▲10.2、▲7.6、大企業 6.5、▲6.0

出典：2013年版　中小企業白書（一部加工）

　業況判断ＤＩ（ディフュージョン・インデックス　Diffusion Index）とは、前期に比べて、業況が「好転」と答えた企業の割合（％）から、「悪化」と答えた企業の割合（％）を引いたものをいいます。

　中小企業白書では、2012年7-9期に低下の動きをみせたＤＩが、2013年1-3期に再び上昇に転じているという楽観的な表現となっていますが、数値はマイナス20.9で全体の60％の中小企業が「前期に比べて悪化した」と答えているわけですから、依然として経営環境は厳しいといえます（「好転」した40％－「悪化」した60％ ＝ マイナス20％となる）。

　次に、2012年までの中小企業の収益動向は、非常に厳しい統計が出ています。中小企業の2012年10-12期の売上の伸び率を見ると、製造業で前年比11.6％、非製造業は7.6％いずれも減少しています（**図表1-2**）。

❷　経営者が廃業を考える理由

　中小企業白書では、経営者の年齢が50歳以上の中小企業について、事業承継に対する意向を調査しています。調査では、経営者（以下本書では、事業を引き

継がせようとする者を「現経営者」と表現する）が引退した後の、事業継続についての方針についてアンケートを実施しました。

アンケートでは、中小企業の規模別に見ると、中規模企業（小規模事業者以外の中小企業）の大半（84.5％）が事業の継続を希望しているのに対し、小規模事業者（**図表１−３**）では、6割弱（57.2％）にとどまるという結果がでています（**図表１−４**）。また、廃業を希望する小規模事業者は、13.7％に上っています。

図表１−３　小規模事業者の範囲

業種	中小企業者（下記のいずれかを満たすこと）		うち小規模企業者
	資本金	常時雇用する従業員	常時雇用する従業員
①製造業・建設業・運輸業　その他の業種（②〜④を除く）	3億円以下	300人以下	20人以下
②卸売業	1億円以下	100人以下	5人以下
③サービス業	5,000万円以下	100人以下	5人以下
④小売業	5,000万円以下	50人以下	5人以下

出典：2013年版　中小企業白書（一部加工）

図表１−４　規模別の経営者引退後の事業継続についての方針

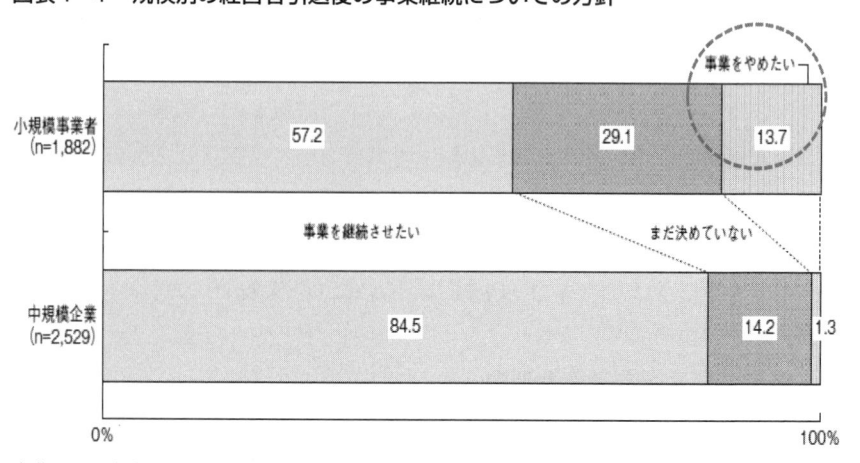

	事業を継続させたい	まだ決めていない	事業をやめたい
小規模事業者（n=1,882）	57.2	29.1	13.7
中規模企業（n=2,529）	84.5	14.2	1.3

出典：2013年版　中小企業白書（一部加工）

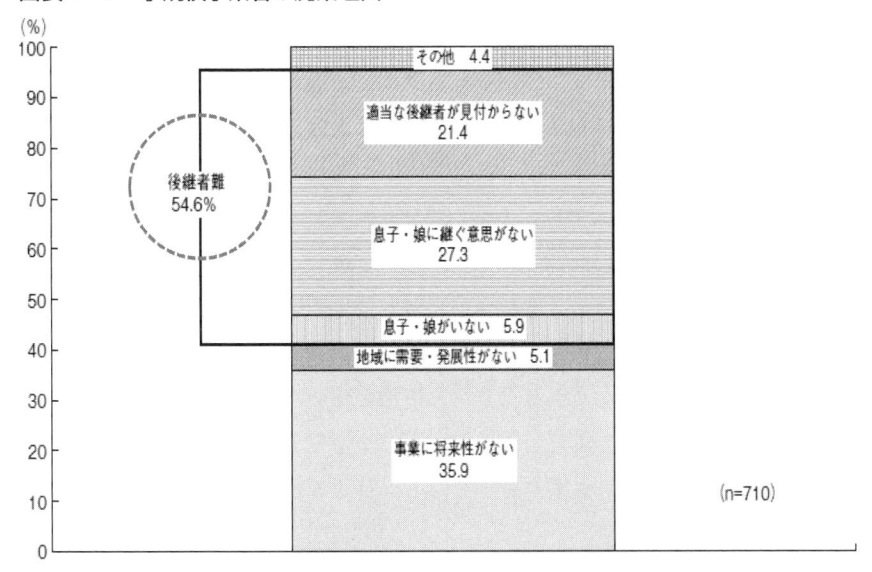

図表1-5　小規模事業者の廃業理由

(%)
- その他　4.4
- 適当な後継者が見付からない　21.4
- 息子・娘に継ぐ意思がない　27.3
- 息子・娘がいない　5.9
- 地域に需要・発展性がない　5.1
- 事業に将来性がない　35.9

後継者難　54.6%

(n=710)

出典：2013年版　中小企業白書（一部加工）

　そして、経営者引退後の事業継続について「事業をやめたい」と回答した小規模事業者の廃業を希望する理由は、後継者難に関連した項目が、半分以上（54.6％）を占めており、そのうちの半数近くが「息子・娘に継ぐ意思がない」（27.3％）、「息子・娘がいない」（5.9％）といった子供への事業承継が難しいことが理由となっています（**図表1-5**）。

　後継者探しや育成には、多大な時間とエネルギーが必要になります。現経営者が高齢になったり、予期せぬ病気や怪我などを理由に第一線を退かざるを得なくなってからでは手遅れになってしまいます。現経営者は、現役のうちに事業承継対策を検討して、適切にバトンを渡すことが重要なのです。

　また、先ほどのアンケート結果の通り近年では、息子・娘が継ぐ意思がないケースも増えてきているため、親族以外の後継者候補も視野に入れて後継者探しに取り組む必要があります。

[2] 増加する遺産相続争い

　円満だった親族の関係が、事業承継対策を打たなかったために、現経営者の予期せぬ相続発生を機に親族間で争いが起こり、会社の経営どころではなくなるケースが少なくありません。

　相続財産は、各相続人での話合い（遺産分割協議）で遺産をどのように分けていくかを決める（遺産分割する）ことになりますが、その話合いが不調となった場合には、家庭裁判所の「遺産分割調停」による話合いで遺産分割を決めることができます。

　調停では、裁判官等が当事者双方から事情を聴いたり、必要に応じて資料等を提出し、遺産について鑑定を行うなどして事情をよく把握した上で、当事者双方の意向を聴取し、解決案を提示したり、解決のために必要な助言を行って話合いを進めていきます。

　遺産をどう分けるかの話合いがまとまらずに不成立となった場合には、自動的に家事審判官（裁判官）が、一切の事情を考慮して審判をすることになります。

　ところで、この遺産分割調停に係る事件数は年間どのくらい発生しているかご存知でしょうか？

　裁判所で公表している司法統計によれば、全国の家庭裁判所に持ち込まれた遺産分割に係る事件数は、平成24年度では年間約12,000件発生しています。これは1日に30件以上起きている計算です。また、過去の10年間の件数の推移を見ると増加傾向となっており、10年前と比較すると約3割増加しています（**図表1-6**）。

　事件数の増加は、不景気の影響で少しでも遺産を獲得しようと争われるケースが多いと推定されますが、事業承継の場面においても、親族間で争われるリスクは年々増加しているといえるでしょう。

　このようなリスクにさらされている中小企業の事業承継は、地域経済の活力維持と雇用確保の観点から非常に重要です。もし、事業承継対策を何も打たな

図表 1-6　遺産分割事件数

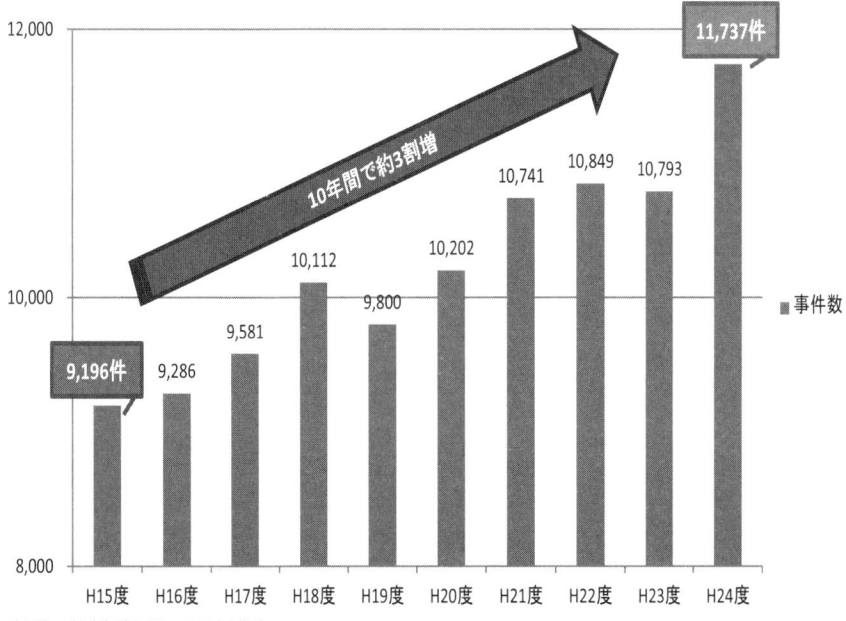

年度	事件数
H15度	9,196件
H16度	9,286
H17度	9,581
H18度	10,112
H19度	9,800
H20度	10,202
H21度	10,741
H22度	10,849
H23度	10,793
H24度	11,737件

10年間で約3割増

出所：裁判所HP　司法統計

ければ、現経営者の予期せぬ相続発生により、後継者との親族間の対立、経営権の分散、相続紛争（いわゆる「争続」）などの「お家騒動」に発展して、地域経済の活性化や雇用の確保どころではなくなる可能性があるのです。

このような事態を未然に防ぐため、事前に後継者の候補者を選定し、後継者の育成と経営権の段階的な承継、そして、後継者以外の親族が後継者に対して不満が起きないようにする配慮を長期的な視点で、かつ、計画的に行う必要があります。

また、後継者候補が不在で会社を第三者へ売却せざるを得ないような場合においても、会社が希望する買い手候補をすぐに見つけることは容易ではありません。会社にとって従業員の雇用が確保され、より魅力的な買い手を見つけるためには十分な準備期間が必要になります。

1-2 事業承継に取り組む際の問題点

[1] オーナー企業（同族会社）であること

　一般的にオーナー企業は、「同族会社」とも呼ばれ、社長及びその一族＝会社の株主という形態をとっています。

　法人税法では、同族会社を以下のように定義しています。

> **(定義)**
> **法人税法第2条第10号**
> 　同族会社　会社の株主等（その会社が自己の株式又は出資を有する場合のその会社を除く。）の三人以下並びにこれらと政令で定める特殊の関係のある個人及び法人がその会社の発行済株式又は出資（その会社が有する自己の株式又は出資を除く。）の総数又は総額の百分の五十を超える数又は金額の株式又は出資を有する場合その他政令で定める場合におけるその会社をいう。

　つまり、税法上の同族会社とは、会社の株主の上位3グループが保有している株式数の合計が、その法人の発行済株式総数の50％超に相当する会社をいいます。なお、1つの株主グループには、その株主の一族やその一族の会社が含まれるため、公開企業を除くほとんどの会社は同族会社となります（法令4）。

　国税庁が公表した平成23年度の会社標本調査によれば、わが国の同族会社の割合は、法人税申告書を提出した法人（約257万社）のうち96.9％となっています（**図表1-7**）。

図表1-7　同族会社の構成比

同 非 区 分		計
同族会社	非同族会社	
2,491,022	78,382	2,569,404社
96.9%	3.1%	100%

出所：平成24年3月　国税庁 会社標本調査（一部加工）

ところで、中小企業の事業承継の場面では、同族会社であるが故の以下の特徴があります。

- ✓ 同族会社では、現経営者が会社へ運転資金を貸し付けたり、会社の銀行借入金に対して連帯保証人となっていることが多く、会社と現経営者の財布が事実上一体となっている。
- ✓ 同族会社の場合、後継者候補が現経営者の親族や取引先などに限定されることが多い。 など

中小企業白書によれば、2012年11月に実施した調査では、中小企業の事業承継の形態が、ここ20年間で親族間の承継から第三者への承継へシフトしつつあります（**図表1-8**）。

図表の通り、中小企業のうち規模の小さい小規模事業者（製造業では常時雇用の従業員が20名以下など、詳細は**図表1-3**を参照）では、4社のうち3社

図表1-8　規模別・事業承継時期別の現経営者と先代経営者の関係

①小規模事業者

時期	息子・娘	息子・娘以外の親族	親族以外の役員・従業員	社外の第三者
20年以上前 (n=446)	83.4	10.1	3.8	2.7
10〜19年前 (n=348)	73.9	10.9	9.5	5.7
0〜9年前 (n=507)	61.3	14.4	13.8	10.5

②中規模事業者

時期	息子・娘	息子・娘以外の親族	親族以外の役員・従業員	社外の第三者
20年以上前 (n=441)	83.0	8.4	4.8	3.9
10〜19年前 (n=588)	63.1	15.3	15.6	6.0
0〜9年前 (n=1,105)	43.1	11.0	24.6	21.4

親族外承継の推移

半数近くが親族外の承継

出典：2013年版　中小企業白書（一部加工）

（およそ75％）が親族間の承継です。一方、中小企業のうち小規模事業者を除く中規模企業では、半数近くの会社が親族外承継となっています。

[2] 動機の欠如

中小企業における事業承継は、主に5つ理由により対策が先送りになっていると考えられています。

① 現経営者にとって遠い将来の話という認識が強い。
② 現経営者が困る問題ではなく、残された家族や会社の問題であると考えている。
③ 現経営者が自分の影響力を維持したい。
④ 現経営者の死を連想させるため取り組みにくく、家族をはじめ第三者である従業員から提案することが事実上不可能であるケースが多い。
⑤ 事業承継問題自体が、会社の利益にすぐに結び付きにくい。

したがって、事業承継問題を解決するための第一歩として、内部の事情を知り得る立場であるメインバンクの担当者や、顧問税理士等の外部の専門家から、積極的に問題解決のための後押しをすることも必要となります。

以上をまとめると、中小企業の事業承継には、①会社財産の所有と経営が一致し社長個人の財産と会社の財産が一体となっており、②後継者候補がある程度限定されていること、③事業承継対策が現経営者のインセンティブにつながることが少ないため対策に消極的なケースが多い、という背景が存在していることがわかります。

では、事業承継対策を何もせずに放置しておくと、どのようなことが起こり得るのでしょうか。

まず、現経営者の予期せぬ相続発生により、親族間の調整役でもあった経営者の不在となった結果、残された親族間で利害が対立して会社財産と経営が親族間で分断される危険性があります。

また、民法では遺族に最低限の生活保障として認められた一定割合の相続財産を取得する権利（遺留分）があるため、後継者以外の相続人へオーナー企業

の株式（以下本書では、非公開株式を前提とした「自社株」と表現する）を分散させざるを得なくなり、後継者や会社が分散された自社株を買い取るための資金が必要となる可能性があります。

その結果、自社株が後継者以外の親族へ分散され、会社の経営方針など重要な意思決定が機能せず業績が悪化したり、後継者が分散された自社株の買取資金の調達に翻弄され、会社経営に注力できないなどの事態が想定されます。

では、中小企業において、このようなリスクを回避するための事業承継対策の取組みがどの程度行われているのでしょうか。

中小企業白書によれば、2012年11月に実施した調査で、相続税等の税金対策や後継者への自社株の移転、相続対策、事業承継計画の策定などを取り組んでいる会社は全体の１割～２割程度にとどまっており、事業承継対策が遅れている会社が多いことがわかります（さらにいうと、中規模企業の１割、小規模事業者の約２割が何も取り組んでいないという結果が出ている）（**図表１-９**）。

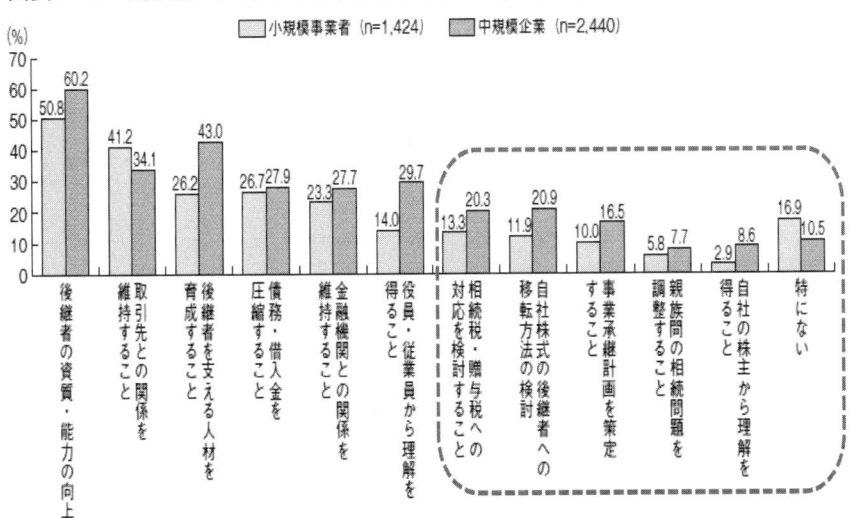

図表１-９　規模別の事業承継の準備として取り組んでいること

項目	小規模事業者 (n=1,424)	中規模企業 (n=2,440)
後継者の資質・能力の向上	50.8	60.2
取引先との関係を維持すること	41.2	34.1
後継者を支える人材を育成すること	26.2	43.0
債務・借入金を圧縮すること	26.7	27.9
金融機関との関係を維持すること	23.3	27.7
役員・従業員から理解を得ること	14.0	29.7
相続税・贈与税への対応を検討すること	13.3	20.3
自社株式の後継者への移転方法の検討	11.9	20.9
事業承継計画を策定すること	10.0	16.5
親族間の相続問題を調整すること	5.8	7.7
自社の株主から理解を得ること	2.9	8.6
特にない	16.9	10.5

出典：2013年版　中小企業白書

[3] 後継者候補の有無により想定される問題点

　事業承継対策を検討する上で、想定される問題点を整理することが大切です。その際には、後継者（候補）がいる・いないで対応が大きく変わります。

　それぞれのケースで想定される問題点は以下の通りです。

❶　後継者（候補）がいる場合
- 後継者候補となる者の選定から育成までどのように行うかという後継者の問題
- 相続紛争の防止という法律面の問題
- 自社株を含む相続税負担をどう軽減させるのかという税負担の問題
- 分散された株式の買取資金の確保をどのように行っていくかという資金調達の問題

❷　後継者（候補）がいない場合

　後継者（候補）がいない場合には、会社の事業の引取り手を探して売却（いわゆる「M&A」）をするか、廃業するかの選択を迫られることになりますが、売却する場合には、以下の問題が想定されます。
- 経営者が希望する事業の買い手（売却先）の候補がいるかという買い手の問題
- 事業の買い手が、その購入資金を調達できるのかという買い手の資金調達能力の問題
- 事業売却後において収入を得る手段がなくなる場合に、事業売却の代金と保有資産の範囲で相続税や贈与税を納税できるのかという納税資金の問題

　以上の後継者（候補）の有無による問題点を整理すると以下の通りです（**図表 1 -10**）。

図表1-10 後継者（候補）の有無により想定される問題点のまとめ

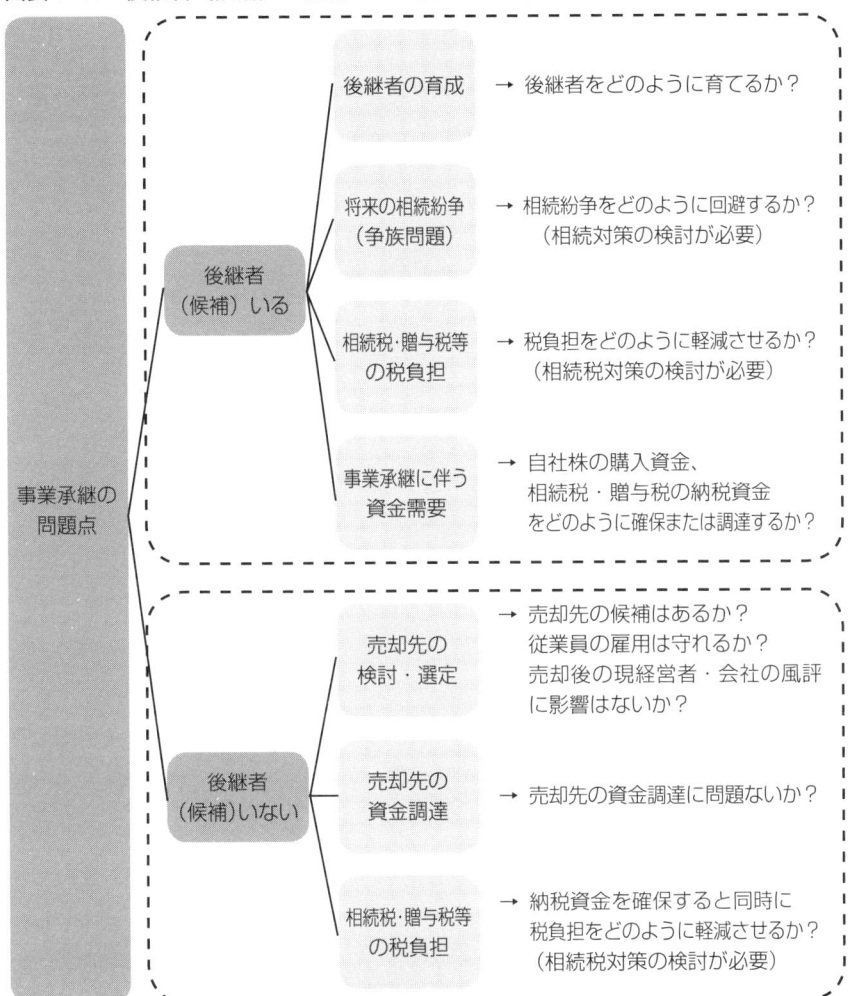

事業承継の問題点

後継者（候補）いる
- 後継者の育成 → 後継者をどのように育てるか？
- 将来の相続紛争（争族問題） → 相続紛争をどのように回避するか？（相続対策の検討が必要）
- 相続税・贈与税等の税負担 → 税負担をどのように軽減させるか？（相続税対策の検討が必要）
- 事業承継に伴う資金需要 → 自社株の購入資金、相続税・贈与税の納税資金をどのように確保または調達するか？

後継者（候補）いない
- 売却先の検討・選定 → 売却先の候補はあるか？従業員の雇用は守れるか？売却後の現経営者・会社の風評に影響はないか？
- 売却先の資金調達 → 売却先の資金調達に問題ないか？
- 相続税・贈与税等の税負担 → 納税資金を確保すると同時に税負担をどのように軽減させるか？（相続税対策の検討が必要）

第2章
事業承継対策を考える基本的な流れ

2-1 事業承継の基本的考え方の2つの視点と成功のポイント

[1] 経営基盤の承継と自社株・事業用資産の承継

わが国の中小企業の多くは、現経営者が大半の自社株と事業用資産を保有して、経営者の強力なリーダーシップによるトップダウン型の経営を行っています。

事業承継を円滑に進めるためには、「経営基盤の承継」という経営理念やノウハウのような目に見えない財産の承継と、「自社株・事業用資産の承継」という目に見える財産としての承継の2つの視点が必要です。

❶ 経営基盤の承継

経営基盤の承継には、大きく分けると「経営ノウハウの承継」と「経営理念の承継」があります。

経営ノウハウの承継とは、一般に経営者として必要な業務知識、経験、人脈、技術などの承継をいい、経営理念の承継は、経営者の経営に対する信念、価値観等の承継をいいます。

これらの承継は、その性質上、すぐに引き継げるものではなく、後継者教育の一環として、現経営者と一緒に業務を遂行することで受け継がれていくものであるため、長期的な視点で行われるのが通常です。

❷ 自社株・事業用資産の承継

自社株・事業用資産の承継とは、文字通り現経営者からの資産の承継です。資産の承継には、以下3つのポイントがあります。

【ポイント1】 自社株・事業用資産の後継者への集中

　後継者が安定的に経営を行うためには、後継者へ自社株と事業用資産を集中して引き継がせる必要があります。理由は、後継者による新しい体制での経営の安定化をはかるためです。経営者の子供が複数いる場合にこれを怠ると現経営者の相続発生の際に経営が二分化されるリスクがあります。

【ポイント2】 相続紛争（いわゆる「争続」）を防ぐための配慮

　経営者が保有する財産のうち、自社株と事業用資産の占める割合が大きい場合には、後継者へ集中させると必然的に後継者への財産の配分が偏ることになります。そのため、他の親族から不満が出ることがないように、他の親族への遺産の配分についても配慮する必要があります（**図表2-1**）。経営者の子供が複数いる場合には、後継者でない子供の遺留分に注意が必要です。

　遺留分とは、現経営者の配偶者や子供などの相続人のために民法上保障された一定割合の相続財産（相続人が配偶者と子供が場合には、遺産の総額に一定調整をした金額×1/2＝遺留分の総額　となり、この遺留分の総額に法定相続分を乗じたものが、それぞれの相続人の遺留分となる）をいい、民法上、遺族の最低限の生活保障として認められている遺産の取り分です。

　したがって、現経営者からの生前贈与や遺言によって、後継者に自社株と事業用資産を集中的に取得させたとしても、後継者以外の親族の取得分が遺留分に満たない場合には、後継者以外の親族は、その不足分を取り戻すことが可能です。

　例えば、相続人である子供A・Bがいて、遺留分の総額が2億円、そのうち自社株及び事業用資産が1.7億円であったとします。そして、後継者Aが1.7億円を取得し、後継者でないBがその他の財産3,000万円を取得すると、Bの遺留分である5,000万円（2億円×1/2×1/2）に満たないため、Bの請求（遺留分の減殺請求という）により、Aはその不足分2,000万円をBへ支払わなければなりません（**図表2-1**）。

図表 2-1　遺留分と遺留分の減殺請求（例）

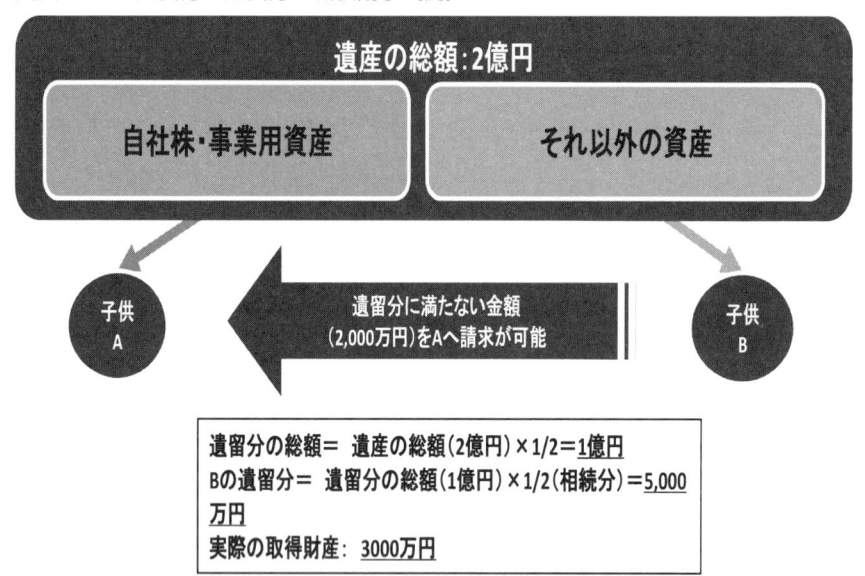

```
遺産の総額：2億円
┌─────────────────┬─────────────────┐
│ 自社株・事業用資産  │   それ以外の資産   │
└─────────────────┴─────────────────┘
         ↓                              ↓
       子供A    ←── 遺留分に満たない金額 ──    子供B
              (2,000万円)をAへ請求が可能
```

遺留分の総額＝ 遺産の総額(2億円)×1/2＝<u>1億円</u>
Bの遺留分＝ 遺留分の総額(1億円)×1/2(相続分)＝<u>5,000万円</u>
実際の取得財産： 3000万円

【ポイント3】事業承継に必要な資金の確保

事業承継に必要な資金は、後継者の有無によって以下のように異なります。

① 後継者がいる場合
- ✓ 後継者が他の親族等に分散された自社株や事業用資産を買い取るための資金
- ✓ 相続・贈与により自社株や事業用資産を取得した際に後継者に課される相続税・贈与税の納税資金
- ✓ 会社が経営者や他の親族等から自社株や事業用資産を買い取るための資金　など

② 後継者がいない場合
- ✓ 役員や従業員が事業を承継する場合に、その役員等が自社株や事業用資産を直接買い取るための資金
- ✓ 役員や従業員が事業を承継する場合に、その役員等の設立した新会社

が自社株や事業用資産を直接買い取るための資金

✓ 取引先等の社外の者がM&Aによって会社を買収するための資金　など

必要な資金は、民間金融機関からの融資のほか、日本政策金融公庫などの政府系金融機関や保証協会の保証を活用した金融機関からの調達などの方法があります。

❸　事業承継成功のポイント

事業承継を成功させるためには、次の把握が重要です。

① 　自社の株主構成
② 　事業用資産の所有関係
③ 　会社の借入状況、債務保証、担保提供の状況

自社の株主構成と事業用資産の所有状況の把握は、これら資産を後継者へ集中させる方法を検討するために必要となります。特に製造業の場合、工場のような事業上の重要な資産を会社とは無関係の親族へ相続させていると、高額な賃料や買取りの支払いを要求されたり、第三者へ売却されるおそれがあるため、このようなリスクを回避するための手段を事前に検討する必要があります。

会社の資金の借入の状況、債務保証、担保提供の状況の把握は、金融機関からの借入金があると、事業承継の際に現経営者の他に、後継者も連帯保証人になるように要請され、後継者が実質的に会社債務を引き継ぐことになることが多いため検討材料として必要です。

円滑な事業承継を進めるためには、現経営者が可能な限り会社債務を圧縮して、後継者の負担を軽減させることが望まれます。

2-2 事業承継の5つの基本ステップ

事業承継の進め方とポイントの全体像を示すと以下の通りです。

図表2-2　事業承継の進め方

●本チャートは一般的な流れを示したものです。

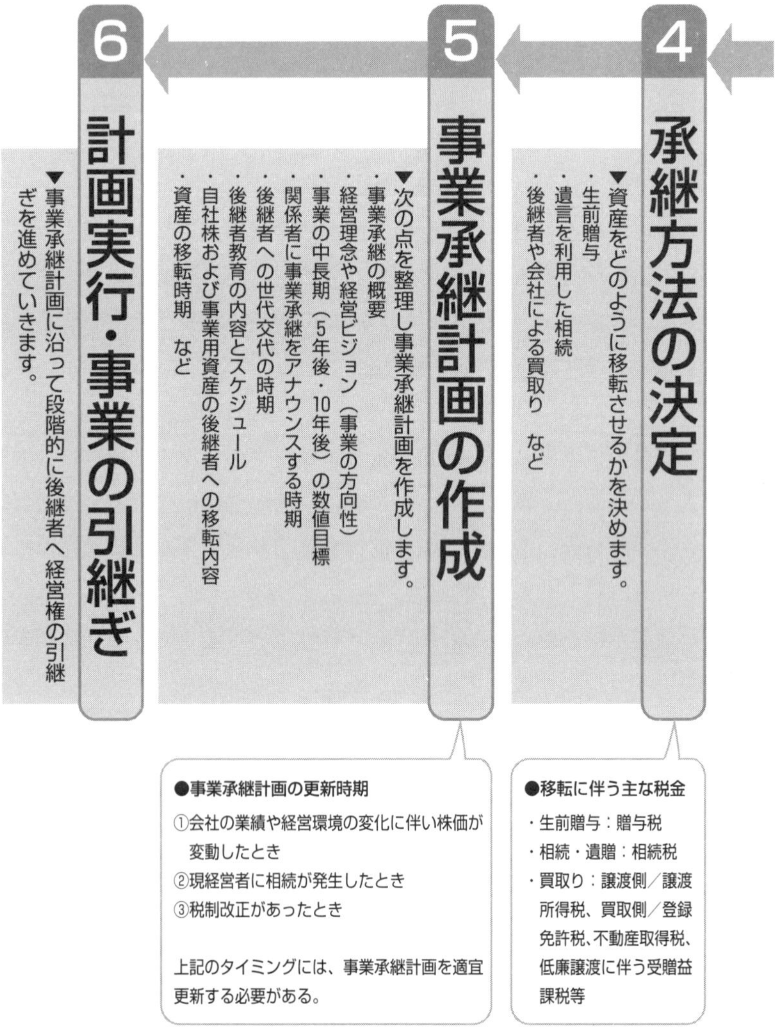

4 承継方法の決定

▼資産をどのように移転させるかを決めます。

・生前贈与
・遺言を利用した相続
・後継者や会社による買取り　など

●移転に伴う主な税金

・生前贈与：贈与税
・相続・遺贈：相続税
・買取り：譲渡側／譲渡所得税、買取側／登録免許税、不動産取得税、低廉譲渡に伴う受贈益課税等

5 事業承継計画の作成

▼次の点を整理し事業承継計画を作成します。

・事業承継の概要
・経営理念や経営ビジョン（事業の方向性）
・事業の中長期（5年後・10年後）の数値目標
・関係者に事業承継をアナウンスする時期
・後継者への世代交代の時期
・後継者教育の内容とスケジュール
・自社株および事業用資産の後継者への移転内容
・資産の移転時期　など

●事業承継計画の更新時期

①会社の業績や経営環境の変化に伴い株価が変動したとき
②現経営者に相続が発生したとき
③税制改正があったとき

上記のタイミングには、事業承継計画を適宜更新する必要がある。

6 計画実行・事業の引継ぎ

▼事業承継計画に沿って段階的に後継者へ経営権の引継ぎを進めていきます。

出典：バンクビジネス2011年10月15日号　近代セールス社（甲田義典　監修）

2-2 事業承継の5つの基本ステップ　21

1 現状の分析

▼まず次に挙げる情報を整理します。
- 現経営者の親族関係
- 経営幹部や主要取引先等の関係者
- 会社の株式の保有関係や現状の経営資源
- 事業に係る外部環境と内部環境
- 事業の将来の見通し（利益計画や事業計画）など

● 情報の具体的な内容
- 親族関係：推定相続人
- 経営幹部：後継者の右腕候補
- 経営資源：経営理念、技術、ノウハウ、財務内容など
- 外部環境：競合先やマーケットの動向
- 内部環境：会社の強みと弱み

2 相続財産の評価と相続税の試算

▼現経営者の保有財産を評価し相続税額を試算します。
- 自社株式
- 事業用資産
- 自宅・その他不動産
- 預貯金その他金融資産　など

● 税額試算時の検討事項
- 相続税対策（節税等）も並行して検討する
- 相続税等の納税資金をどのように確保するのかも検討が必要
- 争続を防ぐため、相続財産の配分にも配慮する

3 後継者（候補）の選定

▼一般的に次の範囲から後継者を検討します。
- 現経営者の親族
- 親族以外の経営幹部や従業員
- 取引先や金融機関からの招聘

● 選定時の留意点
- 経営幹部や取引先等には事前に説明し理解を得ておく
- 適した後継者がいない場合には、M&Aも選択肢の1つとして検討する

2-3 現状分析

　事業承継を進めるには、後継者問題、税負担の問題、様々な利害関係者（例えば、後継者以外の親族、取引先、金融機関など）との調整など複数の問題を解決していかなければなりません。そこで、中長期的な視点でこれらの問題を解決するための計画が事業承継計画です。

　事業承継計画作成にあたっては、会社の取り巻く環境を正確に把握し、これを計画に落とし込むための情報の入手と会社の状況を理解するための現状分析が必要です。

　現状分析では、主に次の❶～❺の情報を整理していきます。

❶　人間関係

　事業承継における人間関係とは、後継者候補、現経営者の親族関係、経営幹部と後継者との関係のことです。

①　後継者候補

　　後継者候補を把握するには、まず、親族内にいるかどうか検討していくのが一般的です。もしいない場合には経営幹部や取引先など、会社のことをよく知る者で候補者がいるかどうかを検討していくことになります。

　　同時に、後継者候補の「その人となり」を把握することも重要です。具体的には、経営者としての能力や資質（例えば、社員からの求心力、リーダーシップ、コミュニケーション能力、ビジネスに対する広い視野、忍耐力、フットワークの軽さ、柔軟性など）が備わっているかどうか、候補者の年齢、経歴、経営に対する意欲があるかどうか、などを把握していきます。

②　現経営者の親族関係

　　現経営者の親族関係は、事業に携わる親族の関係と、現経営者の相続人となり得る者（推定相続人）を把握していきます。また、相続が発生する際に予想される問題点を整理する必要があります。

③ 経営幹部と後継者との関係

　　経営幹部と後継者との関係は、将来の後継者が、その右腕となる経営幹部と良好な関係をどう構築してくのかを検討していくのに必要な情報です。

　　たとえ現経営者と右腕となる経営幹部との関係が良好であったとしても、後継者とその経営幹部との関係がうまくいくとは限りません。

　　後継者から見れば、その経営幹部との世代が一回り以上離れていることが少なくありません。

　　後継者との関係が悪化すれば、事業承継の過程で重要な経営幹部が退職して大切な人材を失うリスクがあるため、会社にとってはマイナスです。このようなリスクを回避するため、社長が現役のうちに経営幹部と後継者が良好な関係を築いておく必要があります。特に、会社にとって重要な経営幹部に対しては、事業承継の際に待遇面を見直すことで会社に留めておくような配慮も必要です。

❷ 株式の保有関係

過去に事業承継のことを考えずに相続税対策だけを検討していた場合には、株式が親族や経営幹部、取引先、その他現経営者と縁のある者などに分散されているケースが多いと思われます。

株式が分散されていると、経営のコントロールの妨げとなるおそれがあるため、株式の保有関係を把握することで、その分散された株式をどのような方法で後継者へ集約させるかを検討します。

また、会社が複数ある場合には、会社グループ内の事業再編（例えば、合併による事業の統合や、持株会社を設立して本社機能を集約させるなど）による経営の効率化を視野に入れて事業承継と同時に検討していきます。

❸ 経営理念と経営資源

経営理念の位置付けは、会社によって異なる場合があるかもしれませんが、簡単にいうと、会社の基本的な行動規範を意味することが多いです。

もし、会社の経営理念が決まっていない場合には、事業承継を機に明確にすることができれば、全社員の結束力を高めるきっかけとなるかもしれません。

経営資源は、一言でいうと「人、物、カネ」に関する情報です。

具体的には、従業員に関する情報（社員数及び各年齢）、取引先等の会社がもっているコネクション、技術力・ノウハウ、顧客情報、特許、許認可、現状の財務内容（資産・負債の状況やキャッシュフロー）などです。

❹ 外部環境と内部環境

外部環境と内部環境の分析は、一般的にＳＷＯＴ分析と呼ばれています。このＳＷＯＴとは、強み（Strengths）、弱み（Weaknesses）、機会（Opportunities）、脅威（Threats）の英語の頭文字をとったものです。

ＳＷＯＴ分析とは、経営戦略を策定するための手法の１つで、まず会社の外部環境の分析から始め、内部環境分析へとつなげていくことで、会社の限りある経営資源をどのように有効に活用するかを検討します。

一般的に外部環境の分析は、会社の将来に対する分析です。例えば、競合他社の動向や取引先との関係、マーケットの動向から会社の事業にとっての機会（チャンス）となり得るものや、逆に脅威となり得る要因を整理していきます。

また、内部環境の分析は、会社の過去の実績から会社の強みと弱みは何かを整理していきます。

外部環境と内部環境における会社の強み、弱み、機会、脅威となり得る要因が整理できたら、事業承継を踏まえた経営戦略を検討していきます。すなわち、会社の強みを活かし、機会となり得る事業領域にどのような方法で、限りある経営資源をどのように投入していくか、などの会社が向かうべき方向性を定めていきます。

❺ 将来の見通し

将来の見通しとは、利益計画や事業計画のことです。

会社が将来どのくらいのキャッシュを生み出すかは、将来発生する相続税な

どの納税資金や自社株等の買取りで必要となる資金に大きく影響します。

　したがって、将来獲得するキャッシュで、必要な納税資金及び自社株買取資金を賄えるかを把握する必要があるため、会社の将来の見通しと事業承継計画はセットで検討していきます。

　利益計画から事業承継計画への一連の作業は、会社だけで検討することが難しい場合が多いため、メインバンクやその会社の事業を専門とする経営コンサルタント、顧問税理士などの外部専門家の協力を得て作成していくのが通常です。

2-4 相続財産の評価と相続税額の試算

　現経営者が保有する自社株、事業用資産、自宅、預貯金等の資産及び債務を評価して相続税の試算を行います。

　相続税の試算は、特に決まった方法があるわけではありませんが、筆者が試算するときは、次ページのような簡単なインタビューシートを利用しています。

　試算の過程では、まず、推定相続人（現時点で相続が開始すれば、民法の規定によって相続人になると思われる人）に法定相続分で遺産を相続させるケースをたたき台として相続税額のボリュームを把握し、①現状の現預金や金融資産で納税が可能か、②相続紛争を防ぐことを視野に入れた相続財産の配分をどうするか、③どのような節税対策を講じることでどこまで税額を引き下げることが可能か、など納税資金の必要性や節税対策の方向性を検討していきます。

　ところで、相続税の試算をする場面では、「とりあえず大ざっぱな金額を知りたいから早く試算してほしい」と依頼されるケースが少なくありません。

　その場合には、取り急ぎ主要な財産が何かをインタビューで確認し、遺産総額の規模に応じて百万円単位、千万円単位などある程度まとまった金額で各種財産の金額を把握して、法定相続分で相続させた場合の試算額をその場ではじき出すことがあります。

　なお、その際の不動産の評価は、路線価や地形などを調査して資料を確認する時間がない場合が多いため、依頼者から固定資産課税明細を見せてもらい固定資産税評価額を把握して、固定資産税評価額を0.7で割り返した金額（固定資産税評価額を公示価格ベースに修正した額）に0.8を乗じた金額（公示価格ベースの金額を相続税評価額に修正した額）を相続税評価額と仮定して試算する場合があります。

図表2−3　相続税試算のためのインタビューシート

確認事項	回答	準備いただく書類	備考欄
1　被相続人となる方に関して		a. 被相続人の所得税確定申告書（最新のもの）及び青色決算書等の添付書類一式 b. 前回の相続税申告書 c. 死亡診断書のコピー	
2　相続人に関して		a. 相続人関係図（家族構成、生年月日がわかるもの）	
3　相続財産の分割に関して			
① 遺言書の有無	はい・いいえ	遺言書の写し	
4　相続財産に関して			
(1) 不動産			
① 土地等・建物等	はい・いいえ	a. 固定資産税の課税明細 b. 登記全部事項証明書 c. 公図（縮小・拡大しない、方角・縮尺入り） d. 住宅地図（所在図） e. 土地の地形図、地積図（地積測量図（実測図）） f. 土地、建物等の利用状況がわかる書面（賃貸契約書など）	
② 賃貸借している土地	はい・いいえ	土地・建物賃貸借契約書（相続開始日現在有効となっているもの）	
③ 未登記の不動産	はい・いいえ	未登記不動産に関する明細	
④ 先代名義の不動産	はい・いいえ	該当する不動産に関する明細	
⑤ 試算の時点で建築中のもの	はい・いいえ	見積書、工事請負契約書の写し	
(2) 現預金			
① 現在保有している残高	＿＿＿（百万円）		
(3) 有価証券	あり・なし	証券会社等が発行している明細	
(4) 自社株	あり・なし	最新の法人の決算書、法人税・地方税・消費税確定申告書、勘定科目内訳書、固定資産台帳	
(5) 生命保険（保険料負担者が被相続人の契約）	あり・なし	保険証券の写し	
(6) 損害保険（保険料負担者が被相続人の契約）	あり・なし	保険証券の写し	

(7)	退職手当金等	あり・なし	退職金規程・弔慰金規定	
(8)	貸付金等の金銭債権	あり・なし	a. 貸付金・未収金の明細 b. 貸付先の法人の決算書 c. 金銭消費貸借契約書・借用書の写し	
(9)	自動車・船舶等	あり・なし	車検証の写し、購入時の領収書等	
(10)	ゴルフ会員権・レジャー会員権等	あり・なし	会員権の写し（規約等も含む）	
(11)	貴金属・書画骨董品等	あり・なし	a. 貴金属・書画骨董品等の明細 b. 鑑定書	
(12)	電話加入権	あり・なし	電話加入権証書（被相続人名義のもの）の写し	
(13)	その他金融資産	あり・なし	a. 郵便年金証書の写し b. 信託財産の受益証券の写し	
(14)	その他無形資産	あり・なし	著作権、特許権、商標権、営業権等の内容がわかる資料の写し	
(15)	債務 ① 借金や債務の未払い	あり・なし	a. 借入金の残高証明書（死亡日現在の未払利息含む） b. 金銭消費貸借契約書・借用書の写し c. その他請求書・契約書等の債務・ローンの存在を証明する書類（墓石購入未払金を除く）	
(16)	生前贈与	あり・なし	過去の贈与を受けた金額のわかる書面、贈与税申告書、贈与契約書の写し	
5	その他 ① 過去、相続税精算課税制度を適用していたか	はい・いいえ	相続時精算課税選択届出書の写し	
	② 他人名義のもので実質的に被相続人に係る資産・債務の有無	はい・いいえ	それら資産・債務に係る資料の写し	

2-5 後継者の選定①（親族の場合）

[1] 親族内承継の特徴

　わが国の事業承継における後継者は、オーナー企業の場合では現経営者の子をはじめとする親族が中心となるのが通常です。しかし、近年では中小企業においてもM&Aが活発化しており、親族以外の後継者も増えてきています。

　中小企業白書（2013年）によれば、10年前までは、約8割の中小企業で息子・娘を中心とした親族を後継者としていましたが、近年では中小企業のなかでも小規模事業者を除く企業（中規模企業）においては、全体の半数が親族以外の者を後継者として選定しています。

　通常、後継者（候補）の選定は、以下の範囲で検討していくのが一般的です。
- ✓ 子をはじめとする親族
- ✓ 親族以外の役員・従業員
- ✓ 会社のことをよく知る取引先等へのM&Aによる事業売却

　現経営者が後継者として考えるのは、自分の子供であることが多いと思われますが、現経営者の甥や娘婿が引き継いだり、将来的に子供に引き継がせる際に一時的に現経営者の配偶者が後継者となる場合もあります。

　後継者を親族とするメリットは、一般的には会社内外の関係者からの理解が得られやすく、後継者を早期に選定することで後継者教育などの準備期間を長期的に設けることが可能な点です。また、後継者へ株式や事業用資産を引き継がせることにより、会社の経営と所有が一体となり、安定した経営を実現することができます。

　一方、デメリットは、親族内に経営者としてふさわしい者がいるとは限らない点です。また、相続人が複数いる場合には、後継者を誰にするか検討が必要となり、後継者へ自社株や事業用資産を集中させることが「争続」の火種となるおそれがあります。

図表2-4（図表1-8再掲） 規模別・事業承継時期別の現経営者と先代経営者との関係

①小規模事業者

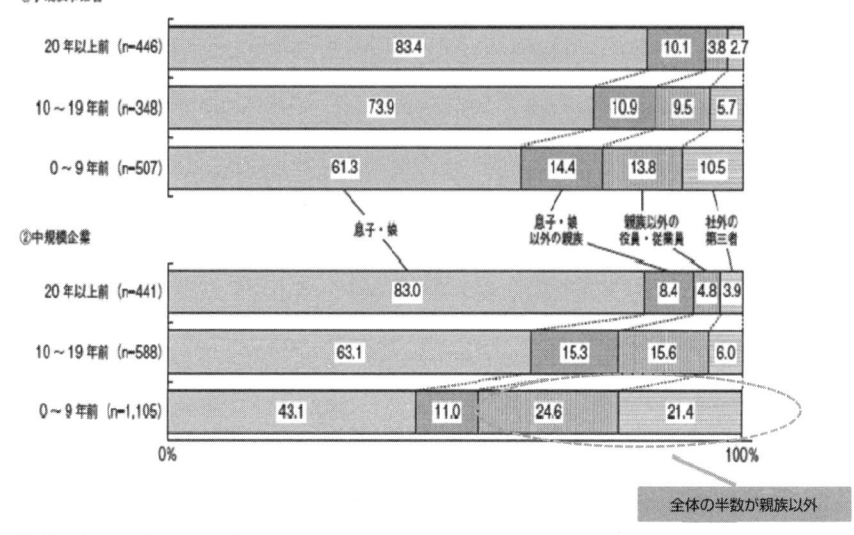

	息子・娘	息子・娘以外の親族	親族以外の役員・従業員	社外の第三者
20年以上前 (n=446)	83.4	10.1	3.8	2.7
10～19年前 (n=348)	73.9	10.9	9.5	5.7
0～9年前 (n=507)	61.3	14.4	13.8	10.5

②中規模企業

20年以上前 (n=441)	83.0		8.4	4.8 / 3.9
10～19年前 (n=588)	63.1	15.3	15.6	6.0
0～9年前 (n=1,105)	43.1	11.0	24.6	21.4

全体の半数が親族以外

資料：中小企業庁委託「中小企業の事業承継に関するアンケート調査」（2012年11月、（株）野村総合研究所）

　したがって、これらのメリット・デメリットを踏まえて、親族から後継者候補を選定していきます。

　後継者候補が複数いる場合には、繰り返しになりますが現経営者の予期せぬ相続発生により後継者候補同士が対立して会社の経営が混乱するのを防ぐため、現経営者が現役のうちに後継者を決定する必要があります。

　また、複数の後継者候補が存在し、会社で営んでいる事業が複数ある場合には、事業別に会社を分社化して会社ごとに後継者を選定することも考えられます。しかし、現経営者の相続発生後は、これらの会社は事実上互いに利害の対立する別会社となることが考えられ、ビジネスモデルの変更に伴う収益構造の変化や事業規模が縮小したことで、取引先から条件変更を要請される可能性があります。したがって、経営幹部や従業員の他、取引先や取引金融機関等の利害関係者に対しても事業承継の理解を得ることが重要です。

［2］後継者選定後の対応

❶ 関係者への説明

　後継者を選定したら、後継者による経営が円滑に行われるための環境整備が必要です。

　具体的には、事業承継に関して社内の役員・従業員や、取引先・金融機関等の社外の関係者からの理解を得るため、これら利害関係者に対して事業承継計画の事前説明を行うことが考えられます。

　また、後継者を経営幹部として決裁権限のあるポストに就けることで、経営の一部を任せると同時に、その後継者の右腕となる将来の役員陣の構成も視野に入れて、経営幹部の世代交代の準備を行う必要があります。

❷ 後継者教育

　会社は、後継者へ事業を引き継いだ後も、事業の成長・継続的な利益の捻出・雇用の確保・社会貢献等、様々な責任を果たしていく必要があります。

　そのため、現経営者は、後継者候補となった親族に対し、これらの責務を果たす経営者としてふさわしい資質・能力を身に付けてもらうための後継者教育を行うことが重要です。

　前述の通り、中小企業における経営者は、強力なリーダーシップによるトップダウン型の経営を行っており、現場を取り仕切るための多面的な能力や知識が必要とされます。しかし、これらを短期間で習得することは不可能であるため、後継者を選定した後には、準備期間を設けて後継者教育を行う必要があります。

　後継者教育には、大きく社内教育と社外教育に分けられます。

　社内教育では、後継者に自社の各分野（営業、財務、人事など）をローテーションさせ、経験と必要な知識を習得させます。

　また、前述の通り、後継者を経営幹部等の責任ある地位に就けさせて権限を委譲し、重要な意思決定やリーダーシップを発揮する機会を与えていきます。

これらの機会を通じて、経営を担うことに対する後継者の自覚が醸成されていくと同時に、従業員とのコミュニケーションも円滑となり、後継者としての存在を周知させることが可能と考えられます。

その他、社内教育のメリットの1つとして、現経営者による直接指導が挙げられますが、自社を経営し、発展させてきた当事者からの直接指導には高い効果があると考えられます。なお、その際は、経営上のノウハウ、業界事情にとどまらず経営理念の引継ぎまで行われることが理想的です。

次に、社外教育では、業界内（あるいは業界に近い業種・業態）の外部の会社へ勤務させることにより後継者の経験を積ませることが一般的です。この方法は、自社の枠にとらわれず、後継者が新しい知識、人脈、組織風土等を得るために有効と考えられます。

また、子会社や関連会社がある場合には、一定の実力が備わった段階で、現経営者の管理下で、これらの会社の経営を任せることにより経営者としての経験を積むことが可能です。このような経験を通じて、後継者に経営者としての責任感を植え付ける効果が期待でき、同時に、経営者としての資質を確認する上で最適な機会となり得ます。

さらに、外部機関によるセミナー等の活用も有効と考えられます。経営者育成を目的とした外部研修やセミナーを活用して経営者としての幅広い知識を習得させることが可能です。

2-6 後継者の選定②（親族以外の場合）

[1] 親族外承継の特徴と選定方法

❶ 親族外承継の特徴

　近年の中小企業のうち、中規模企業の事業承継の約半数は、親族以外の者が後継者となっていることは前述の通りです。

　親族に後継者として適切な者がいない場合には、通常2つの方法が考えられます。1つは、会社の事業内容に詳しい経営幹部である番頭格の役員や従業員等の社内から選定する方法、2つ目は、取引先や取引先金融機関などの外部から経営者として招聘する方法です。

　役員等の社内の人間に承継させるメリットは、会社で長年経験を積んだ事情をよく知る者に承継させることで、経営のかじ取りを円滑に行うことが可能と考えられます。

　一方、デメリットは、役員等は、親族である後継者以上に経営に対する強い意志が求められることが多く、それゆえに適任者がいないおそれがあります。

　その他、事業承継の障害となるのは、役員等が事業承継に必要な資金を保有していないことが挙げられます。また、オーナー企業では、会社による銀行からの借入に対して、経営者が連帯保証人となっているケースがほとんどであるため、この保証債務の役員等への引継ぎが問題となります。この保証債務に関しては、銀行との調整も必要となるため容易ではありません。

　役員等への事業承継の方法は、主に現経営者及びその親族が保有する自社株の後継者である役員等による買取りが中心となります。しかし、買い手である役員等は、買取資金を持ち合わせていないケースが多いため、金融機関やファンドから資金調達を行うのが通常です。

❷ 後継者の選定方法

　親族外の役員等へ事業承継させる際は、社内に基盤のない者が後継者になることに関して社内からの反発が予想され、親族内承継と比べて関係者の理解を得るのに時間がかかると考えられるため、後継者のための環境整備が必要です。

　親族以外の後継者候補の選定は、上述の通り、①社内から後継者を選定するか、②外部から後継者を招聘することが一般的ですが、具体的には、社内の後継者候補は、共同創業者、専務等の番頭格の役員、優秀な若手経営陣、工場長等の従業員などが挙げられ、外部から招聘する場合には、取引先の関係者や取引先金融機関、人材紹介会社からのヘッドハンティングなどが考えられます。

　後継者としての正式な決定のタイミングは、候補者の選定後に後継者が会社経営を行うことについて確固たる強い意志をもち、能力面においてもふさわしいと判断されて、現経営者との間で経営方針の確認や待遇などの条件面の合意がされた時です。なお、後継者には、自分の世代よりも一回りくらい年下の者を選ぶと、経営陣の新陳代謝が進み効果的と考えられます。

　ところで、現場での働きぶりや取引先としての付合いを見る限りでは後継者に適任であると思っても、実際に経営を任せてみるとそうではなかったという例は少なくありません。

　このような事態を防ぐためには、事前に役員などの重要なポストに就かせて経営に参画してもらうことが有効と考えられます。経営の参画により、現経営者側は、後継者候補の人望や経営者としての資質が備わっているかなどを観察することができ、一方で、後継者候補側では、経営者の視点から会社を見ることで、事業を承継すべきか冷静に判断する機会を得ることが可能です。このような「お見合い期間」を経ることで、後継者の選定で失敗する危険性は軽減されると考えられます。

[2] 事業承継に向けた各関係者への理解

❶ 社内（役員・従業員）の理解

　後継者の選定後は、まず、社内の役員等に後継者を認知してもらう必要があります。そのためには、事前に後継者となる者の発表を全社的に行い、後継者が社内で役員等として活動する機会を一定期間設けて、直接従業員とのコミュニケーションをとれるようにする配慮が必要です。特に外部から後継者を招聘する場合には、このような社内の人間関係の構築が事業承継を円滑に進めるために重要です。

　また、事業承継に先立ち、自社の経営理念や経営計画を明確にして社内に公表・浸透させ、それらを後継者に引き継ぐ取組みも有効と考えられます。いわゆる「経営の見える化」は、従業員の理解を得やすいだけでなく、社長交代後も大きな方針転換がなく事業の継続性を保てるという利点があります。

❷ 取引先企業・金融機関の理解

　販売先、仕入先等の取引先や金融機関と安定的な取引を継続させることは重要な経営課題の１つです。

　そのためには、経営計画を明確にして主要な取引先や金融機関に対しても公表できる体制を整えて、あらかじめ事業承継に関する理解を得ておく必要があります。

❸ 現経営者の親族の理解

　現経営者は、後継者選定の段階において、自らの意向を親族に確認しておく必要があります。一般的に、役員等へ事業承継を検討する場合には、現経営者に子供がいない場合や、子供がいても会社を継ぐ気がないなどの理由で、親族内に後継者候補がいないことが背景にある例が多いと思われます。

　過去の事例では、現経営者が親族以外の役員を後継者として指名した後になって、事業を引き継ぐ意思がないと思われていた社外に勤務していた経営者

の子供が事業を引き継ぐ意向を示したため、その役員と子供との間に経営を巡る対立が生じた事例があるようです。

また、事業承継後の経営の安定化を図る観点から、現経営者一族が保有する自社株を後継者へ集中させるための根回しが必要になります。

さらに、現経営者一族が自社株を財産として残したいと望んでいる場合には、後述する会社法の種類株式等の手法（2-11　**資産の承継方法④（会社法の活用）**を参照）を活用して、議決権だけを後継者に集中させて経営の安定化を図り、経営に携わらない一族が自社株を財産として保有できるような仕組みを検討していきます。

❹ 一時的に親族以外の者が事業を引き継ぐ場合

将来の子供が後継者となるのに、一時的に親族以外の役員等が事業を引き継ぐことが考えられます。その場合には、現経営者は、その役員等に対して一時的な承継であることの理解を得て、子供が承継する際にトラブルにならないように準備しておく必要があります。

［3］承継後を見据えた経営組織の整備と後継者教育

❶ 経営組織の整備

① 経営幹部の交代

事業承継では、次期社長を育てるだけでなく、次期経営幹部を育てるという視点も必要です。特に後継者が親族以外である場合には、後継者を支持しない経営幹部の存在が事業承継の障害になるおそれがあります。後継者と経営幹部による経営を巡る対立などのトラブルを回避するために、後継者を見据えた経営幹部の交代も時間をかけて進めていくべきです。

ただし、古くから会社に関与しているいわゆる古参役員には、経営陣の新陳代謝を進める上で任期満了のタイミングで退任してもらうことが通常ですが、優秀な古参役員には、後継者のお目付役として、ある程度の期間会社に残ってもらった方がよい場合があるため、その役員の処遇には一定

の配慮が必要です。

② 承継後の会長職からのサポート

事業承継が進み、後継者が社長となるに際には、現経営者は完全に退任せずに会長職として一時的にサポートすることも考えられます。

具体的には、まず後継者には、社長としての業務執行を中心に任せて、現経営者には、会長に就任する際に会社の経営をコントロールできる権限を一部残して、会長がサポートしながら順次権限を委譲していく方法です。この「権限委譲期間」設けることで後継者と二人三脚で共同経営を行う方法は、後継者が経営に不慣れである場合に有効です。

しかし、この共同経営の期間があまりに長いと、社長である後継者がいわゆる「お飾り」の状態となり、後継者がいつまでも周囲から社長として認知されない可能性があるため注意が必要です。

このような事態を回避するための方法としては、共同経営を行う時点で、現経営者は「代表取締役会長」に就任して、その後、権限移譲の段階に応じて「取締役会長」→「会長」→「顧問」というように、順次肩書きを変更することで、周囲からも権限が徐々に委譲されていることがわかるようにしておくことが考えられます。なお、会長職からのサポートは、親族内承継でも有効な手段と考えられます。

❷ 後継者教育

後継者教育に関しては、後継者が親族以外であったとしても、後継者が親族である場合の後継者教育と同様に、社内教育と社外教育があります。

社内教育では、後継者に自社の各分野（営業、財務、人事など）をローテーションさせ経験と必要な知識を習得させる、いわゆる「ジョブローテーション」や、後継者を経営幹部等の責任ある地位に就けて権限を委譲し、重要な意思決定やリーダーシップを発揮する機会を与えることで経営者としての経験を積ませて、同時に他の役員や従業員との人間関係を構築していきます。その他、現経営者による直接指導により、経営上のノウハウや経営理念を引き継

せることも必要です。

　一方、社外教育では、もし、子会社や関連会社がある場合には、一定の実力が備わった段階で、現経営者の管理下で、これらの会社の経営を任せることにより経験を積ませたりするほか、経営者育成を目的とした外部研修やセミナーを活用して経営者としての幅広い知識を習得させる方法があります。

2-7 後継者の選定③（M＆Aの検討）

　M＆Aの件数は、株式会社レコフが公表している統計データによれば、2008年のリーマンショック以降は減少傾向にあるものの、直近2013年では年間約2,000件程度あります。また、中小企業白書（2013年）での公表データでは、未公開企業間のM＆Aは、2010年～2012年の3年間を見ると450件前後で推移しています（**図表2-5**）。

　社内に後継者として適切な者がいない場合には、M＆A（事業売却）の検討が必要になります。なぜかというと、後継者候補が現れない場合には、現経営者は自主廃業か、M＆Aによる外部への売却かの選択に迫られることになるからです。

　もし、自主廃業に至った場合には、従業員の解雇が余儀なくされ、地場の風評による悪影響や、長年経営者が培ったノウハウやブランド、取引先等のコネクションが消滅することになり、場合によっては地域に重大な影響を与えることになります。そのため、このような事態を極力回避するため手段として、M＆Aを検討する必要性が出てきます。

　M＆Aのメリットは、外部から候補者を広く募集することが可能な点です。また、売却先を見つけることができた場合には、自社株の買取価額や契約の内容にもよりますが、売り手であるオーナー一族は売却代金を得ることができ、従業員の雇用の確保や会社のノウハウが新オーナーの下で活用されることなどが期待できます。

　一方、デメリットは、オーナー一族が希望する条件を満たす買い手を見つけることが難しいことが挙げられます。通常、オーナー企業におけるM＆Aでは、事業の買い手が取引先に限定されることが多く、資金の潤沢な大企業が買い手として現れることはレアケースです。また、M＆Aを実行した結果、オーナー一族による会社の所有と経営が分離される結果となるのが通常です。

　M＆Aを成功させるには、売却対象となる事業は少なくともキャッシュフ

ローがプラスになっている必要があります。事業の買い手は、その事業から捻出されるキャッシュフローに着目して売却価格をはじき出しているケースが多いからです。

したがって、後継者不在であることが明らかである場合には、業績の良いうちに（または、収益力及び財務体質を経営努力により強化して）事業の買い手を見つけて売却することが望まれます。

図表2-5　M&A件数の推移

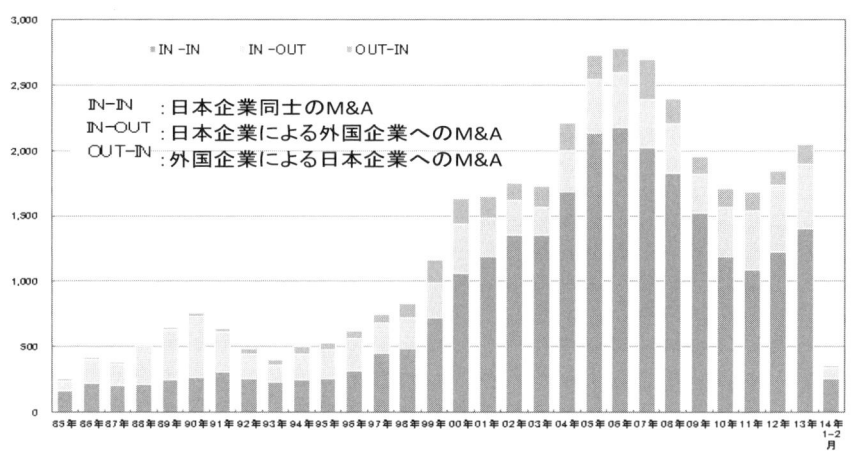

出所：㈱レコフ　ウェブサイト一部加工

図表2-6　未上場企業間のM&Aの件数

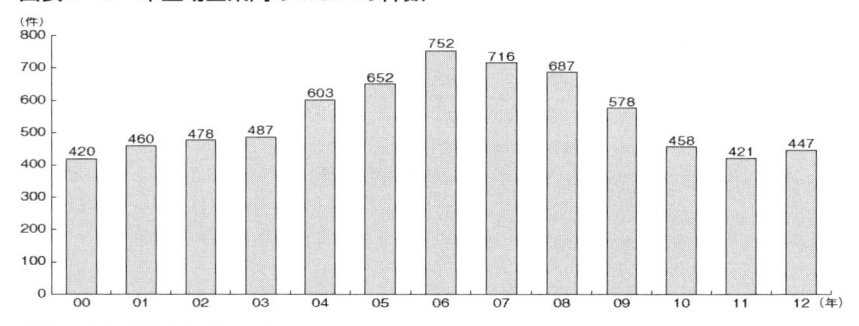

年	00	01	02	03	04	05	06	07	08	09	10	11	12
件数	420	460	478	487	603	652	752	716	687	578	458	421	447

出典：中小企業白書（2013年）

2-8 資産の承継方法①（生前贈与）

　生前贈与とは、一般的には将来の相続発生前に、例えば、ある個人が妻や子、孫へと財産を贈与することをいいます。

　生前贈与の特徴は、一旦贈与すると贈与者である現経営者が自由に贈与の撤回をすることができない点です。そのため、自社株の贈与を受ければ後継者の地位が安定するメリットがありますが、相続税と比べ税負担の重い贈与税の課税対象となります。

　贈与税は、贈与により移転する財産の金額が年間110万円を超える場合に課されます。税率は、110万円の基礎控除後の課税財産額が1,000万円超の部分に対して最高税率50％が適用される一方、現行の相続税の税率は、3億円超の部分に最高税率50％が適用されます。それゆえ、贈与税の税負担がいかに重いかがわかるでしょう。

　なお、平成25年度の税制改正により、平成27年以降の相続・贈与については最高55％まで税率が引き上げられました。

　生前贈与を活用した相続税対策は、将来相続税で適用される税率と贈与税の適用税率との差を利用することが一般的です。

　例えば、課税遺産総額が5億円あり相続人が1人である場合、相続税は最高税率50％が適用されますが、贈与税の課税財産額200万円分（基礎控除前で310万円分の財産）の生前贈与を10年間にわたり実施すると、3,100万円分（310万円×10年）の財産の移転が税率10％の贈与税の負担で可能となります。

　また、生前贈与は、財産を受ける個人（受贈者）に特段制限はないため、例えば、将来相続人となる親族（今の例では1人）の他に、個人2人（計3人）に対して生前贈与する場合には、今の例では約1億円弱（3,100万円×3人＝9,300万円）の財産を10年間で移転することが可能となるのです。

　生前贈与は、法律的には口頭による贈与契約も有効ですが、対税務当局においては、贈与が実際に行われたかを説明するための疎明資料が重要となりま

図表2-7 暦年課税方式による贈与税の税率と相続税の税率

＜平成26年中の相・贈与に適用される税率＞

暦年課税方式による贈与税の税率

基礎控除後の課税価格	税率	控除額
200万円以下	10%	—
300万円以下	15%	10万円
400万円以下	20%	25万円
600万円以下	30%	65万円
1,000万円以下	40%	125万円
1,000万円超	50%	225万円

相続税の税率

各人の取得金額（課税標準額）	税率	控除額
1,000万円以下	10%	—
3,000万円以下	15%	50万円
5,000万円以下	20%	200万円
1億円以下	30%	700万円
3億円以下	40%	1,700万円
3億円超	50%	4,700万円

＜平成27年以降の相続・贈与に適用される税率＞

基礎控除後の課税価格	一般 税率	一般 控除額	直系卑属（子・孫）税率	直系卑属（子・孫）控除額
200万円以下	10%	—	10%	—
300万円以下	15%	10万円	15%	10万円
400万円以下	20%	25万円		
600万円以下	30%	65万円	20%	30万円
1,000万円以下	40%	125万円	30%	90万円
1,500万円以下	45%	175万円	40%	190万円
3,000万円以下	50%	250万円	45%	265万円
4,500万円以下	(3,000万円超) 55%	400万円	50%	415万円
4,500万円超	55%		55%	640万円

各人の取得金額（課税標準額）	税率	控除額
1,000万円以下	10%	—
3,000万円以下	15%	50万円
5,000万円以下	20%	200万円
1億円以下	30%	700万円
2億円以下	40%	1,700万円
3億円以下	45%	2,700万円
6億円以下	50%	4,200万円
6億円超	55%	7,200万円

す。具体的には、親から子へ生前贈与をする際に、贈与契約書を書面で交わすと同時に資金を移動し、その受け取った資金の管理を子が行うなどの準備です。

　しかし実際には、移動先の口座の管理を親が行っており、その贈与の事実さえ子に知らされていないケースが存在します。その場合、親の相続発生後の税務調査で、その生前贈与はなかったものとして相続財産の申告もれを指摘される可能性があるため留意が必要です。

　実務上は、書面による贈与契約書の締結と贈与税申告書の提出をもって贈与の事実を証明することがあります。具体的には、年間110万円の贈与税の非課税枠の範囲内で贈与するのではなく、あえて非課税枠の超える（例えば111万円）贈与を行うことにより贈与税（111万円の場合、納税は1千円 =（111万円 − 基礎控除110万円）× 10%）の申告・納税を行い、その申告書の控えを証拠書類として保管し、将来の税務調査のために準備しておくことなどの対策です。

2-9　資産の承継方法②（遺言）

[1] 概要

　遺言とは、遺言により遺言者（遺言を書く人）の財産を無償で譲ることをいいます。遺言者の真意を確実に実現させる必要があるため、厳格な方式が定められています。

　現経営者が後継者に対して遺言を活用する場合には、自社株や事業用資産を後継者へ相続または遺贈させる旨の遺言書を作成して、現経営者の相続が発生したときに、これらの財産を後継者に取得させます。

　一般的に利用されるのは、「自筆証書遺言」と「公正証書遺言」の2つの方法です。

❶　自筆証書遺言

　自筆証書遺言は、遺言の全文を自筆で作成するもので、簡単に書くことができ、作成時の費用負担もなく、他人に遺言内容がもれるおそれがないなどのメリットが挙げられます。しかし、法律に定められた形式（例えば、遺言者は紙に全文を自書し、日付及び氏名を自書して押印したり、自筆証書中の変更は、遺言者が変更場所を指示して変更した旨を付記して署名・変更場所に押印するなど）を満たさない遺言は、無効となるだけでなく偽造・紛失の危険性があるため、争続の防止という観点からは必ずしも十分といえない面もあります。

　したがって、自筆証書遺言を作成するのは、財産の種類が少なく遺言の内容が単純な場合に利用されます。その場合でも、形式不備による無効とならないように注意が必要ですが、弁護士等の法律の専門家に相談しながら作成すれば形式不備による無効を回避することができます。

　なお、自筆証書遺言は、相続発生後に、その遺言を発見した者が、必ず家庭裁判所にその遺言書を持参して、家庭裁判所の「検認」手続が必要です。も

し、検認手続を経ずに遺言を執行したり、勝手に開封した場合には、5万円以下の過料に処されることになります。

❷ 公正証書遺言

　公正証書遺言は、全国で約300ヶ所ある公証役場の公証人が作成に関与する遺言で、原則として遺言作成に立ち会い、相続人等の利害関係者以外2名の証人とともに公証人役場に出向いて作成する必要があり、遺言作成には一定の費用負担が生じます。そのため、手間がかかりますが、作成には公証人が関与するため、無効になる可能性が低く、偽造・紛失の恐れもないことから紛争防止のために有効です。

　なお、遺言者が高齢や病気等の理由で、公証役場に出向くことが困難な場合には、追加の費用を支払えば、公証人が遺言者の自宅または病院等へ出張して遺言書を作成することも可能です。また、証人に関して適当な証人が見当たらない場合には、遺言の内容の漏洩防止のため、公証役場で信頼できる証人を有料で紹介してもらうことができます。

　以上を踏まえると、公正証書遺言の方が確実に遺言書を作成できる点において望ましいと考えられます。

　これらの遺言の概要は以下の通りです。

[2] 遺言の特徴と作成ポイント

❶ 特徴

　遺言の特徴は、現経営者がいつでもその内容に関して取消し（撤回）ができ、何度でも行えます。また、遺言書が複数存在していて、後に作成した遺言の内容が前に作成したものと矛盾する場合には、後の遺言書が有効となります。

　なお、むやみに遺言書を作成し直した結果、その遺言の有効性をめぐる紛争に発展するケースがあります。また、上述の通り、所定の形式を満たさない遺言は無効となったり、あまりに高齢となってから遺言を作成した場合に判断能力がないとされて無効となることがあるため注意が必要です。

図表2-8　自筆証書遺言と公正証書遺言

	自筆証書遺言	公正証書遺言
作成方法	遺言者が、日付、氏名、財産の分割内容等の全文を自書し、押印して作成。	遺言者が、原則として、証人2人以上とともに公証役場に出かけ、公証人に遺言内容を口述し、公証人が筆記して作成。
メリット	・遺言者が単独で作成できる。 ・費用がかからない。	・遺言の形式不備等により無効になるおそれがない。 ・原本は、公証役場にて保管されるため、紛失・隠匿・偽造のおそれがない。 ・家庭裁判所による検認手続が不要である。
デメリット	・文意不明、形式不備等により無効となるおそれがある。 ・遺言の紛失・隠匿・偽造のおそれがある。 ・家庭裁判所の検認手続が必要である。	・作成までに手間がかかる。 ・費用（注）がかかる。 （注）費用の目安として、1億円の遺産を3人の相続人に均等に与える場合は、約10万円の手数料が必要となる。

出典：中小企業庁　中小企業事業承継ハンドブック

　このような遺言の特徴を踏まえると、確実に経営権を後継者へ移転させるには、生前贈与の方が望ましいといえます。

　ただし、税負担が重い、条件付きで相続させたいなどの理由で生前贈与が選択できない場合には、遺言書を活用して後継者へ自社株や事業用財産を集中させることが考えられます。

　もし、遺言書がない場合には、通常は相続人間での話合い（遺産分割協議）で決定しますが、財産が事業用資産や自社株など換金性の乏しい財産が大半を占めるケースでは協議がまとまらなくなることが多く、遺産分割協議が長期化することがよくあります。協議が長期化すると弁護士費用がかさんだり、相続税計算上の優遇措置が適用できなくなるなどの不利益を被ることがあるため、あらかじめ遺言により財産の分け方を決めておくことが望まれます。

　ところで、経営者には、遺言に関して「遺書のようで縁起が悪い」とか、「まだ元気だから自分には必要ない」と考えている方が少なくないようです。遺言は、ある意味「生命保険」と同じようなものです。相続人間で生じるトラブルを避けるための保険と考え、現経営者が元気で冷静な判断ができるうちに

遺言書を作成することが重要です。

❷ 遺言作成のポイント

遺言作成の主なポイントは、以下の3点と考えられます。
① 弁護士や公証人等の専門家とも相談しながら作成する。
② すべての相続財産の分割方法を遺言で指定しておく。
③ 遺言執行者を指定しておく。

相続財産には、一般に不動産・株式・現金等の様々な種類がありますが、そのうちの一部でも遺言で分割方法が指定されていない財産があると、その財産に関して新たな遺産分割協議が必要となり、すべて財産の分割方法が決まるまでに時間がかかるおそれがあります。

そこで、すべて相続財産の分割方法の指定するためには、「**以上に定める財産以外のすべての財産を△△△△に相続させる。**」というような文言を遺言に盛り込んでおくことが考えられます。その際には、他の相続人の遺留分に注意が必要です。

また、遺言書は、作成するだけではなく、その内容が相続発生後に適切に実行されなければならないため、遺言で遺言執行者を指定しておく必要があります。

遺言執行者とは、相続発生後に遺言の内容を実現させるために必要な手続を行う者のことです。相続人の1人を遺言執行者とすることもできますが、円滑な遺言執行という観点からは、相続人などの利害関係者は避けて、弁護士等専門知識を有する第三者を指定しておくことが望まれます。

また、遺言に基づいて金融機関から預金の払戻しを行う際の手続を円滑に行う観点からは、「**遺言執行者×××に対して、本遺言執行のための預貯金等の名義変更、解約及び換金等一切の処分を行う権限を付与する。**」というような文言を盛り込んでおくことも有効と考えられます。

❸ 遺言信託の活用

　遺言執行の確実性を高めるために、「遺言信託」を活用することも考えられます。

　遺言信託とは、主に信託銀行が取り扱っている業務で、遺言書の作成相談・保管・定期的な照会等を行うとともに、相続発生後は遺言内容に基づいてその執行を行うというもので、通常、公正証書遺言により作成されます。

　遺言信託を利用する場合、通常の遺言作成の費用に加えて、基本手数料や執行報酬等の費用が生じる点に注意が必要です。

　一方、信託銀行等の金融機関は、遺言に関するノウハウを有しているため、個人を遺言執行者とするよりも長期間存続することが期待できる企業体の方が望ましい面があります。したがって、信託銀行等が遺言の作成・執行に関わることで遺言内容の確実な実現が期待されるというメリットがあることから、近年では利用件数が増えています。

図表2-9 【遺言の作成例】（内容に関しては、自筆証書遺言・公正証書遺言に共通）

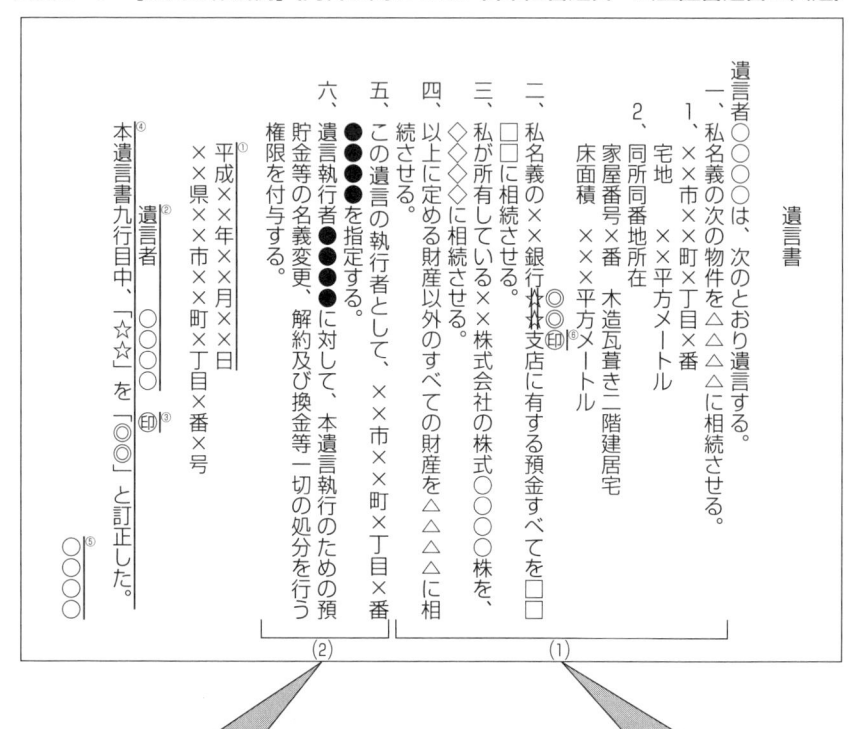

遺言書

遺言者○○○は、次のとおり遺言する。
一、私名義の次の物件を△△△に相続させる。
　1、宅地
　　×県×市×町×丁目×番
　　××平方メートル
　2、同所同番地所在
　　家屋番号×番
　　木造瓦葺き二階建居宅
　　床面積　××平方メートル
二、私名義の××銀行××支店に有する預金すべてを□□□に相続させる。
三、私が所有している××株式会社の株式○○○○株を、◇◇◇◇に相続させる。
四、以上に定める財産以外のすべての財産を△△△△に相続させる。
五、この遺言の執行者として、××市××町×丁目×番●●●●を指定する。
六、遺言執行者●●●●に対して、本遺言執行のための預貯金等の名義変更、解約及び換金等一切の処分を行う権限を付与する。

　　平成××年××月××日
　　××県××市××町×丁目×番×号
　　　　遺言者　○○○○　㊞

本遺言書九行目中、「☆☆」を「○○」と訂正した。
　　　　　　　　　　○○○○

(1) 紛争が生じないよう、すべての相続財産の分割方法をもれなく指定しておく。
・特に四、のような文言を盛り込んでおくことが有効。
・他の相続人の遺留分を侵害しないように十分注意することが必要。

(2) 遺言内容の実現を確実にするため、遺言執行者を指定しておくのが望ましい。
・利害関係者を遺言執行者とすることはなるべく避け、弁護士等専門知識を有する第三者を指定しておく。
・遺言に基づいて金融機関から預金の払戻しを行う際の手続きを円滑化する観点からは、六、のような文言を盛り込んでおくことが有効。

【自筆証書遺言を作成する際の形式上の注意点】
・全文自筆で作成（ワープロ等不可）。また、①日付、②署名、③押印が必要。これらの要件を欠くものは無効となる。
・加除変更の際には、④変更箇所を特定した上でその内容を記し、⑤署名、⑥変更の箇所に押印することが必要。

出典：中小企業庁 中小企業事業承継ハンドブック

2-10 資産の承継方法③（会社による買取り）

❶ 後継者や会社による買取り

　自社株や事業用資産が既に後継者以外の他の親族等へ分散されている、あるいは、将来の相続発生において分散されてしまうおそれがある場合には、会社や後継者が以下のような方法で後継者に集中させます。

- ✓ 後継者が、他の株主と個別に交渉して買い取る。
- ✓ 会社が他の株主と個別に交渉して買い取る。
- ✓ 会社が新株を後継者のみに発行して後継者の出資比率を高める。

　なお、十分な買取資金がない場合には、その資金調達について検討すると同時に、売り手側では譲渡に伴う税金が発生する場合があるため留意が必要です。

　しかし、現実的には、今まで協力的であった株主が事業承継を機に後継者に対して非協力的となり、買取りが難航するケースが少なくありません。また、自社株がすでに分散されている場合には、その自社株を強制的に買い取る手段がなく、売り手の譲渡の意思がなければ不可能です。そのため、自社株を後継者へ集中させることは困難であったり、売り手が譲渡の意思表示をしたとしても、売り手の「言い値」で買わざるを得ないことが考えられます。

　その他、買取りの難航するケースとしては、次に掲げる「名義株」の放置が原因になっていることが少なくありません。

❷ 放置されている名義株の存在

　名義株とは、一般的には実際の出資者と株主の名義が異なる株式をいいます。通常、名義株の真の株主は創業者である経営者です。名義株が存在する理由の多くは、旧商法で株式会社を設立するために最低7人の株主が必要だったためで、出資に伴い名義のみを親戚や知人、従業員などにしてあるケースが一般的でした。経営者の多くは、この名義株の存在に対するリスクを認識してい

ないため、そのままにしています。

名義株の保有に関するリスクに関して代表的なものを掲げると、以下の5点と考えられます。

① **遺産分割に伴い発生するリスク**

現経営者の相続発生時に、名義人である相続人等の間で、その株主の実質的な所有者をめぐり争いが発生するリスクです。また、名義株を遺産分割協議の対象に含めなかった場合などには、遺産が実質的に一部未分割となり、遺産分割協議が調うまでに長期間かかることも想定されます。

② **税務当局とトラブルになるリスク**

相続発生時に、名義株が存在していると税務当局から脱税の疑いを持たれる可能性があります。また、相続人等と税務当局の間で、真の株主をめぐり争われた結果、相続財産に関して名義株の申告もれを指摘されると過少申告加算税等の追徴税が課される可能性があります。

③ **議決権を巡る株主間でトラブルになるリスク**

名義株の議決権の行使や、配当金の帰属などに関して株主間で争われる可能性があります。

④ **名義株の買取請求を受けるリスク**

名義を貸した株主から、株式の買取りを請求される可能性があります。また、名義を貸した株主の相続が発生して、その株主の相続人から株式の買取りを請求されることも考えられます。

⑤ **M&Aを実行できないリスク**

M&Aを実行する際には、手続を円滑に進めるため、あらかじめ現経営者が譲渡する自社株を親族や少数株主から買い集めることが行われます。しかし、名義人である株主とトラブルが生じると、株の買取りが進まなくなる可能性があります。

以上、これらのリスクを回避するためには、遅くとも創業者である経営者の相続発生前までに名義株を真の株主へ名義変更する必要があります。その事情を知る現経営者の相続が発生してしまうと解決に時間がかかるからです。

名義株の整理は、まず名義株であることの証拠書類を集め、本来の株主の名義に変更していきます。なお、証拠書類に関しては、設立時の経営者により出資したことがわかる通帳等の資料、設立時に交わした名義株貸与承諾書（名義を貸したことを承諾する旨の書面）やこれ準じた念書等の書面に名義人の自署・実印・確定日付（内容証明郵便や公証人役場等での手続により付与される日付）を得ておくことが望まれます。

❸ 買い取る際の問題点と対応策

経営に関与していない株主が自社株を保有している経緯は、先代の相続で相続人に分散されたり、過去に従業員などへ譲渡したケースが考えられます。これらの経営に関与していない株主の整理を怠ると、以下のようなトラブルに発展する可能性があります。

- ✓ 経営に関与していない株主に相続が発生した場合に、会社が想定していない株主が出現する。
- ✓ 現経営者が経営に関与していない株主と関係が悪化した場合には、経営のコントロールが制限される可能性がある。
- ✓ 経営に関与していない株主から、時価での自社株の買取請求を受ける可能性がある。特に、株価が上昇している場面では大きな資金負担が発生する。

このような株式は、名義株とは異なり、株主と直接交渉して買い取らざるを得ません。そこで問題となるのは、誰が、いくらで買い取るかです。まず、買い主して考えられるのは、①現経営者、②自社株を発行している会社、③後継者、④後継者が支配下においている会社などですが、事業承継の場面では、③後継者か④後継者の会社が買い主になることが望ましいと考えられます。

その理由は、①自社株の株価が上昇している場面で現経営者が取得すると現経営者の相続財産が増加して相続税額の負担が増えること、②株式を取得のために現経営者個人の現預金が使われると、将来の相続税の納税資金が減ってしまうこと、③将来の相続における遺産分割の際に、分割が難しい自社株が増え

るためです。

　一方、売り主である経営に関与しない株主は、買い手が自社株を発行している会社である場合には、原則として会社からの配当とみなされ（みなし配当）、給料等の所得と合算され最高税率50％（平成27年分以降は55％）の所得税等が課されて、通常の譲渡所得の係る所得税等よりも税負担が重くなる可能性があるため留意が必要です（所法25①四）。

　なお、特例として自社株の買取りが相続開始日の翌日からその相続税の申告書の提出期限の翌日以後3年以内に行われた場合には一定要件を満たせば、所定手続をすることでみなし配当ではなく税率20％の譲渡所得として申告することが認められています（措法9の7、措令5の2）。

　自社株の買取価格は、オーナー企業の場合には相続税や贈与税の計算で用いられる相続税評価額を基準に決定されることが通常です。

　自社株の買取資金に関しては、あらかじめ経営者保険（経営者の方のための高額保障が確保できる保険）に加入したり、金融機関から融資を受けるなどの検討が必要となります。

　以上のような自社株の分散に伴うトラブルを未然に防ぐには、会社法を活用して株式の譲渡や議決権を制限するなどの方法が考えられます。

2-11 資産の承継方法④（会社法の活用）

　会社法では、相続が発生した際に自社株に係る議決権を後継者へ集中させたり、後継者以外の相続人への分散を防止することができます。
　具体的には以下の方法が考えられます。
- ✓ 会社法上の譲渡制限株式の整備
- ✓ 相続人に対する売渡請求制度の活用
- ✓ 議決権制限株式等の種類株式の発行　など

❶　会社法上の譲渡制限株式の整備

　会社法では、会社にとって望ましくない人物に株式が渡るのを防ぐため、株式の譲渡を制限することができます。具体的には、ある株主が他の誰かに株式を譲渡する場合には、株主総会もしくは取締役会の許可を得なければ譲渡できないようにしておきます。
　例えば、家族で経営している会社の場合、もし家族以外で経営に対して非協力的な人物に株が渡れば、会社としての意思決定が円滑に進まなくなるおそれがあるため、このような事態を避けるために株式の売買、譲渡に制限をかけていきます。
　株式の譲渡を制限するには、定款に「**当会社の株式を譲渡により取得するには、株主総会（若しくは取締役会）の承認を受けなければならない。**」という規定を加える必要があります。
　株主総会（もしくは取締役会）の承認とは、株式を譲渡してよいかどうかを決定するのは、取締役会がある会社であれば取締役会、取締役会がない会社では株主総会となるため、会社の実情に合わせて定款に規定する必要があります。ただし、新たに会社の発行する株式のすべてに譲渡制限を付す場合には、会社法上の手続として、株主総会の特殊決議（原則として、特殊決議に係る株主総会において議決権を行使可能な株主の半数以上（議決権の過半数ではない）で、

かつ、その議決権行使可能な株主の議決権の3分の2以上の賛成）という通常より厳しい決議が必要になるため留意が必要です。

なお、株式会社に関しては、昭和41年の商法改正において、定款による株式の譲渡制限が導入されたので、通常は、設立の際に譲渡制限が付されている場合がほとんどと思われます。そのため、昭和41年の商法改正前に設立された株式会社では、株式の譲渡制限の定款変更を行っておらず、譲渡制限のない状態となっている可能性があるため、歴史のある会社では定款の内容を再確認しておく必要があります。

また、有限会社に関しては、平成18年の会社法施行後は有限会社の新設ができなくなりましたが、会社法施行前から存在している有限会社は、経過措置により特例有限会社として存在することが認められ、株式会社への組織変更することが可能です。しかし、有限会社は、定款の規定にかかわらず、事実上株式譲渡制限がかかっているため、定款に株式譲渡制限に関する項目がない場合が多いと思われます。そのため、有限会社から株式会社に組織変更する場合には、定款に株式譲渡制限に関する条項を盛り込む必要がある点に留意が必要です。

❷ 相続人に対する売渡請求制度の活用

会社法では、相続により会社にとって望ましくないものに自社株が分散されるのを防ぐため、相続人に対する売渡請求制度があります。

現行の法律では、相続により後継者以外の相続人へ自社株が移転した場合において、たとえ譲渡制限株式であっても相続による移転を制限することができません。そこで、会社法では、会社が定款で定めることにより、その会社が相続で後継者以外の相続人等に移転した譲渡制限株式（その会社が発行した株式）については、その株式を取得した者に対して会社に売り渡すように請求して、株式を強制的に買い取ることが可能です。つまり、後継者以外の者に自社株が分散されたとしても、自社株を発行した会社がその分散された株式を強制的に買い取ることで、後継者による安定的な経営を行うことが可能となります。

なお、この制度を適用できる株式は、上記の譲渡制限株式に限定されているほか、以下の注意点があります。

① **請求期限及び株主総会の特別決議**

　会社は、相続があったことを知った日から１年以内に、株主総会の特別決議（原則として、その株主総会で議決権を行使できる株主の議決権の過半数を有する株主が出席し、かつその議決権の２／３以上の賛成。また、原則として請求された株主は決議に参加できない）を経て請求する必要があります。

　したがって、会社が自社株の買取りを可能とするためには、原則として、会社の買取請求に伴い、後継者と後継者を支持する株主の２／３以上の議決権（その自社株を譲渡する者の議決権を除く）が必要です。

② **株式の売買価格の決定**

　株式の売買価格は、当事者間（会社と売渡請求を受けた者）の協議によって決定されます。しかし、協議が整わなかった場合には、会社または、その売り渡す株主の一方が、売渡請求の日から20日以内に裁判所に対して売買価格決定の申立てをすることで、裁判所に売買価格を定めてもらうことが可能です。

　なお、売買価格に関しては、実務上は自社株の相続税評価額を参考に決定されることが多いと考えられますが、自社株の評価方法は複数の方法があり、選定する方法によって価格に幅が生じることが通常であるため、売り手と買い手が希望する価格にかい離が生じ、協議が難航することがあります。

　したがって、協議が難航すると予想される場合には、円滑に協議を進めるため、上述の裁判所に対する申立てによる方法に加え、あらかじめ公平な第三者である税理士・会計士等の専門家に評価を依頼するか、売り手及び買い手それぞれで税理士等の専門家を通じて協議するなどの方法が必要と考えられます。

③ **自社株の買取金額の財源規制**

　会社法では、過度な会社財産の流出を防ぐため、会社が自社株（会社に

とっては、自己株式となる）の買取価額の上限を定めており、剰余金分配可能額を超えて買取りをすることができません。

　剰余金分配可能額とは、会社法461条2項に定められており、会社の貸借対照表の純資産の額（資産の額－負債の額）から資本金及び準備金の額などを控除した額をいいます。算式が複雑であるため、詳細は割愛しますが、中小企業では決算書上の純資産の部の**「その他利益剰余金」＋「その他資本剰余金」－「自己株式の簿価」**が目安になると考えられます。ただし、資本金の額及び準備金の額の合計額が、300万円未満である場合には、300万円に達するまでの金額は、剰余金分配可能額から除かれます。

　つまり、会社の過去からプールされた利益のうち一定の範囲内でなければ会社による買取りができないということです。したがって、例えば、会社が債務超過となっていたり、多額の赤字が生じている場合には、売渡請求ができない可能性があるため留意が必要です。

❸　種類株式の発行

　株式会社は、配当や株主総会で議決権を行使できる事項などについて、内容の異なる2種類以上の株式を「種類株式」として発行することが可能です。

　相続が発生した場合に自社株に係る議決権を後継者へ集中させ、または後継者以外の相続人へ分散させることを防止するために活用できる種類株式は、主に以下のものが考えられます。

- ✓　議決権制限株式
- ✓　拒否権付種類株式（いわゆる「黄金株」）

①　議決権制限株式

　議決権制限株式とは、株主総会において議決権を行使することができる事項（の全部または一部）について制限のある種類の株式をいいます。

　議決権制限株式は、平成18年の会社法施行前は、「発行済株式総数の2分の1まで」という株式の発行に関する制限がありましたが、会社法施行

によりその発行制限が撤廃されました。そのため、経営者が保有する株式以外は議決権のない株式にすることで、たとえ株式が分散したとしても後継者に議決権を集中させることが可能です。

具体的には、例えば、現経営者であらかじめ議決権の制限がない株式（いわゆる「普通株式」）と議決権の有しない「完全無議決権株式」を保有しておき、相続発生の際に「普通株式」を後継者へ、「完全無議決権株式」を後継者以外の相続人へ相続させる旨の遺言書を整備して後継者に経営権を集中させるなどの方法が考えられます。

ただし、その場合には、後継者以外の相続人への配慮として、「完全無議決権株式」を会社に対し、その保有する株式の買取りを請求できる権利（取得請求権）を付与したり、配当の支払いに関して、普通株式よりも優先的に取り扱われる株式（いわゆる「配当優先株」）にするなどの手当を行い相続の争いが起こらないように準備する必要があります。

なお、すべての株式について定款で譲渡制限している会社（いわゆる「株式譲渡制限会社」）である場合には、株式の議決権や配当について、株主ごとに異なる取扱いを定款に定めることが可能です。例えば、次のような方法です。

✓ 議決権の行使について、株式の数ではなく1人1議決権とする。
✓ 一定数以上の株式を有する株主は、議決権を制限する。
✓ 配当について、株式の数によらず株主の頭割りで分配する。

ただし、株式の設計に関しては、株主総会の特殊決議（原則として、総株主の半数以上（議決権の過半数ではない）で、総株主の議決権の4分の3以上に当たる多数をもって行う決議）など、法律上の手続が必要となるため、株式の議決権や配当の支払いに関する設計を行う際には、法律の専門家と協働で検討することが望まれます。

なお、この特殊決議は上記の「新たに全株式の譲渡制限を付す場合の特殊決議」とは要件が異なりますので留意が必要となりますが、中小企業の多くは、株式数と議決権数が一致していることが多いため、その影響は限

定的と思われます。

参考になりますが、議決権の制限等に関する特殊決議と、譲渡制限に関する特殊決議では、株主の頭数や必要な議決権の数が異なります。議決権の制限や配当等の株式の設計に関する特殊決議は、「総株主」の半数以上で「総株主」の4分の3以上の議決権が必要となり、一方で、新たに全株式の譲渡制限を設ける場合の特殊決議は、「特殊決議に係る株主総会において議決権を行使可能な株主」の半数以上で「その議決権行使可能な株主」の3分の2以上の議決権が必要となります。

② **拒否権付種類株式（いわゆる「黄金株」）**

「黄金株」とは、株主総会で決議すべき事項のうち、その決議の他に、種類株式の株主を構成員とする種類株主総会の決議を必要とすることが定められる株式をいいます。

例えば、取締役の選任や解任、会社の合併や事業の譲渡など、会社の重要な決議について、たとえ株主総会や取締役会の決議があっても黄金株を有する株主の種類株主総会でこれを拒否することができます。

事業承継の場面では、現経営者が後継者へ自社株の大部分を承継することに不安がある場合に活用できます。

具体的には、現経営者が黄金株を保有して、会社の重要な経営方針の決定（例えば、「重要な財産の処分」、「合併、株式交換、株式移転等の組織再編」、「金銭の払戻しに伴う減資」、「会社の解散」など）の際には、必ず現経営者による種類株主総会の決議が必要としておくことで、事業承継後も後継者の経営に関与することが可能です。

黄金株の導入は、後継者の独断専行による経営に対する牽制機能としての役割が期待できます。ただし、現経営者と後継者の意見が対立した場合に意思決定ができなくなることがないように注意が必要です。

また、この黄金株の効力は強力なため、その導入の際には、後継者以外のものに渡ることがないように、現経営者の相続が発生する前に株式を処分する（例えば、後継者に信頼がおけるようになったタイミングで後継者に贈

与する、遺言で後継者へ相続させる）などの対応が必要です。したがって、導入の際は、このような副作用があることを念頭におき、法律の専門家を交え慎重に検討していくことが望まれます。

以上の会社法の各種制度を活用する際の事業承継対策の一連の流れを一例として簡単にまとめると**図表2-10**のようになります（なお、図表中③相続人に対する売渡請求制度の導入に伴う定款の変更は、相続開始後であっても可能）。

図表2-10　事業承継に伴う株式の設計

プロセス	目的・留意点
現経営者の相続発生前	
① 自社株に譲渡制限が付されているか確認し、自社株すべてを譲渡制限株式にする	●自社株に譲渡制限が付されていない場合には、自社株が分散されることを防止するため、すべての株式について譲渡制限を設けるようにする。 （すべての株式に譲渡制限を付すことにより、株主総会の議決権に関して、株主ごとに異なる取扱いを行う定款を定めることが可能） ●会社が新たに株式のすべてについて譲渡制限を付す場合には、株主総会の特殊決議が必要。
② 後継者の保有する自社株に対して議決権を集中させるため、議決権に関する定款変更を行う	●例えば、1株に多数の議決権のある株式を発行し、これを後継者に付与させ、もしくは、議決権制限株式を発行し、後継者に普通株式、後継者以外に議決権制限株式を取得させることにより、後継者へ議決権を集中させる。 ●株式の議決権や配当について、株主ごとに異なる取扱いを定款に定めるには、株主総会の特殊決議が必要。
③ 相続人に対する売渡請求制度の導入	●現経営者の相続が発生し、後継者以外の相続人へ自社株が分散された場合に、会社が後継者以外の相続人から自社株を強制的に買い取ることにより後継者に自社株を集中させ経営安定化をはかる。 ●会社の定款に、相続その他の一般承継により、その会社の株式を取得した者に対して株式を会社に売り渡すことを請求することができる旨を定めるため、株主総会の特別決議が必要。

	相続発生後 ▼	
④	相続により分散された自社株の買取り	●相続があったことを知った日から1年以内に、株主総会の特別決議を経て請求する必要がある。 ●株式の売買価格は、当事者間の協議によって決定される。 ●協議が整わなかった場合には、会社またはその売り渡す株主の一方が、売渡請求の日から20日以内に裁判所に対して売買価格決定の申立てをすることにより、裁判所に売買価格を定めるもらうことが可能。 ●売買価格に関しての協議が難航すると予想される場合には、円滑に協議を進めるため、公平な第三者の税理士・会計士等の専門家に評価を依頼するか、売り手及び買い手それぞれで税理士等の専門家を通じて協議する必要がある。 ●会社の剰余金分配可能額を超える買取りをすることができない。したがって、会社が債務超過となっていたり、多額の赤字が生じている場合には、売渡請求を実行できない可能性がある。

2-12 資産の承継方法⑤（その他）

❶ 生命保険の活用

　生命保険は、相続税対策として「納税資金の確保」や、「相続税の軽減」に役立ち、また、相続対策として「円満な財産の分割」をサポートします。特に財産の大半が自社株や不動産で売却や分割が難しい場合に、生命保険活用の検討が考えられます。

　具体的には、被保険者の現経営者、保険金受取人を相続人とする保険契約を締結することで、現経営者の相続発生の際に相続人が受け取る死亡保険金は、相続税の納税資金として確保することができます。そして、預貯金と異なり死亡保険金は、民法上は相続財産とならない（税法上は相続財産とみなされる）ため、遺産分割協議を行う必要がありません。また、死亡保険金受取人は1人でも複数でも可能です。例えば、死亡保険金の受取人を後継者以外の相続人に指定することにより、自社株等を後継者へ、死亡保険金を後継者以外の相続人へといった、財産の分割のバランスをとることができます。さらに、一定の契約形態の生命保険には、**死亡保険金の非課税枠（500万円×法定相続人の数）**があり、非課税枠の範囲内であれば相続税がかかることはありません（死亡保険金の非課税枠については7-1参照）。

❷ 任意後見制度の活用

　事業承継対策では、現経営者が法律行為を行うことが多くあります。そのため、現経営者が高齢などで判断能力が低下して法律行為を行うことができなくなると、事業承継が進まなくなる恐れがあります。

　もし、現経営者の判断能力に支障が出た場合には、家庭裁判所へ申立てをすることで、裁判所が成年後見人等を選任して、現経営者の代わりに法律行為を代理で行うことが可能です。

　成年後見人等とは、成年後見人、保佐人、補助人をいい、現経営者の判断能

力の程度に応じて現経営者の代わりに法律行為を行います。しかし、財産管理等の権限を有する成年後見人等が誰になるかは、家庭裁判所の裁量に委ねられるため、選任される成年後見人等によって、事業承継の進捗に大きな影響を及ぼします。場合によっては選任された成年後見人等の判断で、現経営者が考えていた後継者候補が事業を継げない可能性があります。

そうした不測の事態に備えて、「任意後見制度」の活用が考えられます。任意後見制度は、本人に十分な判断能力があるうちに、将来の判断能力が不十分な状態になった場合に備えて、あらかじめ自らが選んだ信頼のおける代理人（任意後見人）に、自分の生活、療養看護や財産管理に関する事務について代理権を与える契約（任意後見契約）を公証人の作成する公正証書で結んでおくことにより、本人の意思に沿った財産処分等を確実にするものです。通常の遺言に加えて、任意後見契約を「第二の遺言」として締結しておくことで、事業承継がより円滑に行えるようになると考えられます。

❸ 税金上の留意点

自社株及び事業用資産の移転方法は、一般的に生前贈与、相続・遺言、買取りによる方法が考えられますが、これら取引に伴う財産の移転には、**図表2－11**のような税負担について留意が必要です。

買取りの場合の時価の考え方は、税法上明確に規定されていませんが、実務上は、利害関係が対立する間で取引される通常の取引価額が時価とされています。

なお、個人間で行われる買取りに関しては、贈与税の課税を回避するため、相続税計算で使われる相続税評価額に基づき取引されることが考えられます。

その他、会社（法人）が取引に関与する場合には、以下のような問題が生じないように、時価取引を行うのが一般的です。

① **個人が法人へ時価の1／2未満の価額で譲渡した場合**

　　個人が法人へ時価の1／2未満の価額で譲渡所得の対象となる資産を譲渡した場合には、時価で譲渡があったものとみなして譲渡所得を計算する

図表2-11　個人間の税金上の留意点

区分	内容	
生前贈与	現経営者 (贈与する人)	後継者等 (贈与を受ける人)
	無税	贈与税
相続・遺言	現経営者 (財産を保有する人)	相続人等 (財産を受ける人)
	無税	相続税
買取り	譲渡する人	買取る人
	譲渡所得税等 ●時価の1/2未満で譲渡したことで生じた損失は、なかったものとみなされる（所法59②）	●不動産の場合の場合には、登録免許税や不動産取得税等の流通税 ●時価よりも低い価額で買い取った場合には受贈益（時価と譲渡価額との差額）に対して贈与税がかかる場合がある

必要があります（所法59①、所令169）。

（贈与等の場合の譲渡所得等の特例）
所得税法59条第1項　次に掲げる事由により居住者の有する山林（事業所得の基因となるものを除く。）又は譲渡所得の基因となる資産の移転があつた場合には、その者の山林所得の金額、譲渡所得の金額又は雑所得の金額の計算については、その事由が生じた時に、その時における価額に相当する金額により、これらの資産の譲渡があつたものとみなす。
一　（省略）
二　著しく低い価額の対価として政令で定める額による譲渡（法人に対するものに限る。）

（時価による譲渡とみなす低額譲渡の範囲）
所得税法施行令第169条　法第59条第1項第2号（贈与等の場合の譲渡所得等の特例）に規定する政令で定める額は、同項に規定する山林又は譲渡所得の基因となる資産の譲渡の時における価額の二分の一に満たない金額とする。

② 会社が資産を譲渡した場合の寄附金認定

　　会社が時価を下回る価額で資産を譲渡した場合には、寄附金認定の問題

があります。

　寄附金認定とは、一般的に時価よりも低い額で譲渡した場合に、将来の税務調査で税務当局から時価で譲渡したものと指摘され、時価と譲渡価額との差額について税法上寄附金と認定されることをいいます。

　寄附金と認定された場合には、原則として一定の損金算入限度額を超える部分の金額が税法上費用として認められず（損金不算入）、追徴税等のペナルティが課される可能性があります。

③ **会社が資産を取得した場合の受贈益課税と寄附金認定等**

　会社が資産を取得した際に、時価を下回る価額で取得した場合には、受贈益課税の問題が生じることがあります。

　受贈益課税とは、時価よりも低い価額で資産を取得した場合に、時価と取得した価額との差額について、税法上贈与を受けたとして、法人税等が課税されることをいいます。

　一方、時価を上回る価額で取得した場合には、将来の税務調査で税務当局から時価で取得したものと指摘されて、時価と取得価額との差額について税法上寄附金と認定される可能性があります。また、相手が役員である場合には、時価と取得価額との差額について税法上役員賞与と認定され、その差額が税法上費用として認められず（損金不算入）、追徴税等のペナルティが課される可能性があります。

2-13 事業承継計画の作成と実行

❶ 事業承継計画の必要性

　事業承継の実行は、後継者や承継方法が決まっただけでは不十分です。実際には、中長期な視点での会社の経営計画を含む事業承継計画を立て、着実な承継に向けての準備と計画の実行が必要です。

　事業承継計画を立案するメリットは、経営者と後継者のやるべきことを整理でき、その内容を双方で確認できることです。また、事業承継計画に会社の経営計画を盛り込むことで、会社の向かうべき方向が明確となるため、後継者に対して長期的な視点に立って次の経営者としての自覚を促すことができます。さらに、後継者に対して社内業務全般を理解させ、後継者を経営幹部へ周知させるなど、後継者の育成や基盤づくりにも活用することが可能です。その他、外部関係者（取引先や取引金融機関など）に対しては、事業承継に対して理解を得るための説明資料として重要な武器になると考えられます。

❷ 計画策定にあたっての整理事項

　事業承継計画作成は、現状分析で得られた情報を整理していきます。具体的には、現状分析により会社の経営基盤や経営資源の状況、資産評価や相続税の試算をして必要な資金を把握していきます。そして、現在置かれている経営状態や過去の経緯を調査・分析した上で、次世代に向けての改善（あるいは改革）すべき点や会社の進むべき方向性を検討していきます。

　現状分析の結果、事業承継計画に盛り込むべき主な項目は以下の通りです。

① **事業承継の概要**

　　後継者は誰か（親族内の承継か、親族以外か）、承継方法（株式贈与、株式譲渡、その他の方法か）、承継時期などを計画に盛り込みます。

② **経営理念・経営ビジョン（事業の方向性）の確認**

　　事業承継では、まず、経営者の経営に対する想いや価値観、態度、信条

といった経営理念を、後継者と次世代の経営幹部へしっかりと伝えていくことが重要です。事業承継計画立案の場面では、現経営者から想いを伝えて意思統一をはかる大切な機会になります。

また、事業承継計画の立案に際には、経営理念を明文化し、会社が何のために経営をするのかを、後継者や経営幹部だけでなく、全従業員に対して浸透させることが重要です。

さらに、自社の現状分析の結果、経営環境変化を予測・検討し、自社の対応方針が明らかになったら、これを基に「中長期的な方向性＝経営ビジョン」を固めていきます。具体的には、事業承継の時期にあわせて、現在の事業を継続していくのか、事業を拡大成長させていくのか、新規事業を立ち上げ多角化させるのかなどの事業の方向性を検討して事業領域を明確にして、これらを実現するための組織体制、企業規模や形態、設備投資などの施策を具体化していきます。

③ **事業の中長期（5年後・10年後）の課題と数値目標の設定**

事業の方向性が明確になったら、具体的な中長期目標を設定します。例えば、年度別の売上高、利益、マーケットシェア、設備投資額・店舗数などを明らかにして、これらを達成するための商品・事業・組織ごとの行動計画や数値目標を盛り込みます。

④ **自社株と事業用資産の後継者への移転の内容とその時期**

世代交代の具体的な時期を見据えて、現経営者の相続税対策を検討し、高額な贈与税等の税金が発生しない水準で、自社株と事業用資産を後継者へ移転させていきます。

⑤ **後継者教育の内容とスケジュール**

世代交代の時期までに経営者にふさわしい経験と気質を身に付けるため社内教育と社外教育をどのように行うか計画します。

⑥ **後継者への世代交代と事業関係者への公表時期**

世代交代の具体的な時期として、ⓐ後継者の役員就任や代表取締役就任の時期、ⓑ現経営者の会長職や顧問として第一線を退く時期、ⓒ現経営

が完全引退する時期を決め、その後に来るべき事業関係者（親族、役員、従業員、取引先、取引金融機関等）に対する公表時期を決めます。

事業承継計画の内容をまとめると**図表2-12**のような計画表の作成が可能となります。

❸ 計画実行・事業の引継ぎ

計画は、会社の業績や経営環境の変化に伴う株価の変動、現経営者の相続発生時期、税制改正等に伴い更新していきます。

計画実行にあたっての留意点は以下の通りです。

- ✓ 経営者と後継者ができるだけ長く一緒に働ける場をつくり、双方の共通体験などを通じて事業や会社の「思い」や「志」、「方向性」の共有を図る努力をする。
- ✓ 事業承継計画を通じて社内のコミュニケーションを円滑にして、一体感のある組織をつくる。
- ✓ 事業承継は時間がかかることを認識し、じっくりと着実に準備する。
- ✓ 後継者が経営しやすい環境の整備を第一に考えて計画を立案する。
- ✓ 後継者以外の相続人や古参役員などにも十分配慮して、後継者に問題を残さないようにする。
- ✓ 事業承継のアドバイザーや調整役として専門家を上手に活用する。

図表 2-12 事業承継計画表の例

項目			現在	1年目	2年目	3年目	4年目	5年目	6年目	7年目	8年目	9年目	10年目
事業の計画	売上高		8億円	→→→→→→→				9億円	→→→→→→→				10億円
	経常利益		3千万円	→→→→→→→				3千5百万円	→→→→→→→				4千万円
会社	定款・株式・その他			相続人に対する売渡請求の導入	経済産業大臣の事前確認	A・Cからの金庫株取得	役員の刷新(注1)	経済産業大臣の認定					
現経営者(中小太郎)	年齢		60歳	61歳	62歳	63歳	64歳	65歳	66歳	67歳	68歳	69歳	70歳
	役職		代表取締役社長	→→→→→→→				会長	→→→→→→→		相談役	→→	引退
	関係者の理解		家族会議		社内へ計画発表	取引先・金融機関に紹介							
	株式・財産の分配			公正証書遺言(注2)			株式一括贈与						
	持株(%)(※)		60%	→→→→→→→				0%	→→→→→→→→→→→→→→→→→→→→→→→→				
後継者(中小学)	年齢		30歳	31歳	32歳	33歳	34歳	35歳	36歳	37歳	38歳	39歳	40歳
	役職		従業員	取締役	常務取締役	専務取締役	代表取締役社長	→→→→→→→					
	後継者教育	社内		Y工場	→→	本社営業	本社管理	総括責任	→→→→→→→				
		社外				経営革新塾							
	持株(%)(※)		0%	→→→→→→→			60%	→→→→→→→					
								贈与税の納税猶予適用	事業継続要件(株式継続保有・雇用維持・代表権保持、など)				
								民法特例に係る除外合意・経済産業大臣確認・家庭裁判所許可						
補足			(注1) Aが退任し、Bが取締役に就任。 (注2) 自宅不動産(7千万円)を花子に、預貯金(3千万円)を梅子に相続させる旨を記載。										

(※) 上記の例では、現経営者及び後継者の持株割合は、議決権割合ではなく、発行済株式総数に対する保有株式数の割合を示しています。

出典:中小企業庁 中小企業事業承継ハンドブック

第3章
自社株の評価と対策

3-1 自社株対策の概要

[1] 評価の概要と評価上の株主の判定

❶ 概要

相続税の計算上の株式の評価は、大きく取引相場のある株式（上場株式等及び気配相場等のある株式）と取引相場のない株式に区分されます。
通常自社株は、取引相場のない株式に該当する場合がほとんどであるため、取引相場のない株式を前提に以下解説していきます。

また、自社株対策を検討する上で、この取引相場のない株式の評価方法の仕組みを理解することが重要です。本書では、取引相場のない株式の評価方法の概要と一般的な自社株対策の内容について説明します。

取引相場のない株式の評価方法に関しては、財産評価基本通達178（取引相場のない株式の評価上の区分）～196（企業組合等の出資の評価）に示されています。

取引相場のない株式は、相続や贈与などで株式を取得した株主が、会社の経営支配力を持っている「同族株主」か、「それ以外の株主」により、同族株主であれば通常は「原則的評価方式」により評価し、その他の株主であれば「配当還元方式」により評価します。

一般的には、原則的評価方式の方が配当還元方式よりも高い評価額になることがほとんどです。

評価をするにあたっては、まず株式を取得した者がどの株主に該当するかを判定して、「原則的評価方式」なのか「配当還元方式」なのかを判断していきます。

❷ 評価上の株主の判定

現経営者及びその親族は、経営権を持ち会社を支配しているため、自社株評価上「同族株主」に該当するのが通常です。そのため、会社の価値に着目した

会社の純資産（貸借対照表の資産−負債の額）や上場企業の類似業種の株価に基づく「原則的評価方式」で評価します。

一方、従業員や取引先などの少数株主（同族株主以外の株主）は、会社の支配権を持つこと以外の理由（例えば、配当を得ることや、取引関係の強化など）で保有するのが通常であるほか、評価手続の簡便性も考慮して、会社の過去の配当実績に基づく「配当還元方式」により評価することが一般的です。

① **自社株取得者が同族株主に該当する場合**

この「同族株主」とは、課税時期における評価会社の株主のうち、株主の１人及びその同族関係者（法令４《同族関係者の範囲》に規定する特殊の関係のある個人または法人）の有する議決権の合計数がその会社の議決権総数の30％以上である場合におけるその株主及びその同族関係者をいいます（評基通188(1)）。

ただし、その評価会社の株主のうち、株主の１人及びその同族関係者の有する議決権の合計数が最も多いグループの有する議決権の合計数が、その会社の議決権総数の50％超である会社にあっては、その50％超の株式を有するグループに属する株主だけが同族株主になります（評基通188(1)カッコ書）。

判定の結果、相続や贈与で自社株を取得した者が「同族株主」に該当する場合には、次に述べる特定の株主に該当しなければ「原則的評価方式」で評価し、該当しない場合には「配当還元方式」で評価することになります。

この場合の課税時期とは、相続または遺贈の場合は原則として被相続人の死亡の日であり、贈与の場合は契約その他の法律的原因に基づいて財産権を取得した日をいいます（評基通１(2)）。

（同族関係者の範囲）
法人税法施行令第４条　法第２条第10号（同族会社の意義）に規定する政令で定める特殊の関係のある個人は、次に掲げる者とする。
　一　株主等の親族

二　株主等と婚姻の届出をしていないが事実上婚姻関係と同様の事情にある者
三　株主等（個人である株主等に限る。次号において同じ。）の使用人
四　前三号に掲げる者以外の者で株主等から受ける金銭その他の資産によって生計を維持しているもの
五　前三号に掲げる者と生計を一にするこれらの者の親族
2　法第2条第10号に規定する政令で定める特殊の関係のある法人は、次に掲げる会社とする。
　一　同族会社であるかどうかを判定しようとする会社の株主等（当該会社が自己の株式又は出資を有する場合の当該会社を除く。以下この項及び第4項において「判定会社株主等」という。）の一人（個人である判定会社株主等については、その一人及びこれと前項に規定する特殊の関係のある個人。以下この項において同じ。）が他の会社を支配している場合における当該他の会社
　二　判定会社株主等の一人及びこれと前号に規定する特殊の関係のある会社が他の会社を支配している場合における当該他の会社
　三　判定会社株主等の一人及びこれと前二号に規定する特殊の関係のある会社が他の会社を支配している場合における当該他の会社
3　前項各号に規定する他の会社を支配している場合とは、次に掲げる場合のいずれかに該当する場合をいう。
　一　他の会社の発行済株式又は出資（その有する自己の株式又は出資を除く。）の総数又は総額の100分の50を超える数又は金額の株式又は出資を有する場合
　二　他の会社の次に掲げる議決権のいずれかにつき、その総数（当該議決権を行使することができない株主等が有する当該議決権の数を除く。）の100分の50を超える数を有する場合
　　イ　事業の全部若しくは重要な部分の譲渡、解散、継続、合併、分割、株式交換、株式移転又は現物出資に関する決議に係る議決権
　　ロ　役員の選任及び解任に関する決議に係る議決権
　　ハ　役員の報酬、賞与その他の職務執行の対価として会社が供与する財産上の利益に関する事項についての決議に係る議決権
　　ニ　剰余金の配当又は利益の配当に関する決議に係る議決権
　三　他の会社の株主等（合名会社、合資会社又は合同会社の社員（当該他の会社が業務を執行する社員を定めた場合にあっては、業務を執行する社員）に限る。）の総数の半数を超える数を占める場合
4　同一の個人又は法人（人格のない社団等を含む。以下同じ。）と第2項に規定する特殊の関係のある二以上の会社が、判定会社株主等である場合には、その二以上の会社は、相互に同項に規定する特殊の関係のある会社であるものとみなす。
5　法第2条第10号に規定する政令で定める場合は、同号の会社の株主等（その会社が自己の株式又は出資を有する場合のその会社を除く。）の三人以下並びにこれらと同号に

規定する政令で定める特殊の関係のある個人及び法人がその会社の第3項第2号イからニまでに掲げる議決権のいずれかにつきその総数（当該議決権を行使することができない株主等が有する当該議決権の数を除く。）の100分の50を超える数を有する場合又はその会社の株主等（合名会社、合資会社又は合同会社の社員（その会社が業務を執行する社員を定めた場合にあっては、業務を執行する社員）に限る。）の総数の半数を超える数を占める場合とする。

6 　個人又は法人との間で当該個人又は法人の意思と同一の内容の議決権を行使することに同意している者がある場合には、当該者が有する議決権は当該個人又は法人が有するものとみなし、かつ、当該個人又は法人（当該議決権に係る会社の株主等であるものを除く。）は当該議決権に係る会社の株主等であるものとみなして、第3項及び前項の規定を適用する。

74　第3章　自社株の評価と対策

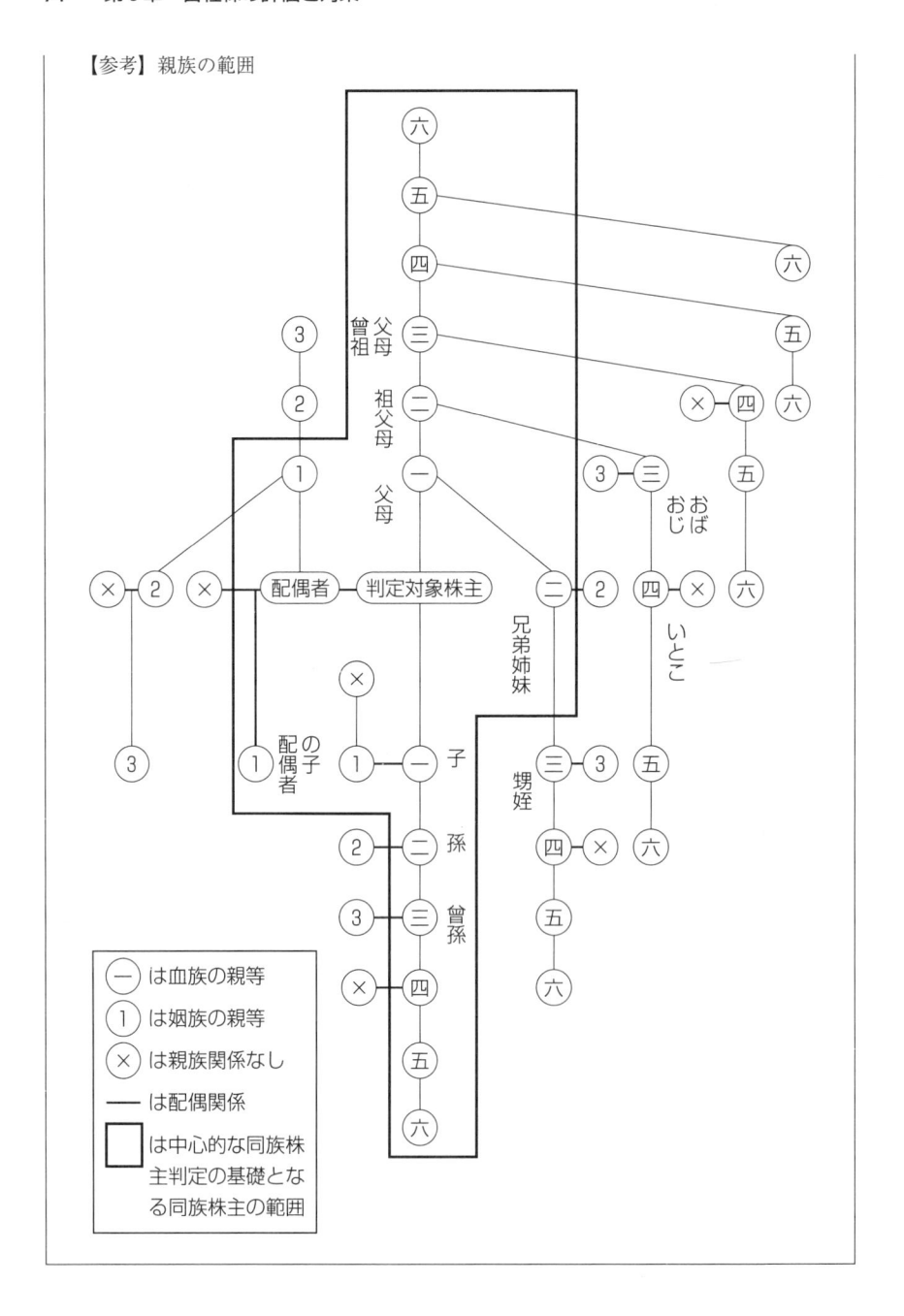

【参考】親族の範囲

② 同族株主のうち特定の株主に該当する場合

　自社株を取得した者が「同族株主」に該当したとしても、議決権割合が低く、会社の経営に関わる重要な役職でもない場合には「配当還元方式」で評価することになります。

　具体的には、同族株主のいる会社の同族株主のうち、いずれかの株主グループの中に「中心的な同族株主」がいる場合において、その中心的な同族株主以外の株主で、株式取得後の議決権総数の５％未満である者の取得した株式については「配当還元方式」により評価します（評基通188(2)前段）。

　ただし、議決権総数の５％未満の者であっても、その者が課税時期において評価会社の役員である場合及び課税時期の翌日から相続税や贈与税の法定申告期限まで間に役員となる者の取得した株式については、「原則的評価方式」により評価します（評基通188(2)前段カッコ書）。

　この場合における「中心的な同族株主」とは、課税時期において同族株主の１人並びにその株主の配偶者、直系血族、兄弟姉妹及び１親等の姻族（これらの者の同族関係者である会社のうち、これらの者が有する議決権の合計数がその会社の議決権総数の25％以上である会社を含む）の有する議決権の合計数が、その会社の議決権総数の25％以上である場合におけるその株主をいいます（評基通188(2)後段）。

　なお、「中心的な同族株主」の判定や、議決権総数５％未満の判定は、課税時期である相続等による株式取得後の状況で判定することになるため留意が必要です。この場合に、株式が未分割である場合には共同相続人がその未分割の株式をすべて取得したものとして判定します。

　次に、「役員」とは、社長、理事長並びに法人税法施行令71条１項１号、２号及び４号に掲げる者をいいます。

（使用人兼務役員とされない役員）（抜粋）
法人税法施行令第71条第１項
　一　代表取締役、代表執行役、代表理事及び清算人
　二　副社長、専務、常務その他これらに準ずる職制上の地位を有する役員

> 四　取締役（委員会設置会社の取締役に限る。）、会計参与及び監査役並びに監事

③　同族株主がいない会社の場合

　オーナー企業ではケースとしては少ないと思われますが、同族株主のいない会社である場合で、株式を取得した者が、課税時期において株主の1人及びその同族関係者の有する議決権の合計数が、その会社の議決権総数の15％以上となる株主グループに属する株主となるときは、次の「特定の株主」に該当しなければ「原則的評価方式」により評価し、そのグループに属さない株主の取得した株式は「配当還元方式」により評価します（評基通188(3)）。

④　同族株主がいない会社で「特定の株主」に該当する場合

　同族株主のいない会社で、株式の取得者が課税時期において株主の1人及びその同族関係者の有する議決権総数の15％以上である株主グループに属する株主で、かつ、その株主グループに「中心的な株主」がいる場合において、その者の株式取得後の議決権総数の5％未満となる者は「配当還元方式」によって評価します（評基通188(4)前段）。

　ただし、その株主が課税時期において評価会社の役員（役員の範囲は上述の通り）である者及び課税時期の翌日から法定申告期限までの間に役員となる者は「原則的評価方式」により評価します（評基通188(4)カッコ書）。

　この場合における「中心的な株主」とは、課税時期において株主の1人及びその同族関係者の有する議決権の合計数がその会社の議決権総数の15％以上である株主グループのうち、いずれかのグループに単独でその会社の議決権総数の10％以上の議決権を有している株主がいる場合におけるその株主をいいます（評基通188(4)後段）。

⑤　議決権総数の計算上の留意点

　上記の「同族株主」、「中心的な同族株主」、「同族株主がいない会社」、「中心的な株主」の判定上の議決権総数の計算に関しては、以下の点に留意が必要です。

a　評価会社が自己株式を有する場合には、その自己株式に係る議決権の数はゼロとして計算した議決権の数をもって評価会社の議決権総数となります（評基通188-3）。

　b　評価会社の株主のうちに会社法308条１項の規定により評価会社の株式（いわゆる持合株式）につき議決権を有しないこととされる会社があるときは、その会社の有する評価会社の議決権の数はゼロとして計算した議決権の数をもって評価会社の議決権総数となります（評基通188-4）。

　c　評価会社が会社法108条１項に掲げる事項について内容の異なる種類の株式（以下この項において「種類株式」という）を発行している場合における議決権の数または議決権総数の判定にあたっては、種類株式のうち株主総会の一部の事項について議決権を行使できない株式に係る議決権の数を含めて判定します（評基通188-5）。

（議決権の数）
会社法第308条第１項　株主（株式会社がその総株主の議決権の四分の一以上を有することその他の事由を通じて株式会社がその経営を実質的に支配することが可能な関係にあるものとして法務省令で定める株主を除く。）は、株主総会において、その有する株式一株につき一個の議決権を有する。ただし、単元株式数を定款で定めている場合には、一単元の株式につき一個の議決権を有する。

（実質的に支配することが可能となる関係）
会社法施行規則第67条第１項　法第308条第１項に規定する法務省令で定める株主は、株式会社（当該株式会社の子会社を含む。）が、当該株式会社の株主である会社等の議決権（同項その他これに準ずる法以外の法令（外国の法令を含む。）の規定により行使することができないとされる議決権を含み、役員等（会計監査人を除く。）の選任及び定款の変更に関する議案（これらの議案に相当するものを含む。）の全部につき株主総会（これに相当するものを含む。）において議決権を行使することができない株式（これに相当するものを含む。）に係る議決権を除く。以下この条において「相互保有対象議決権」という。）の総数の４分の１以上を有する場合における当該株主であるもの（当該株主であるもの以外の者が当該株式会社の株主総会の議案につき議決権を行使することができない場合（当該議案を決議する場合に限る。）における当該株主を除く。）とする。

(異なる種類の株式)
会社法第108条第1項 株式会社は、次に掲げる事項について異なる定めをした内容の異なる二以上の種類の株式を発行することができる。ただし、委員会設置会社及び公開会社は、第9号に掲げる事項についての定めがある種類の株式を発行することができない。
一 剰余金の配当
二 残余財産の分配
三 株主総会において議決権を行使することができる事項
四 譲渡による当該種類の株式の取得について当該株式会社の承認を要すること。
五 当該種類の株式について、株主が当該株式会社に対してその取得を請求することができること。
六 当該種類の株式について、当該株式会社が一定の事由が生じたことを条件としてこれを取得することができること。
七 当該種類の株式について、当該株式会社が株主総会の決議によってその全部を取得すること。
八 株主総会(取締役会設置会社にあっては株主総会又は取締役会、清算人会設置会社(第478条第6項に規定する清算人会設置会社をいう。以下この条において同じ。)にあっては株主総会又は清算人会)において決議すべき事項のうち、当該決議のほか、当該種類の株式の種類株主を構成員とする種類株主総会の決議があることを必要とするもの
九 当該種類の株式の種類株主を構成員とする種類株主総会において取締役又は監査役を選任すること。

以上の株主の区分方法を表とまとめると**図表3-1**のようになります。

3-1 自社株対策の概要

図表3-1　同族株主がいる会社・いない会社の株主区分と評価の判定

区分	株主の態様				評価方式
同族株主のいる会社	同族株主	議決権割合が5％以上の株主			原則的評価方式
		議決権割合が5％未満の株主	中心的な同族株主がいない場合		
			中心的な同族株主がいる場合	中心的な同族株主*1	
				役員*2である株主又は役員となる株主	
				その他の株主	配当還元方式
	同族株主以外の株主				

区分	株主の態様				評価方式
同族株主のいない会社	議決権割合の合計が15％以上の株主グループに属する株主	議決権割合が5％以上の株主			原則的評価方式
		議決権割合が5％未満の株主	中心的な株主*3がいない場合		
			中心的な株主がいる場合	役員である株主又は役員となる株主	
				その他の株主	配当還元方式
	議決権割合の合計が15％未満の株主グループに属する株主				

* 1 「**中心的な同族株主**」とは、同族株主のいる会社の株主で課税時期において同族株主の1人並びにその株主の配偶者、直系血族、兄弟姉妹及び一親等の姻族（これらの者と特殊の関係にある会社（法人税法施行令4条2項に掲げる会社をいいます。）のうち、これらの者が有する議決権の合計数がその会社の議決権総数の25％以上である会社を含みます。）の有する議決権の合計数がその会社の議決権総数の25％以上である場合におけるその株主をいいます（評基通188(2)）。
* 2 「**役員**」とは、社長、理事長並びに法人税法施行令第71条第1項第1号、第2号及び第4号に掲げる者をいいます（評基通188(2)）。
　（注）法人税法施行令71条1項（抜すい）
　　第1号　代表取締役、代表執行役、代表理事及び清算人
　　第2号　副社長、専務、常務その他これらに準ずる職制上の地位を有する役員
　　第4号　取締役（委員会設置会社の取締役に限る。）、会計参与及び監査役並びに監事
* 3 「**中心的な株主**」とは、同族株主のいない会社の株主で課税時期において株主の1人及びその同族関係者の有する議決権の合計数がその会社の議決権総数の15％以上である株主グループのうち、いずれかのグループに単独でその会社の議決権総数の10％以上の議決権を有している株主がいる場合におけるその株主をいいます（評基通188(4)）。

[2] 評価方法

❶ 原則的評価方式

　原則的評価方式は、まず評価する株式を発行した会社の業種に基づき、従業員数、総資産価額及び売上高により会社の規模判定を行い、大会社、中会社または小会社のいずれかに区分していきます（評基通178）。

　これは、取引相場のない株式を発行する会社は、上場会社に匹敵するものから個人企業と変わらないものに至るまで様々あるためです。また、会社の株主に関しても、オーナー一族が所有する場合や従業員株主まで様々いるため、会社の規模や株主としての立場に関係なく同一の方法により評価することは適当でないという考え方に基づくものです。

　すなわち、上場企業に匹敵するような大会社に関しては、上場会社の株価とのバランスを図ることが合理的であるとして、上場企業の類似する業種の株価に基づく「類似業種比準方式」により評価することを原則としています。一方、個人企業と変わらない小会社については、個人事業主が事業用資産を直接保有する場合とのバランスを図るため、会社の財産的な価値に着目した「純資産価額方式」により評価することを原則としています。そして、大会社と小会社の中間にある中会社の株式は、これらの評価方式を併用する方法により評価します。

　なお、自社株を発行する会社が、後述する❹の同族株主以外の株主が取得した株式や、❺の「特定の評価会社」の株式に該当する場合には、別途定めた方法により評価していきます（評基通178ただし書）。

　① 会社の規模判定

　　会社の規模判定の方法を図でまとめると**図表3-2**の通りです。

　　会社の規模判定をするにあたっては、以下の点に留意が必要です（評基通178(1)〜(4)）。

　　「総資産価額」は、会計上の決算が確定した帳簿価額によって計算した金額で、課税時期の直前に終了した事業年度の末日（以下、「直前期末」）

図表3-2　会社規模判定表

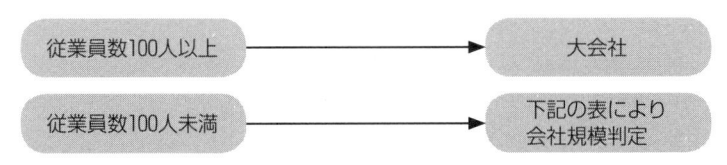

```
従業員数100人以上  ────→  大会社
従業員数100人未満  ────→  下記の表により会社規模判定
```

総資産価額（帳簿価額）			従業員数	年間の取引金額			会社の規模とLの割合
卸売業	小売・サービス業	卸売業・小売・サービス業以外		卸売業	小売・サービス業	卸売業・小売・サービス業以外	
20億円以上	10億円以上	10億円以上	50人超	80億円以上	20億円以上	20億円以上	大会社
14億円以上	7億円以上	7億円以上	50人超	50億円以上	12億円以上	14億円以上	中会社の大 L＝0.90
7億円以上	4億円以上	4億円以上	30人超50人以下	25億円以上	6億円以上	7億円以上	中会社の中 L＝0.75
7,000万円以上	4,000万円以上	5,000万円以上	5人超30人以下	2億円以上	6,000万円以上	8,000万円以上	中会社の小 L＝0.60
7,000万円未満	4,000万円未満	5,000万円未満	5人以下	2億円未満	6,000万円未満	8,000万円未満	小会社

　　　　　(イ)　　　　　　　　　(ロ)　　　　　　　(ハ)

① 総資産価額基準〔イ〕と従業員数基準〔ロ〕とのいずれか下位の区分を採用します。
② ①と取引金額基準〔ハ〕のいずれか上位の区分により会社規模を判定します。

出典：中小企業庁 中小企業税制 平成25年12月24日「平成26年度税制改正の大綱」反映版

における会社の各資産の帳簿価額の合計額により判定します。

　なお、各資産の帳簿価額の留意点としては、固定資産の減価償却累計額を間接法によって表示している場合には、各資産の帳簿価額の合計額から減価償却累計額を控除し、売掛金、受取手形、貸付金等に対する貸倒引当金は控除しない金額となります。

　また、前払費用、繰延資産、税効果会計の適用による繰延税金資産など、確定決算上の資産として計上されている資産は、帳簿価額の合計額に含まれます。

さらに、収用や特定の資産の買換え等の場合において、圧縮記帳引当金勘定に繰り入れた金額及び圧縮記帳積立金として積み立てた金額並びに翌事業年度以降に代替資産等を取得する予定であることから特別勘定に繰り入れた金額は帳簿価額の合計額から控除しません。

　「従業員数」は、課税時期の直前期末以前1年間において、その期間継続して評価会社に勤務していた従業員（就業規則等で定められた1週間当たりの労働時間が30時間未満である従業員を除く。以下この項において「継続勤務従業員」という）の数に、直前期末以前1年間において評価会社に勤務していた継続勤務従業員以外の従業員のその1年間における労働時間の合計時間数を従業員1人当たり年間平均労働時間数（1,800時間）で除して求めた数を加算した数として計算します。

　なお、その計算した評価会社の従業員数が、例えば、5.1人となる場合は従業員数「5人超」に、4.9人となる場合は従業員数「5人以下」に該当します。

　この場合の従業員は、勤務形態のいかんを問わず、評価会社において使用される者で賃金を支払われる者をいいますが、評価会社の社長、理事長並びに法人税法施行令71条《使用人兼務役員とされない役員》1項1号、2号及び4号に掲げる役員は含まれないため留意が必要です。

（使用人兼務役員とされない役員）（抜粋）
法人税法施行令第71条第1項
　一　代表取締役、代表執行役、代表理事及び清算人
　二　副社長、専務、常務その他これらに準ずる職制上の地位を有する役員
　四　取締役（委員会設置会社の取締役に限る。）、会計参与及び監査役並びに監事

　「年間の取引金額」は、直前期末以前1年間における取引金額（つまり、直前期の売上高）をいい、その期間における評価会社の目的とする事業に係る収入金額（金融業・証券業については収入利息及び収入手数料）です。

　なお、直前期の事業年度が1年未満であるときには、課税時期の直前期末以前1年間の実際の収入金額によることとなりますが、実際の収入金額

を明確に区分することが困難な期間がある場合は、その期間の収入金額を月数あん分して求めた金額によることができます。

評価会社が「卸売業」、「小売・サービス業」または「卸売業、小売・サービス業以外」のいずれの業種に該当するかは、直前期末以前1年間の取引金額に基づいて判定し、その取引金額のうちに2以上の業種に係る取引金額が含まれている場合には、それらの取引金額のうち最も多い取引金額に係る業種によって判定します。

③ **会社の規模別の評価方法**

会社の規模判定の結果、「大会社」と判定された場合には、原則として、「類似業種比準方式」により評価します。ただし、選択により「純資産価額方式」によることも認められています(評基通179(1))。

「中会社」は、次の算式により「類似業種比準方式」による評価額(類似業種比準価額)と「純資産価額方式」による評価額(1株当たりの純資産価額)を一定割合に基づき併用した金額により評価していきます。ただし、選択により「純資産価額方式」によることも認められています(評基通179(2))。

<算式>
類似業種比準価額×L+1株当たりの純資産価額×(1-L)

上の算式中の「L」は、評価会社の前述の総資産価額(帳簿価額によって計算した金額)及び従業員数または直前期末以前1年間における取引金額に応じて、それぞれ次に定める割合のうちいずれか大きい方の割合とします。

総資産価額(帳簿価額によって計算した金額)及び従業員数に応する割合

卸売業	小売・サービス業	卸売業、小売・サービス業以外	割合
14億円以上 (従業員数が50人以下の会社を除く。)	7億円以上 (従業員数が50人以下の会社を除く。)	7億円以上 (従業員数が50人以下の会社を除く。)	0.9
7億円以上 (従業員数が30人以下の会社を除く。)	4億円以上 (従業員数が30人以下の会社を除く。)	4億円以上 (従業員数が30人以下の会社を除く。)	0.75

7,000万円以上 (従業員数が5人以下の会社を除く。)	4,000万円以上 (従業員数が5人以下の会社を除く。)	5,000万円以上 (従業員数が5人以下の会社を除く。)	0.6

(注)複数の区分に該当する場合には、上位の区分に該当するものとする。

直前期末以前1年間における取引金額に応ずる割合

卸売業	小売・サービス業	卸売業、小売・サービス業以外	割合
50億円以上80億円未満	12億円以上20億円未満	14億円以上20億円未満	0.9
25億円以上50億円未満	6億円以上12億円未満	7億円以上14億円未満	0.75
2億円以上25億円未満	6,000万円以上6億円未満	8,000万円以上7億円未満	0.6

「小会社」は、原則として、「純資産価額方式」によって評価します。

ただし、類似業種比準方式との平均値によることもできます(評基通179(3))。

以上の会社規模別の原則的評価方法をまとめると以下の通りです。

会社の規模		類似業種比準方式	併用方式	純資産価額方式
大会社		原則	―	例外
中会社	大	―	原則:類似業種比準価額×90%+1株当たりの純資産価額×10%	例外
	中	―	原則:類似業種比準価額×75%+1株当たりの純資産価額×25%	例外
	小	―	原則:類似業種比準価額×60%+1株当たりの純資産価額×40%	例外
小会社		―	例外:類似業種比準価額×50%+1株当たりの純資産価額×50%	原則

出典:中小企業庁 中小企業税制 平成25年12月24日「平成26年度税制改正の大綱」反映版

❷ 類似業種比準方式

類似業種比準方式とは、上場企業の複数の類似業種の株価を基に、評価する会社の1株当たりの配当金額、利益金額及び純資産価額の3つの要素を、その評価する会社の類似業種と比準して評価する方法で、次の算式により計算します(評基通180)。

【類似業種比準方式】

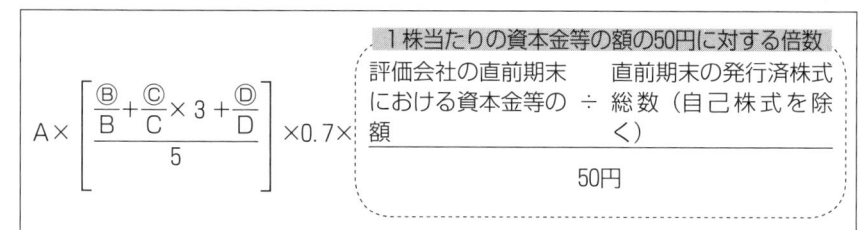

$$A \times \dfrac{\dfrac{Ⓑ}{B} + \dfrac{Ⓒ}{C} \times 3 + \dfrac{Ⓓ}{D}}{5} \times 0.7 \times \text{（1株当たりの資本金等の額の50円に対する倍数）}$$

1株当たりの資本金等の額の50円に対する倍数 ＝ 評価会社の直前期末における資本金等の額 ÷ 直前期末の発行済株式総数（自己株式を除く） ／ 50円

(1) 上記算式中の「A」、「Ⓑ」、「Ⓒ」、「Ⓓ」、「B」、「C」及び「D」は、それぞれ次による。
  「A」＝類似業種の株価
  「Ⓑ」＝評価会社の1株当たりの配当金額
  「Ⓒ」＝評価会社の1株当たりの利益金額
  「Ⓓ」＝評価会社の1株当たりの純資産価額（帳簿価額によって計算した金額）
  「B」＝課税時期の属する年の類似業種の1株当たりの配当金額
  「C」＝課税時期の属する年の類似業種の1株当たりの年利益金額
  「D」＝課税時期の属する年の類似業種の1株当たりの純資産価額（帳簿価額によって計算した金額）
  （注）類似業種比準価額の計算に当たっては、Ⓑ、Ⓒ及びⒹの金額は1株当たりの資本金等の額を50円とした場合の金額として計算することに留意する。
(2) 上記算式中の「0.7」は、中会社の株式を評価する場合には「0.6」、小会社の株式を評価する場合には「0.5」とする。

出所：国税庁ホームページ一部加工

すなわち、類似業種である上場企業の株価に対して、評価会社のその上場企業に対する収益力や資産規模の倍率を乗じて、評価会社の株価を算定するという考え方に基づいています。

① 「1株当たりの資本金等の額の50円に対する倍数」

算式中の「1株当たりの資本金等の額の50円に対する倍数」は、評価会社の直前期末における資本金等の額を直前期末における発行済株式総数（自己株式を有する場合には、その数を控除した株式数）で除した金額をさらに50円で除します。

評価会社の直前期末における資本金等の額は、法人税法2条（定義）16号に規定する資本金等の額をいいます。具体的には、**図表3－3**の法人税

申告書別表五（一）《利益積立金額及び資本金等の額の計算に関する明細書》（以下「別表五（一）」）の「差引翌期首現在資本金等の額」の「差引合計額」欄の金額になります。

> **（定義）**
> **法人税法第2条第16号**　資本金等の額　法人（各連結事業年度の連結所得に対する法人税を課される連結事業年度の連結法人（以下この条において「連結申告法人」という。）を除く。）が株主等から出資を受けた金額として政令で定める金額をいう。

　なお、評価会社が過去に組織再編や自己株式の取得などを行い資本金等の額がマイナスとなる場合であったとしても算式通りに計算すると考えられます。これは、算式通り計算した1株当たりの資本金等の額を50円とした場合の株価（負の数値）に対して、「1株当たり資本金等の額の50円に対する倍率」（負の数値）を乗じることで結果として適正な評価が算出されることになるためです。

② 　A＝類似業種の株価

　類似業種比準方式の算式「A＝類似業種の株価」は、課税時期の属する月以前3ヶ月間の各月の類似業種の株価のうち最も低いものとします。ただし、選択により類似業種の前年平均株価によることができます（財基通182）。

③ 　Ⓑ＝評価会社の1株当たりの配当金額

　「Ⓑ＝評価会社の1株当たりの配当金額」は、直前期末以前2年間におけるその会社の剰余金の配当金額の合計額の2分の1に相当する金額を、直前期末における発行済株式数で除して計算した金額です（評基通183(1)）。

$$\frac{\text{直前期末以前2年間の配当金額}}{2} \div \text{1株当たりの資本金等の額を50円とした場合の発行済株式数（資本金等の額÷50円）}$$

　この場合において、配当金額に関しては、特別配当、記念配当等の名称による配当金額のうち、将来毎期継続することが予想できないものは除かれ（評基通183(1)カッコ書）、各事業年度中に配当金交付の効力が発生した

3-1 自社株対策の概要

図表3-3

利益積立金額及び資本金等の額の計算に関する明細書　別表五(一)　平二十六・四・一以後終了事業年度分

I 利益積立金額の計算に関する明細書

区　分		期首現在利益積立金額 ①	当期の増減		差引翌期首現在利益積立金額 ①-②+③ ④
			減 ②	増 ③	
利 益 準 備 金	1	円	円	円	円
積立金	2				
	3				
	4				
	5				
	6				
	7				
	8				
	9				
	10				
	11				
	12				
	13				
	14				
	15				
	16				
	17				
	18				
	19				
	20				
	21				
	22				
	23				
	24				
	25				
繰越損益金(損は赤)	26				
納 税 充 当 金	27				
未納法人税等	未納法人税及び未納地方法人税（附帯税を除く。）	28	△	△	中間 △ 確定 △	△
	未納道府県民税（均等割額及び利子割額を含む）	29	△	△	中間 △ 確定 △	△
	未納市町村民税（均等割額を含む。）	30	△	△	中間 △ 確定 △	△
差 引 合 計 額	31				

II 資本金等の額の計算に関する明細書

区　分		期首現在資本金等の額 ①	当期の増減		差引翌期首現在資本金等の額 ①-②+③ ④
			減 ②	増 ③	
資本金又は出資金	32	円	円	円	円
資 本 準 備 金	33				
	34				
	35				
差 引 合 計 額	36				

評価会社の直前期末における資本金等の額

御注意
1 この表は、通常の場合には次の算式により検算ができます。
期首現在利益積立金額合計「31」①＋別表四留保所得金額又は欠損金額「48」－中間分、確定分法人税県市民税の合計額＝差引翌期首現在利益積立金額合計「31」④

2 発行済株式又は出資のうちに二以上の種類の株式がある場合には、法人税法施行規則別表五(一)付表（別表五(一)付表）の記載が必要となりますので御注意ください。

法 0301-0501

剰余金の配当金額（資本金等の額の減少によるものを除く）を基として計算します（評基通183（注）1）。また、直前期末における発行済株式数は、1株当たりの資本金等の額が50円以外の金額である場合には、直前期末における資本金等の額を50円で除して計算した数によるものとします。つまり、額面50円とした場合の発行済株式総数となります。この取扱いは、後述する「Ⓒ＝評価会社の1株当たり利益金額」、「Ⓓ＝評価会社の1株当たり純資産価額」においても同様です（評基通183(1)カッコ書）。

　その他、評価額の計算上の配当金額に関しては、株主優待券等の経済的利益相当額は、会社の利益の有無にかかわらず供与されることから株式等の剰余金の配当等と認めがたいとされているため、評価額の計算上含める必要がないとされています。また、自己株式を取得することなどにより生じた税務上の「みなし配当」（法法24）についても、会社法上の剰余金の配当金額に該当せず、将来毎期継続することが予想できない金額に該当すると考えられるため含める必要がありません。なお、現物分配（法法2一二の六）により評価会社が移転した資産の価額については、その現物分配の起因となった剰余金の配当が将来毎期継続することが予想できるかどうかにより判断します。

　自社株対策においては、無配にしたり、通常の配当をやめて合理的に説明ができる範囲で特別配当や記念配当を支給するなどの方法により評価対象となる配当金額を減らすことで評価額を下げることが考えられます。

④　Ⓒ＝評価会社の1株当たり利益金額

　「Ⓒ＝評価会社の1株当たり利益金額」は、直前期末以前1年間における法人税の課税所得金額（固定資産売却益、保険差益等の非経常的な利益の金額を除く）に、その所得の計算上益金に算入されなかった剰余金の配当（資本金等の額の減少によるものを除く）等の金額（所得税額に相当する金額を除く）及び損金に算入された繰越欠損金の控除額を加算した金額（その金額がマイナスのときは、ゼロ）を、直前期末における発行済株式数（上述の通り額面50円とした場合の株式数）で除して計算した金額です（評基通183(2)）。

$$\left(\begin{array}{c}\text{法人税の}\\\text{課税所得}\\\text{金額}\end{array} + \begin{array}{c}\text{所得の計算上益金の額に}\\\text{算入されなかった利益の}\\\text{配当金の金額（所得税額}\\\text{に相当する金額を除く。）}\end{array} + \begin{array}{c}\text{損金に算入}\\\text{された繰越}\\\text{欠損金の控}\\\text{除額}\end{array}\right) \div \begin{array}{c}\text{1株当たりの資本金等}\\\text{の額を50円とした場合}\\\text{における発行済株式数}\\\text{（資本金等の額÷50円）}\end{array}$$

※1　上記算式中の「法人税の課税所得金額」は、固定資産売却益、保険差益等の非経常的な利益の金額を除いた金額による。
　2　上記の算式中の被除数の金額が負数となる場合には、1株当たりの利益金額ⓒは0とする。
　3　算式中の被除数のそれぞれの金額は1,000円未満の端数を切り捨てて計算し、計算した1株当たりの利益金額ⓒに1円未満の端数がある場合には、その端数を切り捨てる。
　4　「所得税額に相当する税額」には、復興特別所得税の額に相当する金額を含む。

　この直前期末以前1年間における法人税の課税所得金額からは、固定資産売却益などの非経常的な利益を除かれるため、1株当たりの利益金額の計算上、課税所得から控除します。この場合において、非経常的な利益と固定資産売却損や除却損等の非経常的な損失がある場合には、まず、非経常的な利益から非経常的な損失を控除し、マイナスになればゼロとします。つまり、非経常的な利益を上回る損失があれば、課税所得から除かれる非経常的な利益はないことになるため留意が必要です。
　自社株対策上は、非経常利益と非経常損失を同じ事業年度で計上してしまうと、非経常損失は優先的に非経常利益に充てられる結果となり、課税所得を圧縮する効果がうすれるため、非経常利益を計上するタイミングに留意が必要です。
　また、非経常的な損失のみを計上した場合には、利益金額の計算上は特に制限がないため、非経常的な損失を計上することで株式の評価額を下げることが可能です。しかし、課税所得が基準となっているため、損失は税務上の損金に限られ、課税所得は繰越欠損金の損金算入前の金額となるため留意が必要です。
　さらに、選択により、直前期末以前2年間の各事業年度について、それ

ぞれ法人税の課税所得金額を基として上記に準じて計算した金額の合計額（その合計額がマイナスのときは、ゼロ）の2分の1に相当する金額を直前期末における発行済株式数（額面50円とした場合の株式数）で除して計算した金額とすることができます（評基通183(2)ただし書）。したがって、直前期末2年間の各事業年度の法人税の課税所得の推移を見ながら、直前期末の数値を使うのか、それとも、直前期末2年間の平均値を選択するのか、計算上有利になるように検討します。

⑤ Ⓓ＝評価会社の1株当たり純資産価額

「Ⓓ＝評価会社の1株当たり純資産価額」は、直前期末における資本金等の額及び法人税法2条（定義）18号に規定する利益積立金額に相当する金額（法人税申告書別表五（一）「利益積立金額及び資本金等の額の計算に関する明細書」の差引翌期首現在利益積立金額の差引合計額）の合計額（**図表3－4**参照）を直前期末における発行済株式数で除して計算した金額です（評基通183(3)）。

$$\left(\begin{array}{c} \text{法人税法に規定する資本金等の額} \end{array} + \begin{array}{c} \text{法人税法に規定する利益積立金額} \end{array} \right) \div \begin{array}{c} \text{1株当たりの資本金等の額が50円であるとした場合の発行済株式数（資本金等の額÷50円）} \end{array}$$

※1 「法人税法に規定する資本金等の額」とは、直前期の法人税の申告書別表五（一）「利益積立金額及び資本金等の額の計算に関する明細書」の差引翌期首現在資本金等の額の差引合計額に相当する金額をいう。
  2 「法人税法に規定する利益積立金額」とは、直前期の法人税の申告書別表五（一）「利益積立金額及び資本金等の額の計算に関する明細書」の差引翌期首現在利益積立金額の差引合計額に相当する金額をいう。
  3 利益積立金額に相当する金額が負数である場合には、その負数に相当する金額を資本金等の額から控除するものとし、その控除後の金額が負数となる場合には、1株当たりの純資産価額Ⓓは0とする。

なお、利益積立金額に相当する金額がマイナスである場合には、そのマイナスに相当する金額を資本金等の額から控除し、その控除後の金額がマイナスとなる場合にはゼロとします（評基通183（注）2）。

（定義）

法人税法第2条第18号 利益積立金額 法人（連結申告法人を除く。）の所得の金額（第81条の18第1項（連結法人税の個別帰属額の計算）に規定する個別所得金額を含む。）で留保している金額として政令で定める金額をいう。

図表3-4

利益積立金額及び資本金等の額の計算に関する明細書　別表五（一）　平二十六・四・一以後終了事業年度分

I 利益積立金額の計算に関する明細書

区分		期首現在利益積立金額 ①	当期の減 ②	当期の増 ③	差引翌期首現在利益積立金額 ①-②+③ ④
利益準備金	1	円	円	円	円
積立金	2				
	3				
	4				
	5				
	6				
	7				
	8				
	9				
	10				
	11				
	12				
	13				
	14				
	15				
	16				
	17				
	18				
	19				
	20				
	21				
	22				
	23				
	24				
	25				
繰越損益金（損は赤）	26				
納税充当金	27				
未納法人税等	未納法人税及び未納復興特別法人税（附帯税を除く。）	28	△	△	中間 △／確定 △	△
	未納道府県民税（均等割額及び利子割額を含む。）	29	△	△	中間 △／確定 △	△
	未納市町村民税（均等割額を含む。）	30	△	△	中間 △／確定 △	△
差引合計額	31				

II 資本金等の額の計算に関する明細書

区分		期首現在資本金等の額 ①	当期の減 ②	当期の増 ③	差引翌期首現在資本金等の額 ①-②+③ ④
資本金又は出資金	32	円	円	円	円
資本準備金	33				
	34				
	35				
差引合計額	36				

（御注意）

1. この表は、通常の場合には次の算式により検算ができます。
   期首現在利益積立金額合計「31」① ＋ 別表四留保所得金額又は欠損金額「48」 － 中間分、確定分法人税県市民税の合計額 ＝ 差引翌期首現在利益積立金額合計「31」④

2. 発行済株式又は出資のうちに2以上の種類の株式がある場合には、法人税法施行規則別表五（一）付表（別表五（一）付表）の記載が必要となりますので御注意ください。

差引翌期首現在利益積立金額の差引合計額

法 0301-0501

最後に、類似業種の業種目や業種目別株価をはじめとする類似業種比準方式の算式に係るA～Dの数値は、国税庁ホームページで閲覧可能です。参考までに類似業種の業種目及び業種目別株価の一例を示すと以下の通りです。

図表3-5　類似業種比準価額計算上の業種目及び業種目別株価等（平成25年分）

(単位：円)

業種目（大分類／中分類／小分類）	番号	B 配当金額	C 利益金額	D 簿価純資産価額	A（株価）平成24年平均	24年11月分	12月分	25年1月分	2月分
製造業	11	3.9	17	229	179	175	185	201	212
食料品製造業	12	4.9	22	319	298	301	305	315	327
畜産食料品製造業	13	2.2	9	138	123	129	136	142	146
パン・菓子製造業	14	9.3	49	664	683	705	716	739	786
その他の食料品製造業	15	4.4	18	279	247	243	246	253	259
飲料・たばこ・飼料製造業	16	3.1	13	193	141	141	145	154	162
繊維工業	17	3.4	15	182	117	114	118	131	136
パルプ・紙・紙加工品製造業	18	3.0	16	215	120	119	124	130	132
印刷・同関連業	19	3.7	7	215	98	94	98	107	113
化学工業	20	5.6	23	263	243	243	254	278	294
有機化学工業製品製造業	21	4.0	14	189	165	159	168	186	195
油脂加工製品・石けん・合成洗剤・界面活性剤・塗料製造業	22	3.7	21	251	179	184	195	213	224
医薬品製造業	23	11.5	47	452	518	531	549	602	641
その他の化学工業	24	4.3	17	215	175	169	178	193	204
プラスチック製品製造業	25	2.6	9	172	101	98	103	113	119
ゴム製品製造業	26	3.0	14	192	144	139	149	163	177
窯業・土石製品製造業	27	2.4	10	179	102	100	106	112	114
セメント・同製品製造業	28	1.3	7	136	75	73	82	91	93
その他の窯業・土石製品製造業	29	2.9	12	196	112	111	116	121	122
鉄鋼業	30	3.0	13	200	158	129	142	159	170
非鉄金属製造業	31	2.3	9	153	102	92	99	108	110
金属製品製造業	32	5.4	28	365	216	206	224	235	247
建設用・建築用金属製品製造業	33	3.7	12	467	153	146	161	176	183
その他の金属製品製造業	34	6.1	35	324	240	230	249	259	273

出所：国税庁ホームページ一部加工

❸ 純資産価額方式

純資産価額方式は、評価会社の各資産を相続税の評価に洗い替えて、その評価した総資産の価額から負債及び評価差額（いわゆる資産の含み益）に対する法人税額等相当額を差し引いた残りの金額により評価する方法です。

【純資産価額方式】

$$1株当たりの純資産価額 = \frac{相続税評価額による総資産価額 - 負債の合計額 - 評価差額の法人税額等相当額（注）}{発行済株式数}$$

注）相続税評価額と帳簿価額による純資産価額の差額の42％相当額ですが、マイナスとなる場合は「0」で計算します。
ただし、平成26年4月1日以降の相続、遺贈又は贈与により取得した取引相場のない株式については、評価差額の40％相当額

出典：中小企業庁 中小企業税制 平成25年12月24日「平成26年度税制改正の大綱」反映版

具体的には、上記の算式の通り、課税時期における評価会社の各資産を相続税評価額で評価した価額の合計額から、課税時期における各負債の金額の合計額及び評価差額に対する法人税額等に相当する金額を控除した金額を、課税時期における発行済株式数で除して計算した金額を「1株当たりの純資産価額」として株式の評価額とする方法です（評基通185）。なお、この場合の「発行済株式数」は、直前期末ではなく、課税時期における発行済株式数とし、評価会社が自己株式を有している場合には、その自己株式の数を控除した後の株式数です（評基通185（注）1 他）。

また、評価会社が「中会社」または「小会社」に該当する場合で、株式の取得者とその同族関係者の有する議決権の合計数が、評価会社の議決権総数の50％以下である場合の「1株当たりの純資産価額」は、上記算式により計算した1株当たりの純資産価額に100分の80を乗じて計算した金額となります（評基通185ただし書）。なお、この50％以下の判定は、評価会社が会社法上の種類株式を発行している場合には、株主総会の一部の事項について議決権を行使できない株式に係る議決権の数を、上記の「議決権の合計数」及び「議決権総数」に含めて判定し（評基通185（注）2）、評価会社が自己株式を有する場合に

は、自己株式の議決権総数を控除した数を「議決権総数」として判定します。

① **純資産価額方式の相続税評価額による総資産価額**

　純資産価額計算上の「相続税評価額による総資産価額」は、前述の通り、課税時期における評価会社の各資産を相続税評価額で評価した価額の合計額です。なお、簿外の借地権、特許権、営業権についても財産評価基本通達の定めに従い評価する一方、財産性のない創立費、新株発行費等の繰延資産、繰延税金資産については評価の対象とはなりません。

　この場合において、評価会社が課税時期前3年以内に取得（交換、買換え、現物出資、合併等によって取得する場合を含む）または新築した、土地及び土地の上に存する権利（以下、「土地等」）並びに家屋及びその附属設備または構築物（以下、「家屋等」）については、これらの価額は相続税評価額ではなく、課税時期における通常の取引価額に相当する金額によって評価（つまり時価評価）する必要があります。しかし、これら土地等または家屋等に係る帳簿価額が課税時期における通常の取引価額に相当すると認められる場合には、帳簿価額に相当する金額によって評価することが可能です（評基通185カッコ書）。ただし、評価会社のたな卸資産に該当する土地等や建物等については、たとえ課税時期前3年以内に取得したとしても相続税評価額のおけるたな卸資産として評価します。

　また、課税時期において、評価会社が取引相場のない株式（例えば、子会社株式や関連会社株式など）を保有している場合の、その保有している株式（以下の**図表3-6**の例では、「Y社株式」）の1株当たりの純資産価額の計算は、前掲の純資産価額方式の算式により計算した金額となりますが、上記の評価差額に対する法人税額等に相当する金額を控除することができません（評基通186-3）。

② **純資産価額方式の負債の合計額**

　純資産価額計算上の「負債の合計額」は、貸倒引当金、退職給与引当金、納税引当金その他の引当金及び準備金、並びに繰延税金負債に相当する金額は負債に含まれません（評基通186他）。

図表3－6

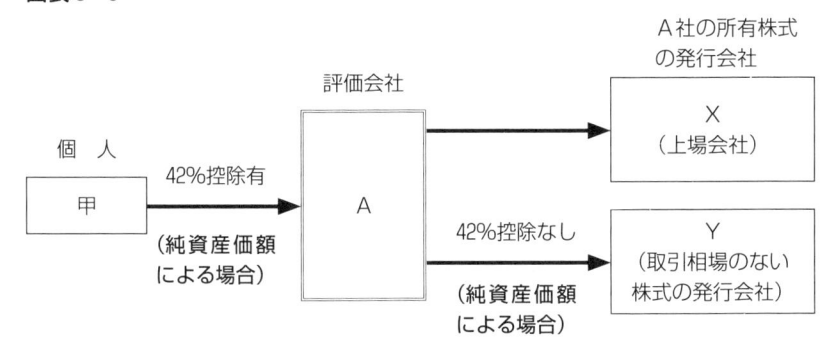

```
                            評価会社              A社の所有株式
                                                  の発行会社
                         ┌─────────┐        ┌──────────┐
                         │         │───────▶│    X     │
  個  人    42%控除有    │         │        │ (上場会社)│
  ┌─────┐              │    A    │        └──────────┘
  │  甲  │────────────▶│         │
  └─────┘              │         │   42%控除なし  ┌──────────┐
  (純資産価額           │         │───────────────▶│    Y     │
   による場合)          └─────────┘                │(取引相場のない│
                                    (純資産価額     │ 株式の発行会社)│
                                     による場合)   └──────────┘
```

出典：「財産評価基本通達逐条解説」一般社団法人大蔵財務協会

　ただし、退職給与引当金のうち、平成14年改正法人税法附則8条（退職給与引当金に関する経過措置）2項及び3項適用後の退職給与引当金（以下、「経過措置適用後の退職給与引当金」）勘定の金額に相当する金額は負債とします。

　引当金や準備金を負債の対象としないのは、相続税計算上の課税財産から控除すべき債務が確実と認められるものに限られている（相法14）ため、自社株評価においてもそのバランスを考慮した取扱いとなっています。

（退職給与引当金に関する経過措置）
平成14年改正法人税法附則第8条第2項及び第3項
2　法人が改正事業年度開始の時（当該法人が施行日前に分社型分割等を行い、旧法人税法第54条第4項に規定する期中退職給与引当金勘定の金額を改正事業年度の損金の額に算入した場合にあっては、当該分社型分割等の時。以下この項において同じ。）において同条第6項に規定する退職給与引当金勘定の金額（以下この条において「退職給与引当金勘定の金額」という。）を有するときは、当該法人の次の表の各号の上欄に掲げる区分に応じ、それぞれ当該各号の中欄に掲げる事業年度又は連結事業年度において、当該各号の下欄に掲げる金額（当該事業年度又は連結事業年度終了の時における退職給与引当金勘定の金額が当該掲げる金額に満たない場合には、当該退職給与引当金勘定の金額）を取り崩さなければならない。

一　法人（改正事業年度終了の時における資本の金額又は出資金額が一億円を超える普通法人並びに保険業法に規定する相互会社及びこれに準ずるものとして政令で定めるものを除く。）	改正事業年度から改正事業年度開始の日以後10年を経過した日の前日の属する事業年度又は連結事業年度までの各事業年度又は各連結事業年度	改正事業年度開始の時に有する退職給与引当金勘定の金額（以下この項及び第6項において「改正時の退職給与引当金勘定の金額」という。）に当該各事業年度又は各連結事業年度の月数を乗じてこれを百二十で除して計算した金額（改正事業年度開始の日以後10年を経過した日の前日の属する事業年度又は連結事業年度にあっては、退職給与引当金勘定の金額の残額）
二　前号に掲げる法人以外の法人	平成14年4月1日から平成16年3月31日までの間に開始する事業年度又は連結事業年度	改正時の退職給与引当金勘定の金額に十分の三を乗じて計算した金額に、当該事業年度又は連結事業年度の月数を乗じてこれを十二で除して計算した金額
	平成16年4月1日から平成17年3月31日までの間に開始する事業年度又は連結事業年度	改正時の退職給与引当金勘定の金額に十分の二を乗じて計算した金額に、当該事業年度又は連結事業年度の月数を乗じてこれを十二で除して計算した金額
	平成17年4月1日以後に開始する事業年度又は連結事業年度で改正事業年度開始の日以後4年を経過した日の前日の属する事業年度又は連結事業年度までの事業年度又は連結事業年度	改正時の退職給与引当金勘定の金額に十分の二を乗じて計算した金額に、当該事業年度又は連結事業年度の月数を乗じてこれを十二で除して計算した金額（改正事業年度開始の日以後4年を経過した日の前日の属する事業年度又は連結事業年度にあっては、退職給与引当金勘定の金額の残額）

3　前項の表の各号の中欄に掲げる事業年度又は連結事業年度において当該各号の下欄に掲げる金額を取り崩した後の退職給与引当金勘定の金額が当該事業年度又は連結事業年度終了の時において在職する使用人の全員がその時において自己の都合により退職するものと仮定した場合に各使用人につきその時において定められている旧法人税法第54条第1項に規定する退職給与規程により計算される退職給与の額の合計額を超えるとき

> は、当該事業年度又は連結事業年度において、当該超える部分の金額を取り崩さなければならない。

　その他、次の金額は、帳簿の負債としての記載がない場合であっても、「相続税評価額」及び「帳簿価額」の負債として含まれます。

　a　課税時期の属する事業年度に係る法人税額（平成26年10月１日以後に相続、遺贈または贈与により取得した財産の評価に関しては、地方法人税額を含む）、消費税額及び地方消費税額、事業税額及び地方法人特別税額、道府県民税額及び市町村民税額のうち、その事業年度開始の日から課税時期までの期間に対応する金額（課税時期において未払いのものに限る）

　b　課税時期以前に賦課期日のあった固定資産税の税額のうち、課税時期において未払いの金額

　c　被相続人の死亡により、相続人その他の者に支給することが確定した退職手当金、功労金その他これらに準ずる給与の金額（ただし、経過措置適用後の退職給与引当金の取崩しにより支給されるものは除く）

　d　未納公租公課、未払利息等の金額

③　**評価差額の法人税額等相当額**

　純資産価額計算上の「評価差額の法人税額等相当額」は、上述の通り、評価会社の各資産の相続税評価額と帳簿価額との差額（含み益）に対する法人税額等で、仮に評価会社を清算した場合に実現する含み益に対する法人税等の税金を株式の評価額の計算上、控除します。これは、株式を通じて会社の資産を所有する場合と個人事業主が直接所有するのとでは所有形態が異なるため、両者の事業用財産の所有形態を経済的に同じ条件に置き換えて評価のバランスを図る必要性から行われています。

　具体的には、「評価差額の法人税額等相当額」は、次のＡの金額からＢの金額を控除した残額がある場合（マイナスの場合にはゼロ）における、その残額に40％（法人税、地方法人特別税を含む事業税、道府県民税及び市町村民税の税率の合計に相当する割合）を乗じて計算した金額です（評基通186-2）。なお、税率に関しては、平成26年度の税制改正において復興特別法

人税が廃止され、併せて地方法人税の創設並びに事業税、地方法人特別税、道府県民税及び市町村民税の税率の改正が行われたことに伴い、純資産価額方式における「評価差額に対する法人税額等に相当する金額」の算定に用いる税率が42％から40％に改正されました。この改正は、平成26年4月1日以後に相続、遺贈または贈与により取得した取引相場のない株式等の評価に適用されます。

　A：課税時期における相続税評価額による総資産価額から課税時期における各負債の金額の合計額を控除した金額（つまり相続税評価額のよる純資産額）

　B：課税時期における相続税評価額による総資産価額の計算の基とした各資産の帳簿価額の合計額から課税時期における各負債の金額の合計額を控除した金額（つまり帳簿価額による純資産額。マイナスの場合にはゼロ）

　この場合の総資産価額における帳簿価額は、税務上の帳簿価額になるため、申告加算などがあれば申告調整後の金額となります。また、固定資産に係る減価償却累計額、特別償却準備金及び圧縮記帳に係る引当金または積立金の金額がある場合には、それらの金額をそれぞれの引当金等に対応する資産の帳簿価額から控除した金額をその固定資産の帳簿価額とします。一方、会社の規模判定をする際の総資産価額における帳簿価額は、上述の通り会計上の決算が確定した帳簿価額によって計算した金額（つまり会計簿価）であるため留意が必要です。

　なお、評価差額の計算上、財産性のない創立費、新株発行費等の繰延資産、繰延税金資産については評価の対象とならないため、これらの資産については上記A、Bから除かれます。その他、仮払金や前払費用などの勘定科目についても、取引内容から財産性のないと判断されたものは、各資産の相続税評価額と帳簿価額それぞれから除かれることになると考えられます。

　一方、被相続人の死亡により評価会社が生命保険金を取得する場合に

は、その生命保険金請求権（未収保険金）の金額を資産として上記Ａ「相続税評価額」及びＢ「帳簿価額」に含めて計算します。この場合に、その生命保険金請求権に係る保険料が保険積立金などの勘定科目で資産計上されているときは、その金額を帳簿価額から除外します。そして、この生命保険金を原資として被相続人の対する死亡退職手当金を支払った場合には、残った生命保険金があればその部分について法人税等が課税されることになるため、その保険差益に対する法人税等相当額は負債として扱います。

　なお、評価会社が法人税の欠損金の繰戻し還付制度（法法80、措法66の13）の適用を受ける場合において、課税時期がその適用年度に係る法人税申告書の提出期限後であれば、未収還付金相当額を資産として上記Ａ「相続税評価額」に含めて計算します。一方、評価の対象となる資産で帳簿価額のあるもの（例えば、借家権、営業権等）であっても、その課税価格に算入すべき相続税評価額が算出されない場合には、「相続税評価額」はゼロとしますが、「帳簿価額」には含めて計算します。

④　評価差額の法人税額等相当額の適用除外

　ところで、「評価差額の法人税額等相当額」は、株式の評価額を下げる効果があるため、一定の組織再編を利用して不当に評価差額を増加させた場合には、その増加させた評価差額に対する法人税等の控除は認められていません（評基通186−2(2)カッコ書）。具体的には、評価会社の各資産の中に、現物出資もしくは合併により著しく低い価額で受け入れた資産または、株式交換もしくは株式移転により著しく低い価額で受け入れた株式（これらの資産または株式を「現物出資等受入れ資産」という）がある場合には、その各資産の帳簿価額の合計額に、現物出資、合併、株式交換または株式移転の時（一定の組織再編時）において、その現物出資等受入れ資産を相続税評価額により評価した価額から、その現物出資等受入れ資産の帳簿価額を控除した金額（以下、「現物出資等受入れ差額」）を加算した価額が、評価会社の各資産の帳簿価額となります（つまり再編時の相続税評価額

まで受入資産の帳簿価額がステップアップされる)。すなわち、経済合理性のない現物出資等の一定の組織再編により認識された含み益については、評価会社の各資産の帳簿価額に加算することで評価差額に対する法人税額等を控除できないように制限していると考えられます。

　この制限については、以下の点に留意が必要です。

ⓐ　評価会社の各資産の中に、合併により著しく低い価額で受け入れた資産である場合おいて、その合併受入れ資産の相続税評価額が、その資産に係る被合併会社の帳簿価額を超えるときには、その帳簿価額とします。したがって、被合併法人の帳簿価額を超える部分の含み益に対する法人税等の控除は可能と考えられます。

ⓑ　「現物出資等受入れ差額」は、一定の組織再編時において現物出資等受入れ資産を相続税評価額により評価した価額が、課税時期のその現物出資等受入れ資産の相続税評価額を上回る場合には、課税時期のその現物出資等受入れ資産の相続税評価額から、その現物出資等受入れ資産の帳簿価額を控除した金額となります。

ⓒ　この制限による「現物出資等受入れ差額」の加算は、課税時期における相続税評価額による総資産価額に占める、現物出資等受入れ資産の価額の合計額の割合が20％以下である場合には適用がありません。

　なお、この制限の対象となる一定の組織再編には、財産評価基本通達上は、現物出資、合併、株式交換、株式移転について示されていますが、現物分配や会社分割の取扱いについては述べられていません。したがって、現物分配や会社分割における評価差額に対する法人税等の控除の適用については留意が必要です。

(評価差額に対する法人税額等に相当する金額) (抜すい、下線は筆者加筆)
186-2　185((純資産価額))の「評価差額に対する法人税額等に相当する金額」は、次の(1)の金額から(2)の金額を控除した残額がある場合におけるその残額に40％(法人税、事業税(地方法人特別税を含む。)、道府県民税及び市町村民税の税率の合計に相当する割合)を乗じて計算した金額とする。
(1)　課税時期における各資産をこの通達に定めるところにより評価した価額の合計額

(以下この項において「課税時期における相続税評価額による総資産価額」という。)から課税時期における各負債の金額の合計額を控除した金額

(2) 課税時期における相続税評価額による総資産価額の計算の基とした各資産の帳簿価額の合計額(当該各資産の中に、現物出資若しくは合併により著しく低い価額で受け入れた資産又は会社法第2条第31号の規定による株式交換(以下この項において「株式交換」という。)若しくは会社法第2条第32号の規定による株式移転(以下この項において「株式移転」という。)により著しく低い価額で受け入れた株式(以下この項において、これらの資産又は株式を「現物出資等受入れ資産」という。)がある場合には、当該各資産の帳簿価額の合計額に、現物出資、合併、株式交換又は株式移転の時において当該現物出資等受入れ資産をこの通達に定めるところにより評価した価額から当該現物出資等受入れ資産の帳簿価額を控除した金額(以下この項において「現物出資等受入れ差額」という。)を加算した価額)から課税時期における各負債の金額の合計額を控除した金額

⑤ **純資産価額の評価基準日**

「1株当たりの純資産価額」の評価の基準となる時点は、原則として課税時期における各資産及び各負債の金額によります。一方、類似業種比準価額の算式のⒷ～Ⓓの金額は、基本的に直前期末が基準となり、純資産価額方式と評価の基準となる時点が異なるため留意が必要です。

しかし、評価会社が課税時期において仮決算を行っていないため、課税時期における資産及び負債の金額が明確でない場合において、直前期末から課税時期までの間に資産及び負債について著しく増減がないため評価額の計算に影響が少ないと認められるときは、課税時期における各資産及び各負債の金額は、次のように直前期末を基準として計算することができます。

A:「相続税評価額」は、直前期末の資産及び負債の課税時期の相続税評価額

B:「帳簿価額」は、直前期末の資産及び負債の帳簿価額

上記A及びBの場合において、帳簿に負債としての記載がない場合であっても、次の金額は負債として取り扱います。

✓ 未納公租公課、未払利息等の金額
✓ 直前期末日以前に賦課期日のあった固定資産税及び都市計画税の税額のうち、未払いとなっている金額

✓ 直前期末日後から課税時期までに確定した剰余金の配当等の金額
✓ 被相続人の死亡により、相続人その他の者に支給することが確定した退職手当金、功労金その他これらに準ずる給与の金額（ただし、経過措置適用後の退職給与引当金の取崩しにより支給されるものは除く）

ただし、上記のように直前期末を基準に評価する場合には、後述する❺特定の評価会社の株式の評価における「株式保有特定会社」や「土地保有特定会社」の株式の判定における純資産価額等についても、これら特定会社の判定時期、純資産価額（相続税評価額によって計算した金額）、「株式保有特定会社」の株式のS_2の計算は同一時期となります。

❹ 配当還元方式

同族株主以外の株主（通常は少数株主）が取得した株式については、その株式の発行会社の規模にかかわらず配当還元方式で評価します（評基通188-2）。

配当還元方式は、その株式を所有することによって受け取る過去2年間の平均配当金額を10％の利率で割り戻して、株式の価額を求めようとする方式です。

配当還元方式の計算式は以下の通りで、算式中の「年配当金額」の計算は、類似業種比準方式の「Ⓑ＝評価会社の1株当たりの配当金額」の計算と同じく特別配当、記念配当等で継続性の認められないものの金額を除外されますが、

【配当還元方式】

$$配当還元価額 = \frac{その株式に係る年配当金額（注）}{10\%} \times \frac{その株式の1株当たりの資本金等の額}{50円}$$

（注）$年配当金額 = \frac{直前期末以前2年間の配当金額}{2} \div 1株当たりの資本金等の額を50円とした場合の発行済株式数$

（注）年配当金額が2円50銭未満となる場合、または無配の場合は2円50銭とします。

出典：中小企業庁 中小企業税制 平成25年12月24日「平成26年度税制改正の大綱」反映版

1株当たりの配当金額の2円50銭の下限がある点が異なります。

ただし、上記算式で計算した株式の評価額が、原則的評価方式により評価した金額を超える場合には、原則的評価方式により評価した金額によって評価します（評基通188-2ただし書）。

❺ 特定の評価会社の株式の評価

「特定の評価会社の株式」は、評価会社の資産の保有状況、営業の状態等に応じ次の①～⑥に掲げる評価会社の株式をいいます（評基通189）。

なお、これら特定の評価会社の株式の判定の順序は、「⑥清算中の会社の株式 → ⑤開業前または休業中の会社の株式 → ④開業後3年未満の会社等の株式 → ③土地保有特定会社の株式 → ②株式保有特定会社の株式 → ①比準要素数1の会社の株式」の順番で行います。

① 比準要素数1の会社の株式

類似業種比準方式の算式「Ⓑ＝評価会社の1株当たりの配当金額」、「Ⓒ＝評価会社の1株当たり利益金額」、「Ⓓ＝評価会社の1株当たり純資産価額」の3つのうち、いずれか2がゼロであり、かつ、直前々期末を基準にして計算した場合にも、いずれか2以上（2ではなく「2以上」）がゼロである評価会社（次の②～⑥に該当するものを除く。以下「比準要素数1の会社」）の株式の価額は、「純資産価額方式」によって評価します。なお、Ⓑ配当金額及びⒸ利益金額については、直前期末以前3年間の実績を反映して判定することになります。

ただし、上記の比準要素数1の会社の株式の価額は、納税義務者の選択により、次の算式により計算した金額によって評価することができます（評基通189-2）。

```
<算式>
類似業種比準価額×0.25＋1株当たりの純資産価額×（1－0.25）
```

そのほか、株式の取得者とその同族関係者の有する議決権の合計数が評

価会社の議決権総数の50％以下である場合の「１株当たりの純資産価額」は、「比準要素数１の会社」として上記により計算した１株当たりの純資産価額（すなわち、「純資産価額方式」により評価した金額、または、上記算式を選択した場合の算式中の１株当たりの純資産価額）に100分の80を乗じて計算した金額となります。この50％以下の判定は、評価会社が会社法上の種類株式を発行している場合には、株主総会の一部の事項について議決権を行使できない株式に係る議決権の数を、上記の「議決権の合計数」及び「議決権総数」に含めて判定します（評基通189-2、185ただし書、185(注)2）。

また、この株式に関して「同族株主以外の株主等が取得した株式」に該当する場合の株式の評価額は、上記❹の「配当還元方式」により計算した金額によって評価しますが、その評価額が「比準要素数１の会社」として「純資産価額方式」により計算した金額、または、上記算式を選択した場合に計算した金額を超える場合には、「純資産価額方式」または、上記算式を選択した場合に計算した金額によって評価します（評基通189-2なお書）。

② **株式保有特定会社の株式**

課税時期において評価会社の有する各資産を相続税評価額により評価した価額の合計額のうちに占める株式及び出資の価額の合計額（相続税評価額によって計算した金額）の割合が50％以上である評価会社（次の③〜⑥のいずれかに該当するものを除く）は、「株式保有特定会社」といいます。

なお、この保有割合の判定に関しては、評価会社が課税時期前３年内に取得等した土地等または建物等がある場合の時価評価や、評価会社が保有する取引相場のない株式の評価差額に対する法人税等相当額の控除は行わないなどの上述の純資産価額方式による評価方法に従って評価して判定を行います。この判定方法については③「土地保有特定会社」の場合も同様です。

「株式保有特定会社」の株式の価額は、原則として「純資産価額方式」による評価します（評基通189-3）。また、株式の取得者とその同族関係者

の有する議決権の合計数が評価会社の議決権総数の50％以下である場合の「1株当たりの純資産価額」は、1株当たりの純資産価額に100分の80を乗じて計算した金額となります。この50％以下の判定は、評価会社が会社法上の種類株式を発行している場合には、株主総会の一部の事項について議決権を行使できない株式に係る議決権の数を、上記の「議決権の合計数」及び「議決権総数」に含めて判定します（評基通189-3、185ただし書、185(注)2）。

　また、この株式が「同族株主以外の株主等が取得した株式」に該当する場合の株式の評価額は、上記❹の「配当還元方式」により計算した金額によって評価しますが、その評価額が、「純資産価額方式」または後述する「S_1+S_2方式」により計算した金額を超える場合には、「純資産価額方式」または「S_1+S_2方式」により計算した金額で評価します（評基通189-3なお書）。

　さらに、評価会社が「株式保有特定会社」に該当する評価会社かどうかを判定する場合において、課税時期前において合理的な理由もなく評価会社の資産構成に変動があり、その変動が「株式保有特定会社」と判定されることを免れるためのものと認められるときは、その変動はなかったものとして判定を行うことになるため留意が必要です（評基通189なお書）。なお、③「土地保有特定会社」でも同様に取り扱います。

　この取扱いは、例えば、課税時期直前に融資などの借入金を発生させることで総資産価額を膨らませるなどの操作により、この判定基準を回避するようなケースに対応する必要があるため設けられていますが、あくまで、「株式保有特定会社」または「土地保有特定会社」に該当するかどうかの判定をする際に適用されるもので、純資産価額を計算するにあたっては、課税時期の実際の（上記の例では、借入金を発生させて総資産価額を膨らませた後の）資産構成に基づき評価を行う点に留意が必要です。

　ところで、「株式保有特定会社」の株式の価額は、選択により、次の「S_1の金額」と「S_2の金額」との合計額（以下、「S_1+S_2方式」）によって評価

することができます（評基通189-3ただし書）。

「S_1+S_2方式」は、株式保有特定会社が保有する株式とその株式に係る配当収入がないものとして原則的評価方式に準じて評価した金額（S_1の金額）と、株式保有特定会社が保有する株式のみを純資産価額方式により評価した金額（S_2の金額）との合計額で評価する方法です。

S_1計算上の会社の規模判定は、一般に評価会社と同様に判定（株式等の帳簿価額を控除するなどの調整は行わない）します。その結果、評価会社の株式が上記①の「比準要素数1の会社の株式」の要件にも該当する場合には、会社の規模判定の「大会社」、「中会社」または「小会社」の区分にかかわらず、上記①の「比準要素数1の会社の株式」の評価に準じて計算します。この場合において、株式の取得者とその同族関係者の有する議決権の合計数が評価会社の議決権総数の50％以下である場合でも、1株当たりの純資産価額に100分の80を乗じて計算することはできません。また、この株式が「同族株主以外の株主等が取得した株式」に該当する場合であったとしても上記❹の「配当還元方式」により計算した金額により評価することはできないため留意が必要です（評基通189-3(1)カッコ書）。

　イ　S_1の金額（類似業種比準価額）

　　S_1計算上の類似業種比準価額の算式は、下記の通りです（評基通189-3(1)イ）。

$$A \times \left[\frac{\frac{Ⓑ-ⓑ}{B} + \frac{Ⓒ-ⓒ}{C} \times 3 + \frac{Ⓓ-ⓓ}{D}}{5} \right] \times 0.7$$

　この算式中「A」、「Ⓑ」、「Ⓒ」、「Ⓓ」、「B」、「C」及び「D」は、前述の類似業種比準価額の算式によります。
　また、「ⓑ」、「ⓒ」及び「ⓓ」は、それぞれ次によります。
　なお、上記算式中の「0.7」は、会社規模の判定の結果、「中会社」の場合には「0.6」、

「小会社」の場合には「0.5」とします。
　「ⓑ」＝Ⓑ「1株当たりの配当金額」× 受取配当収受割合
　　※1　受取配当収受割合＝ 直前期末以前2年間の受取配当金額の合計額 ÷ {(直前期末以前2年間の受取配当金額の合計額 ＋ 直前期末以前2年間の営業利益の金額の合計額)}
　　※2　上記の受取配当収受割合は、小数点以下3位未満を切り捨て、1を超える場合には1を限度とします。
　　※3　直前期末以前2年間の受取配当金額は、法人から受ける剰余金の配当（株式または出資に係るものに限るものとし、資本金等の額の減少によるものを除く。）、利益の配当及び剰余金の分配（出資に係るものに限る）をいいます。
　　※4　直前期末以前2年間の営業利益の金額の合計額は、営業利益の金額に受取配当金額が含まれている場合には、受取配当金額の合計額を控除した金額です。
　「ⓒ」＝Ⓒ「1株当たりの利益金額」× 受取配当金収受割合
　「ⓓ」＝次のa及びbに掲げる金額の合計額（上記算式中の「Ⓓ」を限度とする）
　　a　Ⓓ「1株当たりの純資産価額」 × 株式及び出資の帳簿価額（税務簿価）の合計額 ÷ 会社規模判定上の総資産価額（直前期末の会計簿価）
　　b　直前期末における税務上の利益積立金額（マイナスの場合にはゼロ） ÷ {(直前期末における資本金等の額÷50円)×受取配当金割合)}

　　ロ　S_1の金額（純資産価額方式による1株当たりの純資産価額）
　　　S_1の金額計算上の純資産価額方式による1株当たりの純資産価額は、純資産価額方式の算式中の「相続税評価額による総資産価額」及び「「評価差額の法人税額等相当額」の計算から評価会社が保有する株式及び出資の価額を除いて計算します（評基通189-3(1)ロ）。
　　ハ　S_2の金額

S_2の金額は、次のように計算します（評基通189-3(2)）。

$$\frac{課税時期において評価会社の有する株式及び出資の価額の合計額（相続税評価額） - ※その株式等に係る評価差額の法人税等相当額}{課税時期における株式保有特定会社の発行済株式数}$$

※ 「その株式等に係る評価差額の法人税等相当額」は、株式等の係る相続税評価額と帳簿価額の差額の42％相当額（ただし、**平成26年4月1日以降の相続、遺贈または贈与により取得した取引相場のない株式については、評価差額の40％相当額**）ですが、マイナスとなる場合は「0」で計算します。

③ **土地保有特定会社の株式**

　課税時期において、次のいずれかに該当する会社（次の④〜⑥のいずれかに該当するものを除く）は、「土地保有特定会社」となります（相評通189(3)）。

(イ)　上記❶の原則的評価方式の会社の規模判定の結果、「大会社」に区分される会社、または、「小会社」のうち総資産価額（直前期末の会計簿価）が、評価会社の事業が卸売業に該当する場合には20億円以上、卸売業以外に該当する場合には10億円以上の会社の場合……評価会社の有する各資産の相続税評価額の合計額のうちに占める土地等（たな卸資産に該当する土地等を含む。次の(ロ)のおいて同じ）の価額の合計額の割合（以下、「土地保有割合」）が70％以上の会社

(ロ)　上記❶の原則的評価方式の会社の規模判定の結果、「中会社」に区分される会社または、「小会社」のうち総資産価額（直前期末の会計簿価）が、評価会社の事業が卸売業に該当する場合には7,000万円以上、小売・サービス業に該当する場合には4,000万円以上、卸売業、小売・サービス業以外に該当する場合には5,000万円以上で、上記(イ)に該当しない会社の場合……土地保有割合が90％以上である会社

　「土地保有特定会社」の株式の価額は、「純資産価額方式」により評価します。なお、株式の取得者とその同族関係者の有する議決権の合計数が評価会社の議決権総数の50％以下である場合の、「1株当たりの純資産価額」は、1株当たりの純資産価額に100分の80を乗じて計算した金額とな

ります。この50％以下の判定は、評価会社が会社法上の種類株式を発行している場合には、株主総会の一部の事項について議決権を行使できない株式に係る議決権の数を、上記の「議決権の合計数」及び「議決権総数」に含めて判定します（評基通189-4、185ただし書、185（注）2）。

また、この株式が「同族株主以外の株主等が取得した株式」に該当する場合の株式の評価額は、上記❹の「配当還元方式」により計算した金額によって評価しますが、その評価額が「純資産価額方式」により計算した金額を超える場合には、「純資産価額方式」で計算した金額で評価します（評基通189-4なお書）。

さらに、評価会社が「土地保有特定会社」に該当する評価会社かどうかを判定する場合において、課税時期前において合理的な理由もなく評価会社の資産構成に変動があり、その変動が「土地保有特定会社」と判定されることを免れるためのものと認められるときは、その変動はなかったものとして判定を行うことになるため留意が必要です（評基通189なお書）。

④ **開業後3年未満の会社・比準要素数ゼロの会社の株式**

課税時期において開業後3年未満である会社、または、類似業種比準方式の算式「Ⓑ＝評価会社の1株当たりの配当金額」、「Ⓒ＝評価会社の1株あたり利益金額」、「Ⓓ＝評価会社の1株当たり純資産価額」のいずれもゼロである会社に該当する評価会社（次の⑤または⑥に該当するものを除く）の株式の価額は、上記③「土地保有特定会社」と同様の評価を行います（評基通189-4）。

ここでいう「開業」とは、評価会社がその目的とする事業活動を開始することにより収益（収入）が生じることと解されています。

その他評価上の留意点としては、Ⓑ配当金額及びⓒ利益金額については、直前期末以前2年間の実績を反映して判定することになります。また、比準要素ゼロの判定は、直前期末を基準としますが、上記①の比準要素1の会社は、直前期末と直前々期末の2期間で判定することになるため、判定事業年度に留意が必要です。

⑤ 開業前または休業中の会社の株式

開業前または休業中である評価会社の株式の価額は、純資産価額方式により評価します（評基通189-5）。

ここでいう「開業前」とは、評価会社がその目的とする事業活動を開始する前の状態をいい、また、「休業中」とは、課税時期において相当長期間にわたって休業中であることをいい、一時的な休業で近く事業が再開されるようなケースはこれに当たらないと解されています。

なお、開業前または休業中の会社の株式に関しては、株式の取得者とその同族関係者の有する議決権の合計数が評価会社の議決権総数の50％以下である場合でも、1株当たりの純資産価額に100分の80を乗じて計算する取扱いがありません。また、この株式が「同族株主以外の株主等が取得した株式」に該当する場合であっても、上記❹の「配当還元方式」により計算した金額により評価することはできないため留意が必要です。

⑥ 清算中の会社の株式

清算中である評価会社の株式の価額は、清算の結果、分配を受ける見込みの金額（2回以上にわたり分配を受ける見込みの場合には、そのそれぞれの金額）の課税時期から分配を受けると見込まれる日までの期間（その期間が1年未満であるときまたはその期間に1年未満の端数があるときは、これを1年とする）に応ずる基準年利率による複利現価の額（2回以上にわたり分配を受ける見込みの場合には、その合計額）によって評価します（評基通189-6）。なお、基準年利率は、相続税財産評価関係個別通達で**図表3-7**のように示されています。

自社株対策においては、上記の①～⑥の「特定の評価会社の株式」に該当してしまうと、会社の規模判定の結果にかかわらず類似業種比準方式の適用が制限されることになります。特に、一定割合以上の株式や土地を保有することとなった場合には、「株式保有特定会社」や「土地保有特定会社」に該当して、原則として「純資産価額方式」による評価が強制されるため、自社株対策の一

環で合併や分割等の組織再編を行ったり、所有不動産を個人から会社へ名義変更する場合や、後述する純資産価額方式による評価額の引下げを行う際に、手元資金で不動産を取得するような場合などには留意が必要です。

図表3-7 基準年利率

```
                                            課評2-16
                                         平成25年5月16日
                              （最終改正）平成26年1月6日　課評2-1

  各国税局長 殿
  沖縄国税事務所長 殿

                                              国税庁長官

              平成25年分の基準年利率について（法令解釈通達）

  平成25年中に相続、遺贈又は贈与により取得した財産を評価する場合における財産評価基本通達（昭和39年4月25日付直資56ほか1課共同）4-4に定める「基準年利率」を下記のとおり定めたから、これによられたい。
  なお、平成25年4月分以降については、基準年利率を定めた都度通達する。

                                    記
```

基準年利率

(単位：％)

区分	年数又は期間	平成25年1月	2月	3月	4月	5月	6月	7月	8月	9月	10月	11月	12月
短期	1年	0.1	0.05	0.05	0.05	0.1	0.1	0.1	0.1	0.1	0.1	0.1	0.1
	2年												
中期	3年	0.25	0.1	0.1	0.1	0.25	0.25	0.25	0.25	0.25	0.25	0.25	0.1
	4年												
	5年												
	6年												
長期	7年以上	1.0	1.0	1.0	0.75	0.75	1.0	1.0	1.0	1.0	1.0	1.0	1.0

(注) 課税時期の属する月の年数又は期間に応ずる基準年利率を用いることに留意する。

特定の評価会社の判定基準と評価方法のまとめは以下の通りです。

図表3-8　特定の評価会社の判定基準と評価方法

区　分	判　定　基　準
1　比準要素数1の会社の株式	○直前期末を基準とした比準要素のうち、いずれか2が0で、かつ、直前々期末を基準とした比準要素のうち、いずれか2以上が0である会社
2　株式保有特定会社の株式	$\dfrac{株式等の価額}{総資産価額} \geq 50\%$
3　土地保有特定会社の株式	○大会社　　　　　　　　　○中会社　$\dfrac{土地等の価額}{総資産価額} \geq 70\%$　　$\dfrac{土地等の価額}{総資産価額} \geq 90\%$　○小会社　・大会社の基準に該当する総資産価額のある会社は、純資産価額に占める土地等の価額の割合が70％以上　・中会社の基準に該当する総資産価額のある会社は、総資産価額に占める土地等の価額の割合が90％以上　・上記以外の小会社は対象としない。
4　開業後3年未満の会社等の株式	○開業後3年未満の会社　○直前期末を基とした比準要素がいずれも0である会社
5　開業前又は休業中の会社の株式	○開業前の会社　　○休業中の会社
6　清算中の会社の株式	○清算中の会社

株　式　の　区　分	評　価　方　法
比準要素数1の会社の株式	純資産価額方式（Lの割合を0.25とする類似業種比準方式との併用方式の選択可）
株式保有特定会社の株式	純資産価額方式（「$S_1 + S_2$」方式の選択可）
土地保有特定会社の株式	純資産価額方式
開業後3年未満の会社等の株式	純資産価額方式
開業前又は休業中の会社の株式	純資産価額方式
清算中の会社の株式	清算分配見込金額に基づき評価

❻　種類株式の評価

　平成18年5月の会社法施行により多種多様な種類株式の発行が認められるようになりました。しかし、その評価方法が明確にされていなかったため、中小

企業庁は、平成19年2月に中小企業の事業承継目的で活用されることが期待される以下の3類型の種類株式の評価方法について国税庁へ事前照会を行いました。

　　第一類型：配当優先の無議決権株式
　　第二類型：社債類似株式
　　第三類型：拒否権付株式

　これを受けて国税庁は、平成19年3月にこれら3類型の種類株式の評価方法についての情報を公表しました。公表された評価方法の主な内容は以下の通りです。

① 配当優先株式の評価

　　配当について優先・劣後のある株式を発行している会社の株式を類似業種比準方式により評価する場合には、株式の種類ごとにその株式に係る配当金（資本金等の額の減少によるものを除く。以下同じ）によって評価します。理由は、配当金の多寡が類似業種比準方式の算式「Ⓑ＝評価会社の1株当たりの配当金額」に影響するためです。

　　一方、純資産価額方式により評価する場合には、配当金の多寡を評価の要素としていないため、配当優先の有無にかかわらず、従来通り純資産価額方式により評価します。

　　参考までに国税庁が公表している類似業種比準方式による計算例は次の通りです。

【類似業種比準方式の計算例】

《設例》
　① 発行済株式数　　　　　　　　　61,000株
　　　内　配当優先株式　　　　　　　21,000株（自己株式数1,000株）
　　　　　普通株式（配当劣後株式）　40,000株（自己株式数0株）
　② 資本金等の額　　　　　　　　　30,000千円

③ 1株当たりの資本金等の額　　　500円（30,000千円÷60,000株）
④ 1株当たりの資本金等の額を50円とした場合の発行済株式数
　　　　　　　　　　　　　　600,000株（30,000千円÷50円）
⑤ 年配当金額
　　直前期　　　配当優先株式　　1,000千円
　　　　　　　　普通株式　　　　1,800千円
　　直前々期　　配当優先株式　　1,000千円
　　　　　　　　普通株式　　　　1,800千円
⑥ 年利益金額　　　　　　　　　24,000千円
⑦ 利益積立金額　　　　　　　　60,000千円
⑧ 類似業種比準株価等
　　A＝488円
　　B＝4.4円
　　C＝ 31円
　　D＝285円

【計算】
1　1株当たりの年配当金額（Ⓑ）の計算
　(1)　配当優先株式
　　　（1,000千円＋1,000千円）÷2÷（600,000株×20,000株÷60,000株）＝5円00銭
　(2)　普通株式
　　　（1,800千円＋1,800千円）÷2÷（600,000株×40,000株÷60,000株）＝4円50銭
2　1株当たりの年利益金額（Ⓒ）の計算
　　24,000千円÷600,000株＝40円
3　1株当たりの純資産価額（Ⓓ）の計算
　　（30,000千円＋60,000千円）÷600,000株＝150円
4　類似業種比準価額の計算
　(1)　配当優先株式
　　イ　1株（50円）当たりの比準価額

$$488円 \times \dfrac{\dfrac{5.0}{4.4}+\dfrac{40}{31}\times 3+\dfrac{150}{285}}{5} \times 0.7（注）\fallingdotseq 375.70円（10銭未満切捨て）$$

　　ロ　1株当たりの比準価額
　　　　375.70円×500円÷50円＝3,757円
　(2)　普通株式

イ　1株（50円）当たりの比準価額

$$488円 \times \frac{\frac{4.5}{4.4} + \frac{40}{31} \times 3 + \frac{150}{285}}{5} \times 0.7（注）≒ 368.90円（10銭未満切捨て）$$

ロ　1株当たりの比準価額
　　368.90円×500円÷50円＝3,689円
(注）大会社であるものとした。

　なお、配当還元方式による評価は、以下の算式中の「その株式に係る年配当金額」について、株式の種類ごとに計算すると考えられます。

【配当還元方式】

$$配当還元価額 = \frac{その株式に係る年配当金額（注）}{10\%} \times \frac{その株式の1株当たりの資本金等の額}{50円}$$

$$（注）年配当金額 = \frac{直前期末以前2年間の配当金額}{2} \div 1株当たりの資本金等の額を50円とした場合の発行済株式数$$

（注）年配当金額が2円50銭未満となる場合、又は無配の場合は2円50銭とします。
出典：中小企業庁　中小企業税制　平成25年12月24日「平成26年度税制改正の大綱」反映版

② 無議決権株式の評価
(A) 無議決権株式と議決権のある株式の評価（原則）
　　無議決権株式を発行している会社の無議決権株式及び議決権のある株式については、原則として、議決権の有無を考慮せずに評価します。
(B) 無議決権株式と議決権のある株式の評価（選択適用）
　　無議決権株式は、議決権の有無によって株式の価値に差が生じるのではないかという考え方もあることを考慮し、自社株評価上の株主の判定の結果、同族株主となった株主が無議決権株式（以下③の社債類似株式

を除く）を相続または遺贈により取得した場合には、次の要件をすべて満たす場合に限り、選択により、上記①配当優先株式または原則的評価方式により評価した価額から、その価額に5％を乗じて計算した金額を控除した金額により評価するとともに、その控除した金額をその相続または遺贈により同族株主が取得した会社の議決権のある株式の価額に加算した金額で評価することができます。

【要件】
イ　会社の株式について、相続税の法定申告期限までに遺産分割協議が確定していること
ロ　相続または遺贈により、会社の株式を取得したすべての同族株主から、相続税の法定申告期限までに、相続または遺贈により同族株主が取得した無議決権株式の価額について、調整計算前のその株式の評価額からその価額に5％を乗じて計算した金額を控除した金額により評価するとともに、その控除した金額を相続または遺贈により同族株主が取得した会社の議決権のある株式の価額に加算して申告することについての届出書（**図表3－9**参照）が所轄税務署長に提出されていること
ハ　相続税の申告にあたり、評価明細書に調整計算の算式に基づく無議決権株式及び議決権のある株式の評価額の算定根拠を適宜の様式に記載し、添付していること

　　具体的には、次のような「調整計算の算式」により計算します。

無議決権株式の評価額（単価） ＝ A×0.95

議決権のある株式への加算額 ＝ （A × 無議決権株式の株式総数（※1） × 0.05） ＝ X

議決権のある株式の評価額（単価） ＝ （B × 議決権のある株式の株式総数（※1） ＋ X） ÷ 議決権のある株式の株式総数（※1）

A……調整計算前の無議決権株式の1株当たりの評価額

B……調整計算前の議決権のある株式の１株当たりの評価額

※１ 「株式総数」は、同族株主が当該相続または遺贈により取得した当該株式の総数をいう（配当還元方式により評価する株式及び下記③社債類似株式を除く）。
２ 「A」及び「B」の計算において、当該会社が社債類似株式を発行している場合は、下記③社債類似株式を社債として、議決権のある株式及び無議決権株式を評価した後の評価額。

図表３－９　無議決権株式の評価の取扱いに係る選択届出書

（　　枚中の　　枚目）

無議決権株式の評価の取扱いに係る選択届出書

平成　　年　　月　　日

＿＿＿＿＿税務署長　殿

住　所＿＿＿＿＿＿＿＿＿＿

氏　名＿＿＿＿＿＿＿＿＿印

住　所＿＿＿＿＿＿＿＿＿＿

氏　名＿＿＿＿＿＿＿＿＿印

住　所＿＿＿＿＿＿＿＿＿＿

氏　名＿＿＿＿＿＿＿＿＿印

平成　　年　　月　　日に相続開始した被相続人＿＿＿＿＿＿＿＿＿＿（被相続人氏名）に係る相続税の申告において、相続又は遺贈により同族株主が取得した＿＿＿＿＿＿（法人名）の発行する無議決権株式の価額について、この評価減の取扱いを適用する前の評価額からその価額に５パーセントを乗じて計算した金額を控除した金額により評価するとともに、当該控除した金額を当該相続又は遺贈により同族株主が取得した当該会社の議決権のある株式の価額に加算して申告することを選択することについて届出します。

調整計算の例は以下の通りです。

【調整計算の計算例】

《設例》
① 評価する会社の株式の通常の（「調整計算」を適用しない場合の）評価額
　　　普通株式（議決権のある株式）　　3,500円
　　　配当優先の無議決権株式　　　　　3,600円
② 発行済株式数　　　　　　　　　　　60,000株（被相続人所有）
　内　普通株式（議決権のある株式）　　20,000株
　　　配当優先の無議決権株式　　　　　40,000株
（注）自己株式はないものとする。
③ 上記株式の相続の状況
　長男Aが普通株式20,000株を相続、次男B、三男Cが配当優先の無議決権株式をそれぞれ20,000株ずつ相続。

【計算】
1　配当優先の無議決権株式の評価額（単価）
　　3,600円 × 0.95 ＝ 3,420円
2　議決権のある株式への加算額
　　3,600円 × 40,000株 × 0.05 ＝ 7,200,000円
3　議決権のある株式の評価額（単価）
　　(3,500円 × 20,000株 ＋ 7,200,000円) ÷ 20,000株 ＝ 3,860円
出所：国税庁ホームページ

③ 社債類似株式の評価

次の条件を満たす社債類似株式は、その経済的実質が社債に類似していると認められることから、評価通達197-2の(3)に準じて発行価額により評価しますが、株式であることから既経過利息に相当する配当金の加算は行いません。

【条件】
　イ　配当金については優先して分配する。また、ある事業年度の配当金が優先配当金に達しないときは、その不足額は翌事業年度以降に累積することとするが、優先配当金を超えて配当しない。
　ロ　残余財産の分配については、発行価額を超えて分配は行わない。

ハ　一定期日において、発行会社は本件株式の全部を発行価額で償還する。

ニ　議決権を有しない。

ホ　他の株式を対価とする取得請求権を有しない。

(利付公社債の評価)
財産評価基本通達197-2　利付公社債の評価は、次に掲げる区分に従い、それぞれ次に掲げるところによる。
(1) 金融商品取引所に上場されている利付公社債（省略）
(2) 日本証券業協会において売買参考統計値が公表される銘柄として選定された利付公社債（金融商品取引所に上場されている利付公社債を除く。）（省略）
(3) (1)又は(2)に掲げる利付公社債以外の利付公社債
　　その公社債の発行価額と源泉所得税相当額控除後の既経過利息の額との合計額によって評価する。

④　社債類似株式を発行している会社の社債類似株式以外の株式の評価

　社債類似株式を発行している会社の社債類似株式以外の株式は、社債類似株式を社債であるものとして、類似業種比準方式及び純資産価額方式を評価します。具体的には以下の通りです。

(A)　類似業種比準方式

　(イ)　1株当たりの資本金等の額等の計算

　　社債類似株式に係る資本金等の額及び株式数はないものとして計算します。

　(ロ)　Ⓑ＝1株（50円）当たりの年配当金額

　　社債類似株式に係る配当金はないものとして計算します。

　(ハ)　Ⓒ＝1株（50円）当たりの年利益金額

　　社債類似株式に係る配当金を費用として利益金額から控除して計算します。

　(ニ)　Ⓓ＝1株（50円）当たりの純資産価額

　　社債類似株式の発行価額は負債として簿価純資産価額から控除して

計算します。

【類似業種比準方式の計算例】

《設例》
① 発行済株式数　　　　　　　　　50,000株
　　内　普通株式　　　　　　　　　45,000株
　　　　社債類似株式　　　　　　　 5,000株
② 資本金等の額　　　　　　　　　96,000千円
　　内　普通株式　　　　　　　　　36,000千円
　　　　社債類似株式（発行価額）　60,000千円
③ 年配当金額
　　直前期　　普通株式　　　　　　 1,000千円
　　　　　　　社債類似株式　　　　 6,000千円※
　　直前々期　普通株式　　　　　　 2,000千円
　　　　　　　社債類似株式　　　　 6,000千円※
　　※発行価額の10%を優先して配当
④ 年利益金額　　　　　　　　　　24,000千円
⑤ 利益積立金　　　　　　　　　　30,000千円
⑥ 類似業種比準株価等
　　A＝488円
　　B＝4.4円
　　C＝ 31円
　　D＝285円

【計算】
1　1株当たりの年利益金額（Ⓑ）の計算
　（1,000千円＋2,000千円）÷2÷（36,000千円÷50円）≒2円00銭（10銭未満切捨て）
2　1株当たりの年配当金額（Ⓒ）の計算
　（24,000千円－6,000千円（注））÷（36,000千円÷50円）＝25円
　（注）社債類似株式に係る配当金額は費用として利益金額から控除する。
3　1株当たりの純資産価額（Ⓓ）の計算
　（96,000千円＋30,000千円－60,000千円（注））÷（36,000千円÷50円）≒91円（1円未満切捨て）
　（注）社債類似株式の発行価額の総額は、負担として簿価純資産価額から控除する。

4 類似業種比準価額の計算
(1) 1株（50円）当たりの比準価額

$$488円 \times \dfrac{\dfrac{2.0}{4.4} + \dfrac{25}{31} \times 3 + \dfrac{91}{285}}{5} \times 0.7（注）≒215.20円（10銭未満切捨て）$$

（注）大会社であるものとした。

(2) 1株当たりの比準価格
215.20円×（36,000千円÷45,000株）÷50円≒3,443円（1円未満切捨て）

出所：国税庁ホームページ

(B) 純資産価額方式

(イ) 社債類似株式の発行価額の総額を負債（相続税評価額及び帳簿価額）に計上します。

(ロ) 社債類似株式の株式数は発行済株式数から除外します。

【純資産価額方式の計算例】

《設例》
① 発行済株式数　普通株式　　3,000株
　　　　　　　　社債類似株式　　10株
② 資産及び負債の金額
　　資産の部　相続税評価額　200,000千円
　　　　　　　帳簿価額　　　120,000千円
　　負債の部　相続税評価額　70,000千円
　　　　　　　帳簿価額　　　70,000千円
③ 社債類似株式の発行価額　　30,000千円

【計算】
1　相続税評価額による純資産価額
　　200,000千円－（70,000千円＋30,000千円）＝100,000千円
2　帳簿価額による純資産価額
　　120,000千円－（70,000千円＋30,000千円）＝20,000千円
3　評価差額に相当する金額
　　100,000千円－20,000千円＝80,000千円
4　評価差額に対する法人税額等相当額
　　80,000千円×42％＝33,600千円

5　課税時期現在の純資産価額（相続税評価額）
　　　100,000千円－33,600千円＝66,400千円
　6　課税時期現在の１株当たりの純資産価額（相続税評価額）
　　　66,400千円÷3,000株（注）≒22,133円（１円未満切捨て）
　　　（注）社債類似株式の株式数を除く。
出所：国税庁ホームページ

(C) 配当還元方式

　配当還元方式による評価は、下記算式の「１株当たりの資本金等の額」の計算上、資本金等の額から社債類似株式に係る発行価額の総額を控除し、直前期末の発行済株式数及び自己株式数は、社債類似株式に係る株式数を控除した株式数として計算すると考えられます。また、「その株式に係る年配当金額」は、社債類似株式に係る配当金額を控除した金額として計算すると考えられます。

【配当還元方式】

$$配当還元価額 = \frac{その株式に係る年配当金額（注）}{10\%} \times \frac{その株式の１株当たりの資本金等の額}{50円}$$

$$（注）年配当金額 = \frac{直前期末以前２年間の配当金額}{2} \div １株当たりの資本金等の額を50円とした場合の発行済株式数$$

（注）年配当金額が２円50銭未満となる場合、又は無配の場合は２円50銭とします。

出典：中小企業庁　中小企業税制　平成25年12月24日「平成26年度税制改正の大綱」反映版

④　拒否権付株式の評価

　拒否権の有無にかかわらず普通株式と同様に評価します。

　拒否権付株式とは、会社法108条１項８号に規定する株主総会の決議に対して拒否権の行使が認められた株式をいいます。

(異なる種類の株式)
会社法第108条第1項 株式会社は、次に掲げる事項について異なる定めをした内容の異なる二以上の種類の株式を発行することができる。ただし、委員会設置会社及び公開会社は、第9号に掲げる事項についての定めがある種類の株式を発行することができない。
一〜七 (省略)
八 株主総会(取締役会設置会社にあっては株主総会又は取締役会、清算人会設置会社(第478条第6項に規定する清算人会設置会社をいう。以下この条において同じ。)にあっては株主総会又は清算人会)において決議すべき事項のうち、当該決議のほか、当該種類の株式の種類株主を構成員とする種類株主総会の決議があることを必要とするもの

3-2 自社株対策（評価額の引下げ）のポイント

[1] 類似業種比準方式での対策

❶ 引下げのポイント

　類似業種比準方式による評価は、上述の通り上場企業の類似業種の株価に対して、評価会社の配当金額、利益金額（一定調整後の繰越欠損金控除前の法人税課税所得）、純資産価額（直前期末の税務上の資本金等の額＋利益積立金額）と類似業種のこれらの数値の平均倍率を乗じて計算します。上場企業の類似業種の各数値は、国税庁の公表データに基づくものを使用するため、管理可能な要素は、「Ⓑ＝評価会社の1株当たりの配当金額」、「Ⓒ＝評価会社の1株当たりの利益金額」、「Ⓓ＝評価会社の1株当たりの純資産価額」となります。評価を引き下げるためには、これらⒷ、Ⓒ、Ⓓの各数値を以下のような方法で引き下げることが考えられます。

> 「Ⓑ＝評価会社の1株当たりの配当金額」の引下げ
> ✓ 無配にする、または、合理的な範囲で通常配当をやめて記念配当を支払う。

　「Ⓑ＝評価会社の1株当たりの配当金額」は、直前期末以前2年間におけるその会社の剰余金の配当金額の合計額の2分の1に相当する金額を直前期末における発行済株式数（額面50円換算）で除して計算した金額です（評基通183(1)）。

　この場合において、配当金額に関しては、特別配当、記念配当等の名称による配当金額のうち、将来毎期継続することが予想できないものは除かれます（評基通183(1)カッコ書）。

　したがって、直前期末以前の2年間無配にしてしまえば、Ⓑの金額はゼロとなります。その他、特別配当、記念配当等の名称による配当金額のうち、将来毎期継続することが予想できないものについては除かれているため、通常の配

当をやめて特別配当などへ変更することが考えられます。ただし、通達で示されている通り、将来毎期継続することが予想できないような、例えば、創立後、10周年、20周年等記念すべき年に特別に行う配当などに限定されているため留意が必要です。

> 「ⓒ＝評価会社の1株当たりの利益金額、ⓓ＝評価会社の1株当たりの純資産価額」の引下げ
> - ✓ 不良資産の除却・売却
> - ✓ 不良債権の処理
> - ✓ 役員退職金の支給
> - ✓ 生命保険や倒産防止共済などの節税商品の利用
> - ✓ 合理的な範囲での高収益部門の分社化、赤字会社の合併などによる組織再編を利用した課税所得の圧縮　など

「ⓒ＝評価会社の1株当たり利益金額」は、直前期末以前1年間における法人税の課税所得金額に、その所得の計算上益金に算入されなかった所得税額控除後の剰余金の配当（資本金等の額の減少によるものを除く）等の金額及び損金に算入された繰越欠損金の控除額を加算した金額（その金額がマイナスのときは、ゼロ）を、直前期末における発行済株式数（額面50円換算）で除して計算した金額です（評基通183(2)）。この場合の法人税の課税所得金額に関しては、前述の通り固定資産売却益、保険差益等の非経常的な利益の金額は除かれます（評基通183(2)カッコ書）。

「ⓒ＝評価会社の1株当たり利益金額」の引下げは、基本的に法人税の課税所得を圧縮させること（つまり法人税等の節税）を検討していきます。課税所得の圧縮については、不良資産や不良債権を処理したことに伴い、その事業年度のみ効果のあるものと、生命保険や倒産防止共済など毎年の利益金額を引き下げるものがあるため、これらの対策を実行するタイミングが重要です。

例えば、スポットで効果の出る対策については、対策を行ったタイミングで自社株の評価額が大幅に下がることが多いため、現経営者から後継者への自社株の売却を検討していきます。一方、毎年効果の出る対策に関しては、将来の

図表3-10 類似業種比準方式による評価額の引下げポイント

ⓑ＝評価会社の１株当たりの配当金額 の引下げ
【例】
・無配にする
・合理的な範囲で通常配当を記念配当などへ切り替える
など

ⓒ＝評価会社の１株当たりの利益金額
ⓓ＝評価会社の１株当たりの純資産価額
の引下げ
【例】
・不良資産の除却・売却
・不良債権の処理
・役員退職金の支給
・生命保険、倒産防止共済などの節税商品を利用した課税所得の圧縮
・合理的な範囲での収益部門の分社化、赤字会社の合併などによる組織再編を利用した課税所得の圧縮　など

発行済株式総数の増加による１株当たりの評価額の引下げ
【例】
・自己株式の処分
・第三者割当増資
など

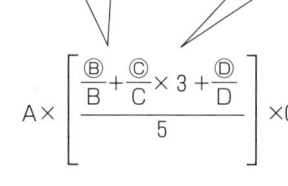

$$A \times \left[\frac{\frac{ⓑ}{B}+\frac{ⓒ}{C} \times 3 +\frac{ⓓ}{D}}{5}\right] \times 0.7 \times \text{１株当たりの資本金等の額の50円に対する倍数}$$

１株当たりの資本金等の額の50円に対する倍数
＝（評価会社の直前期末における資本金等の額 ÷ 直前期末の発行済株式総数（自己株式を除く））／ 50円

(1) 上記算式中の「A」「ⓑ」「ⓒ」「ⓓ」「B」「C」及び「D」は、それぞれ次による。
「A」＝類似業種の株価
「ⓑ」＝評価会社の１株当たりの配当金額
「ⓒ」＝評価会社の１株当たりの利益金額
「ⓓ」＝評価会社の１株当たりの純資産価額（帳簿価額によって計算した金額）
「B」＝課税時期の属する年の類似業種の１株当たりの配当金額
「C」＝課税時期の属する年の類似業種の１株当たりの年利益金額
「D」＝課税時期の属する年の類似業種の１株当たりの純資産価額（帳簿価額によって計算した金額）
　（注）類似業種比準価額の計算に当たっては、ⓑ、ⓒ及びⓓの金額は１株当たりの資本金等の額を50円とした場合の金額として計算することに留意する。

(2) 上記算式中の「0.7」は、中会社の株式を評価する場合には「0.6」、小会社の株式を評価する場合には「0.5」とする。

出所：国税庁ホームページ一部加工

相続税対策に向けたものになります。

「Ⓓ＝評価会社の１株当たりの純資産価額」は、直前期末における税務上の資本金等の額と利益積立金額の合計額を直前期末における発行済株式数（額面50円換算）で除して計算した金額で、その利益積立金額に相当する金額がマイナスである場合には、そのマイナスに相当する金額を資本金等の額から控除し、その控除後の金額がマイナスとなる場合にはゼロとなります（評基通183(3)、（注）２）。

「Ⓓ＝評価会社の１株当たりの純資産価額」の引下げは、基本的には「Ⓒ＝評価会社の１株当たり利益金額」の引下げを行うことに連動して効果が出ると考えられます。

「直前期末の発行済株式総数の増加による１株当たりの評価額」の引下げ
- ✓ 自己株式の処分
- ✓ 第三者割当増資　など

❷ 直前期末の発行済株式総数の増加による株価の検証

評価会社の「Ⓑ＝評価会社の１株当たりの配当金額」、「Ⓒ＝評価会社の１株当たりの利益金額」、「Ⓓ＝評価会社の１株当たりの純資産価額」は、「１株当たりの資本金等の額を50円とした場合の発行済株式数」を基に計算します。

自己株式の処分や第三者割当増資などにより直前期末の発行済株式総数が増加した場合には、「１株当たりの資本金等の額を50円とした場合の発行済株式数」も増加するため、Ⓑ、Ⓒ、Ⓓそれぞれの金額が下がる可能性があります。なお、自社株対策においては、１株当たりの処分価額（第三者割当増資の場合には発行価額）が重要となるため、自己株式の処分や第三者割当増資後の評価額の影響をあらかじめシミュレーションすることをおすすめします。

❸ 税務上の自社株の処分価額（発行価額）の時価に関する基本的考え方

自社株の処分価額（発行価額）の考え方は、税務上は原則として自社株を取得する者が法人の場合には法人税法上の時価、個人である場合には所得税法上

の時価を基に検討する必要があります。

　自社株の法人税法上の時価は、上場有価証券等以外の株式について評価損を計上する場合の期末時価についての取扱いを定めた法人税基本通達9-1-13、9-1-14を準用することが考えられます。法人税基本通達9-1-14では、課税上の弊害がない限り、一定要件の下、相続税評価額に基づく評価が認められています。ポイントは以下の3つです。

① 　自社株を取得する法人が、発行法人の「中心的な同族株主」である場合には、その自社株の評価は常に「小会社」に該当するものとして評価します。したがって、

　✓ 純資産価額方式
　✓ Lの割合を0.5とする純資産価額方式と類似業種比準方式の併用方式

のいずれかの方式によります。

　「中心的な同族株主」とは、課税時期において同族株主の1人並びにその株主の配偶者、直系血族、兄弟姉妹及び1親等の姻族（これらの者の同族関係者である会社のうち、これらの者が有する議決権の合計数がその会社の議決権総数の25％以上である会社を含む）の有する議決権の合計数が、その会社の議決権総数の25％以上である場合におけるその株主をいいます（評基通188(2)後段）。なお、同族株主の判定時期に関しては、法人税基本通達では明確となっていませんが、売買の場合には、株式分割等により意図的に株式数を操作するなどの課税上の弊害が出ると考えられる場合を除き、買い手の売買単位に基づいて判定して差し支えないと考えられています。

② 　自社株の発行法人の有する資産のうち土地（借地権を含む。以下同じ）と上場有価証券については、常に一般の市場価額によって評価します（すなわち、土地と有価証券は相続税評価額で評価できない）。

③ 　評価差額（含み益）に対する法人税額等相当額の控除は行いません。これは、法人税基本通達においては発行法人が継続的に事業を行うことを前提としているため、清算価値を前提とする評価差額（含み益）に対する法人税額等相当額を控除するという取扱いはとり得るべきでないと考え方に

基づくものです。

（上場有価証券等以外の株式の価額）
法人税基本通達9－1－13 上場有価証券等以外の株式につき法第33条第2項《資産の評価換えによる評価損の損金算入》の規定を適用する場合の当該株式の価額は、次の区分に応じ、次による。
(1) 売買実例のあるもの
　　当該事業年度終了の日前6月間において売買の行われたもののうち適正と認められるものの価額
(2) 公開途上にある株式（金融商品取引所が内閣総理大臣に対して株式の上場の届出を行うことを明らかにした日から上場の日の前日までのその株式）で、当該株式の上場に際して株式の公募又は売出し（以下9－1－13において「公募等」という。）が行われるもの（(1)に該当するものを除く。）
　　金融商品取引所の内規によって行われる入札により決定される入札後の公募等の価格等を参酌して通常取引されると認められる価額
(3) 売買実例のないものでその株式を発行する法人と事業の種類、規模、収益の状況等が類似する他の法人の株式の価額があるもの（(2)に該当するものを除く。）
　　当該価額に比準して推定した価額
(4) (1)から(3)までに該当しないもの
　　当該事業年度終了の日又は同日に最も近い日におけるその株式の発行法人の事業年度終了の時における1株当たりの純資産価額等を参酌して通常取引されると認められる価額

（上場有価証券等以外の株式の価額の特例）
法人税基本通達9－1－14 法人が、上場有価証券等以外の株式（9－1－13の(1)及び(2)に該当するものを除く。）について法第33条第2項《資産の評価換えによる評価損の損金算入》の規定を適用する場合において、事業年度終了の時における当該株式の価額につき昭和39年4月25日付直資56・直審（資）17「財産評価基本通達」（以下9－1－14において「財産評価基本通達」という。）の178から189－7まで《取引相場のない株式の評価》の例によって算定した価額によっているときは、課税上弊害がない限り、次によることを条件としてこれを認める。
(1) 当該株式の価額につき財産評価基本通達179の例により算定する場合（同通達189－3の(1)において同通達179に準じて算定する場合を含む。）において、当該法人が当該株式の発行会社にとって同通達188の(2)に定める「中心的な同族株主」に該当するときは、当該発行会社は常に同通達178に定める「小会社」に該当するものとしてその例によること。
(2) 当該株式の発行会社が土地（土地の上に存する権利を含む。）又は金融商品取引所

に上場されている有価証券を有しているときは、財産評価基本通達185の本文に定める「1株当たりの純資産価額（相続税評価額によって計算した金額）」の計算に当たり、これらの資産については当該事業年度終了の時における価額によること。
(3) 財産評価基本通達185の本文に定める「1株当たりの純資産価額（相続税評価額によって計算した金額）」の計算に当たり、同通達186-2により計算した評価差額に対する法人税額等に相当する金額は控除しないこと。

　次に、自社株の所得税法上の時価の考え方は、所得税基本通達23～35共-9を準用することが考えられます。具体的な評価方法については、所得税基本通達59-6において、法人税基本通達9-1-14とほぼ同様の内容が規定されています。所得税基本通達59-6では、個人から法人に対して株式を低額譲渡（その株式の時価の1/2未満の対価の額による譲渡）または贈与した場合には、時価によって譲渡があったものとされるいわゆる「みなし譲渡課税（所法59①）」を判定する際の時価について、所得税基本通達23～35共-9の取扱いに準じることが示されています。なお、取引相場のない株式の譲渡に関しては、売買事例のあるものや類似会社の価額のあるものはわずかであるため、法人税基本通達9-1-14等の取扱いや、個人の株式取引の実態を踏まえ、原則として、一定要件の下、相続税評価額に基づく評価が認められています。

　ただし、「みなし譲渡課税（所法59①）」を判定上の時価を算定する際の「同族株主」の判定は、自社株を譲渡または贈与した個人の譲渡または贈与直前の議決権の数により判定することになるため留意が必要です（所基通59-6(1)）。

（株式等を取得する権利の価額）
所得税基本通達23～35共-9　令第84条第1号から第4号までに掲げる権利の行使の日又は同条第5号に掲げる権利に基づく払込み又は給付の期日（払込み又は給付の期間の定めがある場合には、当該払込み又は給付をした日。以下この項において「権利行使日等」という。）における同条本文の株式の価額は、次に掲げる場合に応じ、それぞれ次による。
(1) これらの権利の行使により取得する株式が金融商品取引所に上場されている場合
　　当該株式につき金融商品取引法第130条《総取引高、価格等の通知等》の規定により公表された最終の価格（同条の規定により公表された最終の価格がない場合は公表

された最終の気配相場の価格とし、同日に最終の価格又は最終の気配相場の価格のいずれもない場合には、同日前の同日に最も近い日における最終の価格又は最終の気配相場の価格とする。)による。なお、2以上の金融商品取引所に同一の区分に属する価格があるときは、当該価格が最も高い金融商品取引所の価格とする。
(2) これらの権利の行使により取得する新株(当該権利の行使があったことにより発行された株式をいう。以下この(2)及び(3)において同じ。)に係る旧株が金融商品取引所に上場されている場合において、当該新株が上場されていないとき
　当該旧株の最終の価格を基準として当該新株につき合理的に計算した価額とする。
(3) (1)の株式及び(2)の新株に係る旧株が金融商品取引所に上場されていない場合において、当該株式又は当該旧株につき気配相場の価格があるとき
　(1)又は(2)の最終の価格を気配相場の価格と読み替えて(1)又は(2)により求めた価額とする。
(4) (1)から(3)までに掲げる場合以外の場合
　次に掲げる区分に応じ、それぞれ次に掲げる価額とする。
　イ　売買実例のあるもの
　　最近において売買の行われたもののうち適正と認められる価額
　ロ　公開途上にある株式(金融商品取引所が内閣総理大臣に対して株式の上場の届出を行うことを明らかにした日から上場の日の前日までのその株式及び日本証券業協会が株式を登録銘柄として登録することを明らかにした日から登録の日の前日までのその株式)で、当該株式の上場又は登録に際して株式の公募又は売出し(以下この項において「公募等」という。)が行われるもの(イに該当するものを除く。)
　　金融商品取引所又は日本証券業協会の内規によって行われる入札により決定される入札後の公募等の価格等を参酌して通常取引されると認められる価額
　ハ　売買実例のないものでその株式の発行法人と事業の種類、規模、収益の状況等が類似する他の法人の株式の価額があるもの
　　当該価額に比準して推定した価額
　ニ　イからハまでに該当しないもの
　　権利行使日等又は権利行使日等に最も近い日におけるその株式の発行法人の1株又は1口当たりの純資産価額等を参酌して通常取引されると認められる価額
(注) この取扱いは、令第354条第2項《新株予約権の行使に関する調書》に規定する「当該新株予約権を発行又は割当てをした株式会社の株式の1株当たりの価額」について準用する。

(株式等を贈与等した場合の「その時における価額」)

所得税基本通達59-6　法第59条第1項の規定の適用に当たって、譲渡所得の基因となる資産が株式(株主又は投資主となる権利、株式の割当てを受ける権利、新株予約権及び新株予約権の割当てを受ける権利を含む。以下この項において同じ。)である場合の同

項に規定する「その時における価額」とは、23～35共-9に準じて算定した価額による。この場合、23～35共-9の(4)ニに定める「1株又は1口当たりの純資産価額等を参酌して通常取引されると認められる価額」とは、原則として、次によることを条件に、昭和39年4月25日付直資56・直審（資）17「財産評価基本通達」（法令解釈通達）の178から189-7まで（（取引相場のない株式の評価））の例により算定した価額とする。
(1) 財産評価基本通達188の(1)に定める「同族株主」に該当するかどうかは、株式を譲渡又は贈与した個人の当該譲渡又は贈与直前の議決権の数により判定すること。
(2) 当該株式の価額につき財産評価基本通達179の例により算定する場合（同通達189-3の(1)において同通達179に準じて算定する場合を含む。）において、株式を譲渡又は贈与した個人が当該株式の発行会社にとって同通達188の(2)に定める「中心的な同族株主」に該当するときは、当該発行会社は常に同通達178に定める「小会社」に該当するものとしてその例によること。
(3) 当該株式の発行会社が土地（土地の上に存する権利を含む。）又は金融商品取引所に上場されている有価証券を有しているときは、財産評価基本通達185の本文に定める「1株当たりの純資産価額（相続税評価額によって計算した金額）」の計算に当たり、これらの資産については、当該譲渡又は贈与の時における価額によること。
(4) 財産評価基本通達185の本文に定める「1株当たりの純資産価額（相続税評価額によって計算した金額）」の計算に当たり、同通達186-2により計算した評価差額に対する法人税額等に相当する金額は控除しないこと。

（贈与等の場合の譲渡所得等の特例）
所得税法第59条第1項 次に掲げる事由により居住者の有する山林（事業所得の基因となるものを除く。）又は譲渡所得の基因となる資産の移転があつた場合には、その者の山林所得の金額、譲渡所得の金額又は雑所得の金額の計算については、その事由が生じた時に、その時における価額に相当する金額により、これらの資産の譲渡があつたものとみなす。
一 贈与（法人に対するものに限る。）又は相続（限定承認に係るものに限る。）若しくは遺贈（法人に対するもの及び個人に対する包括遺贈のうち限定承認に係るものに限る。）
二 著しく低い価額の対価として政令で定める額による譲渡（法人に対するものに限る。）

❹ 有利発行による第三者割当増資（贈与税）

同族会社である評価会社が有利な金額により第三者割当増資を行った場合（自己株式の処分を含む）には、その新株引受権を与えられた者が、その同族会社の株主（旧株主）の親族等である場合には、給与所得又は退職所得として課税されるものを除き、その新株引受権を旧株主から贈与により取得したものとして取り扱われます（相法9、相基通9-4）。具体的には、発行価額が増資後

の1株当たりの相続税評価額に満たない場合のその満たない金額が贈与税の課税対象となります（評基通190）。

> **相続税法第9条** 第5条から前条まで及び次節に規定する場合を除くほか、対価を支払わないで、又は著しく低い価額の対価で利益を受けた場合においては、当該利益を受けた時において、当該利益を受けた者が、当該利益を受けた時における当該利益の価額に相当する金額（対価の支払があつた場合には、その価額を控除した金額）を当該利益を受けさせた者から贈与（当該行為が遺言によりなされた場合には、遺贈）により取得したものとみなす。ただし、当該行為が、当該利益を受ける者が資力を喪失して債務を弁済することが困難である場合において、その者の扶養義務者から当該債務の弁済に充てるためになされたものであるときは、その贈与又は遺贈により取得したものとみなされた金額のうちその債務を弁済することが困難である部分の金額については、この限りでない。
>
> **（同族会社の募集株式引受権）**
> **相続税法基本通達9-4** 同族会社が新株の発行（当該同族会社の有する自己株式の処分を含む。以下9-7までにおいて同じ。）をする場合において、当該新株に係る引受権（以下9-5までにおいて「募集株式引受権」という。）の全部又は一部が会社法（平成17年法律第86号）第206条各号《募集株式の引受け》に掲げる者（当該同族会社の株主の親族等（親族その他法施行令第31条に定める特別の関係がある者をいう。以下同じ。）に限る。）に与えられ、当該募集株式引受権に基づき新株を取得したときは、原則として、当該株主の親族等が、当該募集株式引受権を当該株主から贈与によって取得したものとして取り扱うものとする。ただし、当該募集株式引受権が給与所得又は退職所得として所得税の課税対象となる場合を除くものとする。
>
> **（株式の割当てを受ける権利の評価）**
> **財産評価基本通達190** 株式の割当てを受ける権利の価額は、その株式の割当てを受ける権利の発生している株式について、169《上場株式の評価》、174《気配相場等のある株式の評価》、177《気配相場等のある株式の評価の特例》、187《株式の割当てを受ける権利等の発生している株式の価額の修正》、188-2《同族株主以外の株主等が取得した株式の評価》若しくは前項の定めにより評価した価額又は189《特定の評価会社の株式》に定める特定の評価会社の株式を188-2《同族株主以外の株主等が取得した株式の評価》の本文の定めにより評価した価額に相当する金額から割当てを受けた株式1株につき払い込むべき金額を控除した金額によって評価する。ただし、課税時期において発行日決済取引が行われている株式に係る株式の割当てを受ける権利については、その割当てを受けた株式について169《上場株式の評価》の定めにより評価した価額に相当する金額から割当てを受けた株式1株につき払い込むべき金額を控除した金額によって評価する。

❺ 有利発行による第三者割当増資（法人税）

　有利な金額による第三者割当増資（株主としての地位に基づき平等に権利を与えられた場合に該当しないものを含む）により新株を取得した法人は、その新株の取得価額を時価で認識する必要があるため、新株の時価と発行価額との差額について受贈益の計上が必要になります（法令119①四）。

　この場合の有利な金額とは、その株式の払込金額等を決定する日の現況における発行法人の株式の価額に比べて社会通念上相当と認められる価額を下回る価額とされており、具体的には、払込金額等を決定する日前1ヶ月間の平均株価等の払込金額等を決定するための基礎として相当と認められる価額を旧株の時価として、この旧株の時価と払込金額等の差額が、旧株の時価の10％相当額以上であるかどうかで判定します（法基通2-3-7）。

（有価証券の取得価額）
法人税法施行令第119条第1項　内国法人が有価証券の取得をした場合には、その取得価額は、次の各号に掲げる有価証券の区分に応じ当該各号に定める金額とする。
一～三　（省略）
四　有価証券と引換えに払込みをした金銭の額及び給付をした金銭以外の資産の価額の合計額が払い込むべき金銭の額又は給付すべき金銭以外の資産の価額を定める時におけるその有価証券の取得のために通常要する価額に比して有利な金額である場合における当該払込み又は当該給付（以下この号において「払込み等」という。）により取得をした有価証券（新たな払込み等をせずに取得をした有価証券を含むものとし、法人の株主等が当該株主等として金銭その他の資産の払込み等又は株式等無償交付により取得をした当該法人の株式又は新株予約権（当該法人の他の株主等に損害を及ぼすおそれがないと認められる場合における当該株式又は新株予約権に限る。）、第19号に掲げる有価証券に該当するもの及び適格現物出資により取得をしたものを除く。）その取得の時におけるその有価証券の取得のために通常要する価額

（通常要する価額に比して有利な金額）
法人税基本通達2-3-7　令第119条第1項第4号《有利発行により取得した有価証券の取得価額》に規定する「払い込むべき金銭の額又は給付すべき金銭以外の資産の価額を定める時におけるその有価証券の取得のために通常要する価額に比して有利な金額」とは、当該株式の払込み又は給付の金額（以下2-3-7において「払込金額等」という。）を決定する日の現況における当該発行法人の株式の価額に比して社会通念上相当と認められる価額を下回る価額をいうものとする。（平12年課法2-7「四」により追加、平19

年課法 2 - 3「十」、平19年課法 2 -17「五」により改正）
(注)1　社会通念上相当と認められる価額を下回るかどうかは、当該株式の価額と払込金額等の差額が当該株式の価額のおおむね10％相当額以上であるかどうかにより判定する。
　　 2　払込金額等を決定する日の現況における当該株式の価額とは、決定日の価額のみをいうのではなく、決定日前1月間の平均株価等、払込金額等を決定するための基礎として相当と認められる価額をいう。

❻　有利発行による第三者割当増資（所得税）

　株式と引き換えに払い込むべき金額が有利な金額による新株を取得する権利を与えられた者の受ける経済的利益は、給与所得または退職所得となるものを除き、原則として権利行使による株式の取得についての申込みをした年分の一時所得として取り扱われます。ただし、申込みの取消しまたは申込みをしなかったことにより、失権した場合には課税されません（所基通23〜35共-6(3)、所基通23〜35共-6の2）。

　なお、有利な金額の判定及び収入とすべき金額については上記の法人税と同様に取り扱われます（所令84五、所基通23〜35共-7）。

（株式等を取得する権利の価額）
所得税法施行令第84条　発行法人から次の各号に掲げる権利で当該権利の譲渡についての制限その他特別の条件が付されているものを与えられた場合（株主等として与えられた場合（当該発行法人の他の株主等に損害を及ぼすおそれがないと認められる場合に限る。）を除く。）における当該権利に係る法第36条第2項（収入金額）の価額は、当該権利の行使により取得した株式（これに準ずるものを含む。以下この条において同じ。）のその行使の日（第5号に掲げる権利にあっては、当該権利に基づく払込み又は給付の期日（払込み又は給付の期間の定めがある場合には、当該払込み又は給付をした日））における価額から次の各号に掲げる権利の区分に応じ当該各号に定める金額を控除した金額による。
　一～四　(省略)
　五　株式と引換えに払い込むべき額が有利な金額である場合における当該株式を取得する権利（前各号に掲げるものを除く。）　当該権利の行使に係る当該権利の取得価額にその行使に際し払い込むべき額を加算した金額

(株式等を取得する権利を与えられた場合の所得区分)
所得税基本通達23〜35共−6 発行法人から令第84条各号《株式等を取得する権利の価額》に掲げる権利を与えられた場合(同条の規定の適用を受ける場合に限る。以下23〜35共−6の2において同じ。)の当該権利の行使による株式(これに準ずるものを含む。以下23〜35共−9までにおいて同じ。)の取得に係る所得区分は、次に掲げる場合に応じ、それぞれ次による。

(1)〜(3) 省略

(3) 令第84条第5号に掲げる権利を与えられた者がこれを行使した場合　一時所得とする。ただし、当該発行法人の役員又は使用人に対しその地位又は職務等に関連して株式を取得する権利が与えられたと認められるときは給与所得とし、これらの者の退職に基因して当該株式を取得する権利が与えられたと認められるときは退職所得とする。

(株式等を取得する権利を与えられた場合の所得の収入すべき時期)
23〜35共−6の2 発行法人から令第84条各号に掲げる権利を与えられた場合の当該権利に係る所得の収入金額の収入すべき時期は、当該権利の行使により取得した株式の取得についての申込みをした日による。ただし、同条第5号に掲げる権利を与えられた者がこれを行使した場合において、当該権利に係る株式の取得についての申込みをした日が明らかでないときは、当該株式についての申込期限による。

なお、株式を取得する権利を与えられた者が当該株式の取得について申込みをしなかったこと若しくはその申込みを取り消したこと又は払込みをしなかったことにより失権した場合には、課税しない。

(株式と引換えに払い込むべき額が有利な金額である場合)
23〜35共−7 令第84条第5号に規定する「株式と引換えに払い込むべき額が有利な金額である場合」とは、その株式と引換えに払い込むべき額を決定する日の現況におけるその発行法人の株式の価額に比して社会通念上相当と認められる価額を下る金額である場合をいうものとする。

(注)1　社会通念上相当と認められる金額を下る金額であるかどうかは、当該株式の価額と当該株式と引換えに払い込むべき額との差額が当該株式の価額のおおむね10%相当額以上であるかどうかにより判定する。

2　株式と引換えに払い込むべき額を決定する日の現況における株式の価額とは、決定日の価額のみをいうのではなく、決定日前1月間の平均株価等、当該株式と引換えに払い込むべき額を決定するための基礎として相当と認められる価額をいう。

[2] 自社株対策におけるその他の留意点

❶ 類似業種比準方式による評価額の引下げの際の留意点

「Ⓑ＝評価会社の１株当たりの配当金額」、「Ⓒ＝評価会社の１株当たり利益金額」、「Ⓓ＝評価会社の１株当たり純資産価額」のうち、いずれか２つの要素がゼロであり、かつ、直前々期末を基準にして計算すると、いずれか２以上の要素がゼロである場合には、「比準要素１」の会社となり、純資産価額方式もしくは併用方式による評価が強制され、類似業種比準方式により評価することできないため留意が必要です。また、その他の上記 **3-1 [2] ❺** に掲げる「特定の評価会社」に該当した場合（②株式保有特定会社、③土地保有特定会社、④開業後３年未満の会社・比準要素数ゼロの会社、⑥清算中の会社）においても類似業種比準価額方式の適用が制限されます。

また、対策の実行して後継者等へ自社株を売却や贈与するタイミングに留意が必要です。理由は、類似業種比準方式による評価が直前期末の数値に基づくためです。したがって、事業承継対策の場面では、評価の引下げ対策を実施した翌事業年度において（対策実施後の）直前期末の数値に基づき自社株の評価を行い売却等するという流れになるのが通常です。

❷ 純資産価額方式での対策

純資産価額方式の評価は、前述の通り会社の総資産を原則として相続税評価額により評価していきます。したがって、役員退職金の支給はじめ、投資用不動産の購入、対策期間中に解約返戻率の低い生命保険への加入や相続税の評価よりも時価の低い資産を処分するなどの方法で会社の総資産額を下げることが有効な手段と考えられます。

ただし、投資用不動産の取得については、取得後３年間は相続税評価額が適用されず時価評価となる（評基通185カッコ書）ほか、不動産賃貸業としての事業リスクを負うことになるため、近隣の類似する物件の空室率の状況や賃料水準などのマーケットの動向を見極めながら慎重に判断する必要があります。

❸ 類似業種比準価額の折衷割合のコントロール

原則的評価方法は、会社の規模により**図表3-11**のように評価します。

図表3-11

会社の規模		類似業種比準方式	併用方式	純資産価額方式
大会社		原則	—	例外
中会社	大	—	原則：類似業種比準価額×90％＋1株当たりの純資産価額×10％	例外
	中	—	原則：類似業種比準価額×75％＋1株当たりの純資産価額×25％	例外
	小	—	原則：類似業種比準価額×60％＋1株当たりの純資産価額×40％	例外
小会社		—	例外：類似業種比準価額×50％＋1株当たりの純資産価額×50％	原則

出典：中小企業庁　中小企業税制　平成25年12月24日「平成26年度税制改正の大綱」反映版

上記図表の通り、大会社であれば類似業種比準方式を採用でき、会社の規模が小さくなるほど類似業種比準方式の適用割合が低くなります。したがって、原則的評価方式により評価した結果、類似業種比準方式の方が純資産価額方式よりも低くなった場合には、会社の規模を大きくした方が対策上有利です。

会社の規模を引き上げるには、例えば、従業員を100人以上に増やすことができれば大会社にすることができます。その他、総資産価額（会計簿価）や年間の取引金額を増やすことで会社の規模を引き上げることは可能であるため、子会社等のグループ会社があるような場合には、合併や事業譲受けなどにより会社規模を引き上げることを検討することが考えられます。

ただし、折衷割合のコントロールが節税目的のみで行われた場合には、相続税法64条（同族会社等の行為または計算の否認）の規定により、将来の税務調査で税務当局から否認される可能性があるため、合理的な説明ができるように準備しておく必要があります。

第4章

10年スパンでの税金対策シミュレーションの作成（全体像）

4-1 10年スパンで考える効果的な税金対策の概要

[1] 税金対策シミュレーションの目的

　従来の相続税対策では、文字通り相続税を減らす対策で、自社株を保有していれば、その評価を引き下げることが中心に行われていました。

　内部留保の厚い老舗企業の現経営者を含む役員は、高額な役員報酬をもらっている傾向にあります。それだけではなく、個人でマンションやアパートなどの投資用不動産を保有して不動産所得があり、高額な所得税等を納めていることもあります。そのため、相続税以外の税金については、節税を考えてない「手付かず」の状態になっているケースが少なくありません。このような会社の経営者は、納税をすることは社会的責任を果たすための会社の使命と考えて、節税に対してあまり関心がない傾向にあります。

　もちろん、納税をすることは決して悪いことではありませんが、経営環境がますます厳しくなる中、会社は生き残りをかけて事業活動を展開しなければならないことも事実です。

　本書における税金対策シミュレーションの目的は、「税金を事業活動のためのコストと考えて、効果的な節税を図ることでオーナー一族全体の内部留保を高め、それを原資に事業への再投資を行い、会社の成長・発展に役立てること」と位置づけています。

[2] なぜ10年スパンか？

　経営者の中には、「10年もかかるのか？」と思うかもしれません。

　会社の事業価値を減らさず、かつ、財産を減らさずに事業承継をスムーズに実行するには、10年間を見越した事業承継計画と、事業承継・相続税対策が必要と考えています。

この「10年間」という意味は、中小企業庁が公表している事業承継ハンドブックにおいて10年間のスパンで事業承継計画を作成することを推奨しているため、この計画に連動させて税金対策を検討することで、税金対策と事業承継をより効果的に行うことが可能と考えた結果です。

　また、税金対策に関しては、この10年スパンなかで、相続税、オーナー企業の法人税や消費税、オーナー個人の所得税等のオーナー一族の一体的な税金対策を実施していくためのシミュレーションを作成していきます。

[3] 短期・中期・長期の時間軸の考え方

　本書では「短期」・「中期」・「長期」の時間軸で実施する税金対策を以下のように区分しています。

図表 4-1

区分	区分の考え方　と　税金対策の例
短期	単年度で実施する対策
	相続税対策 　✓ 贈与税の配偶者控除 　✓ 教育資金の一括贈与
	会社の税金対策 　✓ オーナーの会社に対する貸付金の自社株への転換（DES）
	個人の税金対策 　✓ 賃貸用不動産の持分の整理　と　不動産管理会社の設立
中期	中長期的な視点（時間をかけて）で検討が必要で、かつ、単年度で実施する対策
	相続税対策 　✓ 金融資産から不動産への組替え 　✓ 養子縁組 　✓ 小規模宅地の特例 　✓ 住宅取得資金の贈与
	会社の自社株対策 　✓ 組織再編（合併・分割など）
	個人の税金対策 　✓ 子への住宅取得資金の贈与と住宅ローン控除の併用 　✓ 不動産の有効活用

長期	長期間にわたって実行することで効果の出る対策	
	相続税対策	
		✓ 生前贈与
		✓ 生命保険を活用した納税資金対策
	会社の税金対策・自社株対策	
		✓ 個人加入保険の法人名義への変更
		✓ 退職金規定・弔慰金規定の設置
		✓ オーナーの退職時期にあわせた生命保険の活用による法人税等の節税
		✓ 従業員持株会の設置
	個人の税金対策	
		✓ 役員報酬の見直し

4-2 税金対策シミュレーション作成の5つの基本ステップ

　税金対策シミュレーションを作成するための基本ステップは以下の通りです。

❶ 税務ポジション等の情報の整理
　以下の項目ごとに、現経営者一族とオーナー企業の財産のボリュームや、役員とオーナー企業との取引関係、課税所得の水準などを整理していきます。
　① 現経営者の相続税
　　✓ 主要な財産の内訳と金額
　　✓ オーナー一族が保有する不動産の保有関係
　　✓ 現経営者の遺産分割の意向
　② オーナー企業の法人税等
　　✓ 最新のオーナー企業の経常損益とこれに対する法人税等の試算額
　　　　（赤字であれば欠損金の発生スケジュールと各発生年度別の繰越期限）
　　✓ オーナー企業と役員の取引内容と年間の取引額の一覧
　　✓ オーナー企業と役員の債権・債務の関係
　　✓ オーナー一族や子会社・関連会社が保有する自社株の保有関係
　　✓ 現時点で把握できる情報に基づき一定の前提条件のもと作成する10年間の利益計画
　③ オーナー一族の所得税等
　　✓ 最新の各個人の所得別（給与、不動産、配当など）の収支一覧

❷ 10年間の成行きのシミュレーションの作成
　情報を整理したら、「税金対策を全くしなかったら」という仮定をおき、現経営者の相続税、オーナー企業の法人税等、オーナー一族の所得税等を試算し

ます。つまり、一族全体での最大の納税額のボリュームを把握していきます。

具体的には、現経営者の相続税は、現時点で相続が発生したと仮定した場合に相続税と、これをベースに10年間の可処分所得等を加味した10年後の相続税を計算します。もちろん、可処分所得のすべてが生活費として使われるというような前提を置いて財産の額を10年間据え置くことも可能と考えられますので、その状況に応じて検討していきます。また、オーナー企業の法人税等と一族の所得税等に関しては、10年間の利益計画の各年度の損益に基づき計算します。

❸ 税金対策メニューの検討と節税効果の測定

整理した情報に基づき、実行可能性の高い各種対策のメニューを洗い出します。当然のことながら現経営者の意向に配慮して、節税効果の高い対策案を中心に絞り込みを行い、各メニュー単体で対策を実施した場合の節税効果を試算していきます。

❹ 10年間の税金対策シミュレーションの作成

複数の対策メニューを組み合わせて、今後10年間の税負担を試算していきます。組合せの異なる複数のシミュレーションの中から事業を円滑に継続させることを優先して節税効果の高いシナリオを検討し、対策案を確定させます。

❺ 税金対策シミュレーションの実行と更新

計画通りに対策が実行されているか検証していきます。また、税制改正の影響を将来の相続税額試算額へ反映させたり、会社の状況に応じた利益計画の更新を行います。

4-3 税務ポジションの整理①（相続税）

❶ 資料の入手

現経営者が保有する自社株、事業用資産、自宅、預貯金等の資産及び債務など相続税の試算に必要な資料を入手します。

計算の目的は、相続税額のボリュームを把握することにあるため、試算に必要な主要な財産に関する資料に焦点を当てていきます。

例えば、限られた時間で対応するような場合には、以下の資料とインタビューなどで入手した情報に基づき試算する方法が考えられます。

- ✓ 土地・建物：毎年の固定資産税課税明細、登記簿謄本
- ✓ 現預金：現時点の残高を口頭ベースで確認
- ✓ 死亡保険金：保険証券の写し
- ✓ 死亡退職金：役員退職金規定など
- ✓ 有価証券：証券会社が発行する明細
- ✓ 自社株：直近の税務申告書一式　など

❷ 簡便的な計算アプローチ

ここでは、税務申告のような厳密な計算は行いません。推定相続人に法定相続分で遺産を相続させるケースをたたき台に一定の前提条件をおいて簡便的に計算します。ただし、遺産分割に関して現経営者の意向があればそれに従います。

簡便計算に関しては、例えば、土地の場合には、路線価に単純に地積を乗じて評価額を算出したり、前述の通り固定資産税評価額を0.7で割り返した金額（固定資産税評価額を公示価格ベースに修正した額）に0.8を乗じた金額（公示価格ベースの金額を相続税評価額に修正した額）を相続税評価額と仮定するなどの方法が考えられます。どこまで簡便的に行うかは、ケースバイケースなので税額にどの程度影響があるのかにより適宜判断していきます。また、相続税計算上

の特例は一切適用しない前提として、最大でどのくらいの相続税が発生するかという観点で試算していきます。

❸ 二次相続までの検討

配偶者がいる場合の相続発生時期については、最初に現経営者、次に配偶者という前提をおいて、二次相続までの相続税額を試算します。

相続税の試算結果の例を示すと以下の通りです。

(単位:千円)

現経営者	相続分評価額	1/2 配偶者	1/6 後継者A	1/6 子B	1/6 子C	備考
居宅	26,000					平成25年固定資産税評価額
居住用宅地	65,000					路線価と地積
●●ビル(貸家)	43,000					平成25年固定資産税評価額
●●ビル(貸家建付地)	79,000					路線価と地積
不動産計	213,000					
自社株	102,000					H26/3期税務申告書に基づき試算(持分60%)
A社貸付金	50,000					
死亡保険金	20,000					
非課税額	▲20,000					
死亡退職金	60,000					
非課税額	▲20,000					
上場株式	46,000					
預貯金(推定)						
X銀行	29,000					H●/●/● のインタビュー
Y銀行	20,000					H●/●/● のインタビュー
預貯金計	49,000					
遺産総額	500,000	250,000	83,333	83,333	83,333	
基礎控除	▲54,000					3,000万円+法定相続人の数(4人)×600万円
課税価格	446,000	223,000	74,333	74,333	74,333	
相続税額(試算)	119,250	73,350	15,300	15,300	15,300	
税率		45%	30%	30%	30%	

現経営者の配偶者	相続分評価額	1/3 後継者A	1/3 子B	1/3 子C	備考
居宅	26,000				現経営者より相続
居住用宅地	65,000				現経営者より相続
●●ビル(貸家)	43,000				現経営者より相続
●●ビル(貸家建付地)	79,000				現経営者より相続
不動産計	213,000				
自社株	34,000				H25/3期税務申告書に基づき試算(持分20%)
預貯金(推定)					
W銀行	37,000				現経営者より相続
Z銀行	1,000				
預貯金計	38,000				
遺産総額	285,000	95,000	95,000	95,000	
基礎控除	▲48,000				3,000万円+法定相続人の数(3人)×600万円
課税価格	237,000	79,000	79,000	79,000	
相続税額(試算)	50,100	16,700	16,700	16,700	
税率		30%	30%	30%	

相続税額合計(試算)	169,350

前提条件
1. H27年以降に法定相続分により相続するものとした(なお、配偶者は、一次相続において現経営者の不動産のすべてと預貯金を法定相続分で相続した)。
2. 基礎控除額及び税金計算は平成25年度税制改正後のものを適用した。
3. 生前贈与は行っていない。
4. 相続税に関する特例は一切考慮していない。

4-4 税務ポジションの整理②（オーナー企業の法人税等）

❶ 過去の課税所得・欠損金の発生状況

過去3期分程度の税務申告書を入手して、過去の課税所得の推移をみます。推移を見る際は、以下のような推移表にまとめると整理がしやすいです。過去の推移を見ながら所得の発生状況についての特徴を把握して、今後10年間の会社のタックスプランニングの検討材料に使います。

過去の課税所得の推移（例）　　　　　　　　　　　　　　　　（単位：千円）

	H24/3期	H25/3期	H26/3期
税 引 後 当 期 純 利 益	▲3,600	▲3,800	6,800
損 金 算 入 納 税 充 当 金	70	70	70
交 際 費 損 金 不 算 入	30	45	180
納 税 充 当 金 支 出 事 業 税			
受 取 配 当 等 益 金 不 算 入			
そ の 他 流 出 項 目	0	0	0
貸 倒 引 当 金			
退 職 給 付 引 当 金			
繰 延 税 金 資 産			
繰 延 税 金 負 債			
そ の 他 留 保 項 目	0	0	0
申 告 調 整 項 目 計	100	115	250
欠 損 金 当 期 控 除 額			7,050
課 税 所 得 金 額	▲3,500	▲3,685	0

確定年税額

	2011/3期	2012/3期	2013/3期
法 人 税	0	0	0
住 民 税	70	70	70
事 業 税	0	0	0
法 人 税 等 合 計	70	70	70
消 費 税 及 び 地 方 消 費 税	8,600	8,900	9,500

❷ 繰越欠損金の内訳と繰越期限の把握

会社に税務上の繰越欠損金がある場合には、以下のように発生年度別に内訳をまとめていきます。特に繰越期限に間違いがないように注意が必要です。

繰越欠損金の内訳　　　　　　　　　　　　　　　　　　　　　　（単位：千円）

発生年度	消滅年度	H24/3期	H25/3期	H26/3期
2008/3	2015/3	5,000	5,000	0
2010/3	2019/3	2,325	2,325	275
2012/3	2021/3	3,500	3,500	3,500
2013/3	2022/3	—	3,685	3,685
期末残高		10,825	14,510	7,460

税務上の繰越欠損金は、原則として、確定申告書を提出する法人の各事業年度開始の日前9年以内に開始した事業年度で青色申告書を提出した事業年度に生じた欠損金額について、その各事業年度の所得金額の計算上損金の額に算入されます（法法57）。つまり、欠損金は9年間繰越しが可能です。

なお、繰越可能な期間は、過去の税制改正の影響により変更されており、平成13年4月1日前に開始した各事業年度において生じた欠損金額については5年間、平成13年4月1日以後に開始した事業年度から平成20年4月1日前に終了した事業年度において生じた欠損金額については7年間です（平16改正法附則13、平成23改法附則14）。

❸ グループの資本関係と債権・債務の整理

自社株や子会社などの持株割合の関係図を以下のようにまとめます。会社の経営方針から今後どのような組織形態にしていくのか、債務の返済をどうするのかなどを検討するための材料としていきます。

図表 4-2

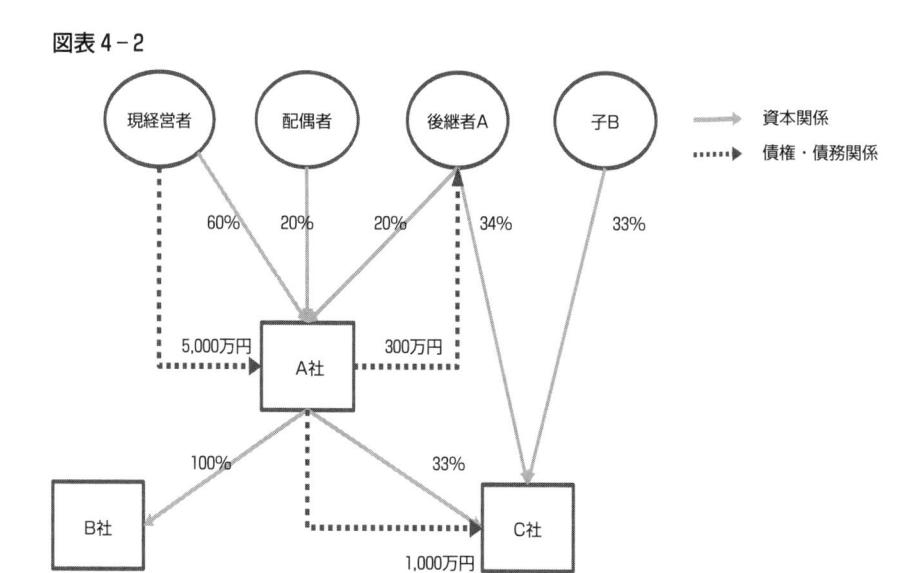

```
現経営者    配偶者    後継者A    子B

   60%      20%     20%    34%     33%

      5,000万円        300万円
   ┄┄┄┄┄▶  A社  ┄┄┄┄┄

   100%              33%
   ▼                  ▼
   B社   ┄┄┄┄┄▶   C社
            1,000万円
```

→ 資本関係
┄┄▶ 債権・債務関係

4-5 税務ポジションの整理③（オーナー一族の所得税等）

❶ 各個人の所得別の収支状況

直近の所得税申告書を入手して、オーナー一族の収支の状況を把握します。以下のような一覧表にまとめると所得の種類や年税額が一目でわかります。

(単位：千円)	現経営者 H25 現状	配偶者 H25 現状	後継者A H25 現状	子B H25 現状	子C H25 現状
持株数・割合					
株数	60,000	20,000	20,000	0	0
シェア（%）	60.0%	20.0%	20.0%	0.0%	0.0%
収入					
役員報酬	24,000	1,800	15,000	9,600	0
不動産収入	15,000	0	0	0	0
収入計	39,000	1,800	15,000	9,600	0
所得					
給与	21,550	1,080	12,550	7,420	0
不動産	9,500	0	0	0	0
合計所得	31,050	1,080	12,550	7,420	0
所得控除計	2,360	380	2,210	2,060	380
課税所得	28,690	700	10,340	5,360	0
税負担					
所得税	8,680	35	1,876	645	0
復興特別所得税	182	1	39	14	0
住民税	2,869	70	1,034	536	0
社会保険料	1,500	0	1,200	1,200	0
税負担合計	13,231	106	4,150	2,394	0
課税所得に対する適用税率					
所得税	40.0%	5.0%	33.0%	20.0%	0.0%
復興特別所得税	0.8%	0.1%	0.7%	0.4%	0.0%
住民税	10.0%	10.0%	10.0%	10.0%	0.0%
計	50.8%	15.1%	43.7%	30.4%	0.0%

【各個人の収支に係る税金計算の基本的考え方】
・所得税は、超過累進税率に基づき計算しており、課税所得に対する適用税率は、税金計算上適用される最高税率を表している。
・復興所得税は、所得税に対して税率2.1%を乗じて計算しており、課税所得に対する適用税率は、税金計算上適用される最高税率に2.1%を乗じたものを表している。
・社会保険料は、給与に対して負担すべき標準的な金額を表している。

❷ 賃貸用不動産の持分の整理

古くから賃貸用不動産を保有している場合には、先代の相続などを経て持分が細分化されていることがあります。税金対策にあわせて、不動産の所有関係を整理する必要が出てくる場合があるため、現状の持分関係を図で以下のように整理しておくと対策を検討するのに役立ちます。

建物の保有関係

	テナント	持主	床面積(㎡)(計520㎡)
8F		自社／現経営者	50
7F	X社		60
6F			60
5F	住宅		70
4F	自社利用		70
3F	住宅		70
2F	住宅		70
1F	V社		70

建物の評価区分

	テナント	持分に応じた評価方法	床面積(㎡)(計520㎡)
8F		自社(貸家)／現経営者(貸家)	50
7F	X社		60
6F			60
5F	住宅	自社(自用家屋)／現経営者(貸家)	70
4F	自社利用		70
3F	住宅	自社(貸家)／現経営者(貸家)	70
2F	住宅		70
1F	V社		70

土地の保有関係

	テナント	持主	床面積(㎡)(計520㎡)
8F		自社／現経営者	50
7F	X社		60
6F			60
5F	住宅		70
4F	自社利用		70
3F	住宅		70
2F	住宅		70
1F	V社		70

土地の評価区分

	テナント	持分に応じた評価方法	床面積(㎡)(計520㎡)
8F		自社(貸家建付地)／現経営者(貸家建付地)	50
7F	X社		60
6F			60
5F	住宅	自社(自用地)／現経営者(貸家建付地)	70
4F	自社利用		70
3F	住宅	自社(貸家建付地)／現経営者(貸家建付地)	70
2F	住宅		70
1F	V社		70

❸ 上場株式等の含み損益の把握

証券会社が発行している明細から、現経営者が保有する上場株式等の含み損益を把握していきます。以下のように含み損のある銘柄と含み益のある銘柄をそれぞれ集計して、どのタイミングで含み損益を実現させるかを検討するのに

利用します。

(単位：千円)

銘柄	取得原価	評価額 (基準日：H25/3末)	評価損益
O社	3,000	2,200	▲ 800
P社	25,000	14,000	▲ 11,000
Q社	5,000	8,000	3,000
R社	1,000	1,800	800
S社	13,000	6,000	▲ 7,000
T社	8,000	14,000	6,000
計	55,000	46,000	▲ 9,000
		含み益	9,800
		含み損	▲ 18,800

4-6　10年間の成行きの税金シミュレーションの作成

[1] シミュレーションが必要な理由と利益計画上の留意点

❶　成行きのシミュレーションが必要な理由

　中小企業における事業承継対策が先送りになっている理由の1つとして、それ自体がすぐに会社の利益に結び付きにくいことが挙げられます。成行きのシミュレーションは、そんな状況を考え直すきっかけするために作成します。すなわち、「現状で現経営者一族全体での税金がどのくらいあって、何も税金対策をしなかったらこれだけ相続税が増えてしまう……だから、対策を練って考えよう」といった具合に現経営者に検討してもらうきっかけを提供していくためのものと位置づけています。

❷　利益計画上の留意点

　シミュレーションでは、オーナー企業の10年間の利益計画を中心に考えていきます。したがって、その計画が強気か、そうでないかによって10年後の全体の税金が大きく変わります。また、10年後の会社の状況を適切に予測するのは困難であるため、シミュレーションでは、会社が予測できる範囲で作成している利益計画（通常は3年くらい）の数値を使うほか、予測が困難な期間は、例えば、会社が3年間の利益計画を作成していて、4年目以降は3年目の数値がそのまま10年後まで推移する、わが国の過去の経済成長率や業界におけるマーケットの動向を示す指標を参考に一定割合の売上が増減する、などの前提を置いて10年間の利益計画を作成します。ただし、あまり強気な計画だと「絵に描いた餅」になってしまい効果的な対策を打つことができなくなるおそれがあるので、「平時において頑張れば達成できる」水準を前提としていくのが望ましいと考えます。

154　第4章　10年スパンでの税金対策シミュレーションの作成（全体像）

会社の利益計画の例は、次の通りです。

(単位：千円)

利益計画	0年目 H26/3期 実績	1年目 H27/3期 計画	2年目 H28/3期 計画	3年目 H29/3期 計画	4年目 H30/3期 計画	5年目 H31/3期 計画	6年目 H32/3期 計画	7年目 H33/3期 計画	8年目 H34/3期 計画	9年目 H35/3期 計画	10年目 H36/3期 計画	10年間 計
売上高	565,000	590,000	630,000	639,000	648,000	657,000	666,000	675,000	685,000	695,000	705,000	
売上原価	420,000	440,000	460,000	465,000	471,000	478,000	485,000	492,000	499,000	506,000	513,000	
売上総利益	145,000	150,000	170,000	174,000	177,000	179,000	181,000	183,000	186,000	189,000	192,000	
販管費												
役員報酬	50,400	50,400	50,400	50,400	50,400	50,400	50,400	50,400	50,400	50,400	50,400	
給与手当	52,390	52,000	62,000	62,000	66,000	66,000	70,000	70,000	74,000	74,000	78,000	
法定福利費	4,000	5,000	6,000	6,000	6,000	6,000	7,000	7,000	7,000	7,000	7,000	
通勤費	1,200	1,320	1,440	1,440	1,560	1,560	1,680	1,680	1,800	1,800	1,920	
福利厚生費	1,000	1,100	1,200	1,200	1,300	1,300	1,400	1,400	1,500	1,500	1,600	
人件費　計	108,990	109,820	121,040	121,040	125,260	125,260	130,480	130,480	134,700	134,700	138,920	
消耗品費	5,000	5,200	5,500	5,600	5,700	5,800	5,800	5,900	6,000	6,100	6,200	
賃借料	9,600	9,600	9,600	9,600	9,600	9,600	9,600	9,600	9,600	9,600	9,600	
支払保険料	1,200	1,200	1,300	1,300	1,300	1,300	1,400	1,400	1,400	1,400	1,400	
租税公課	500	500	500	500	500	500	500	500	500	600	600	
接待交際費	1,800	1,800	2,000	2,000	2,000	2,000	2,100	2,100	2,100	2,200	2,200	
旅費交通費	2,000	2,000	2,200	2,200	2,200	2,300	2,300	2,300	2,400	2,400	2,400	
通信費	1,500	1,500	1,600	1,600	1,700	1,700	1,700	1,700	1,800	1,800	1,800	
支払手数料	1,300	1,300	1,400	1,400	1,400	1,500	1,500	1,500	1,500	1,500	1,600	
会議費	1,200	1,200	1,300	1,300	1,300	1,400	1,400	1,400	1,400	1,400	1,400	
諸会費	400	400	400	400	400	400	400	400	400	400	400	
図書教育費	600	600	600	600	600	600	700	700	700	700	700	
減価償却費	2,500	3,000	8,000	6,000	4,000	4,000	4,000	4,000	4,000	4,000	4,000	
雑費	300	300	300	300	300	300	300	300	300	300	300	
その他販管費　計	27,900	28,600	34,700	32,800	31,000	31,300	31,700	31,800	32,200	32,400	32,600	
販売費及び一般管理費	136,890	138,420	155,740	153,840	156,260	156,560	162,180	162,280	166,900	167,100	171,520	
営業利益	8,110	11,580	14,260	20,160	20,740	22,440	18,820	20,720	19,100	21,900	20,480	
受取利息	60	60	60	60	60	60	60	60	60	60	60	
雑収入	1,200	1,200	1,200	1,200	1,200	1,200	1,200	1,200	1,200	1,200	1,200	
支払利息	▲2,500	▲2,100	▲1,700	▲1,300	▲900	▲500	▲100	0	0	0	0	
営業外損益	▲1,240	▲840	▲440	▲40	360	760	1,160	1,260	1,260	1,260	1,260	
経常利益	6,870	10,740	13,820	20,120	21,100	23,200	19,980	21,980	20,360	23,160	21,740	
税引前当期損益	6,870	10,740	13,820	20,120	21,100	23,200	19,980	21,980	20,360	23,160	21,740	
法人税等	70	917	3,923	6,412	6,799	7,628	6,356	7,146	6,506	7,613	7,052	
税引後利益	6,800	9,823	9,897	13,708	14,301	15,572	13,624	14,834	13,854	15,547	14,688	135,848
損金算入法人税等		917	3,923	6,412	6,799	7,628	6,356	7,146	6,506	7,613	7,052	
繰越欠損金の損金算入		▲7,460										
課税所得		3,280	13,820	20,120	21,100	23,200	19,980	21,980	20,360	23,160	21,740	

課税所得に対する適用税率											
法人税	15.0%	25.5%	25.5%	25.5%	25.5%	25.5%	25.5%	25.5%	25.5%	25.5%	
法人住民税　所得割	2.6%	4.4%	4.4%	4.4%	4.4%	4.4%	4.4%	4.4%	4.4%	4.4%	
法人事業税	2.7%	5.3%	5.3%	5.3%	5.3%	5.3%	5.3%	5.3%	5.3%	5.3%	
法人特別地方税	2.2%	4.3%	4.3%	4.3%	4.3%	4.3%	4.3%	4.3%	4.3%	4.3	
計	22.5%	39.5%	39.5%	39.5%	39.5%	39.5%	39.5%	39.5%	39.5%	39.5%	

年税額											
法人税	492	2,474	4,081	4,331	4,866	4,045	4,555	4,142	4,856	4,494	
法人住民税　均等割	180	180	180	180	180	180	180	180	180	180	
法人住民税　法人税割	85	428	706	749	842	700	788	717	840	777	
法人事業税　所得割	89	464	798	850	962	791	897	811	959	884	
地方法人特別税	72	376	647	689	779	641	727	657	777	716	
法人税等	917	3,923	6,412	6,799	7,628	6,356	7,146	6,506	7,613	7,052	60,352
消費税 及び 地方消費税	9,926	14,286	14,676	14,934	15,104	15,252	15,442	15,690	15,970	16,228	147,508
年税額合計	10,844	18,209	21,088	21,733	22,732	21,608	22,588	22,196	23,583	23,280	207,860

(消費税概算)

課税売上		590,000	630,000	639,000	648,000	657,000	666,000	675,000	685,000	695,000	705,000
課税仕入		465,920	487,140	492,240	498,660	505,960	513,480	520,580	528,100	535,300	542,720
差引		124,080	142,860	146,760	149,340	151,040	152,520	154,420	156,900	159,700	162,280
税率		8%	10%	10%	10%	10%	10%	10%	10%	10%	10%

【利益計画における税金計算の基本的考え方】
・法人税等は、中小法人の所得に応じて適用される税率（例えば、法人税の場合には課税所得に応じ、15％〜25.5％の税率）に基づき計算しており、課税所得に対する適用税率は、税金計算上適用される最高税率を表している。
・消費税等は、表中の課税売上げから課税仕入を控除した残額に税率（8％若しくは10％）を乗じて計算している。

[2] 10年後の成行きの相続税額の試算

　成行きの10年後の相続税額の試算では、利益計画の作成と同様に一定の前提条件を置きます。

　例えば、①成行きの利益計画通り業績が推移し、「税引後利益×自社株の持株比率相当額」だけ自社株の相続税評価額が増加する、②現経営者の可処分所得から生活費等を差し引き年間500百万円の預貯金が増加する（10年間で5,000万円）、③自社株と現経営者の預貯金以外の財産の評価額は10年後も変動しない、というような前提です。

　10年後の自社株の評価に関しては、もしかしたら「通達に従ってきちんと計算した方がいいのではないか」と考える向きもあるかもしれません。確かに、一定の前提を置きながら通達に従い適切に計算することもできますが、そもそも事業計画自体が前提を置いた数値であるため、前提を置いたものにさらに前提を置いて細かく計算することにあまり意味がないと考えます。

　ここで10年後の相続税額を試算する目的は、「放っておくと相続税がこれだけ増える」ということを現経営者にわかってもらうためのものです。したがって、金額的に正確なものよりも、イメージとして相続税が増えていることを理解してもらえれば目的は達成されると考えます。

　なお、以上のやり方がすべて正しいというわけではありません。あくまで様々なアプローチの中の1つのやり方なので、参考情報としてご理解いただければと思います。

　以上の前提を置いた10年後の成行きの相続税額の計算例は次の通りです。

第4章 10年スパンでの税金対策シミュレーションの作成（全体像）

対策前の相続税の試算額（10年後）

（単位：千円）

現経営者

	評価額	相続分 配偶者 1/2	子A 1/6	子B 1/6	子C 1/6	備考
居宅	26,000					平成25年固定資産税評価額
居住用宅地	65,000					路線価と地積
●●ビル（貸家）	43,000					平成25年固定資産税評価額
●●ビル（貸家建付地）	79,000					路線価と地積
不動産計	213,000					
自社株	183,509					10年間の税引後利益×持分だけ評価額が増加すると仮定した（135,848千円×60%＝81,509千円）したがって、10年後の評価額は183,509千円（現状の評価額：102,000千円＋10年間の上昇額：81,509千円）
A社貸付金	50,000					
死亡保険金	20,000					
非課税額	▲20,000					
死亡退職金	60,000					
非課税額	▲20,000					
上場株式	46,000					
預貯金（推定）						
X銀行	79,000					500万円×10年＝5,000万円増加
Y銀行	20,000					
預貯金計	99,000					
遺産総額	631,508	315,754	105,251	105,251	105,251	
基礎控除	▲54,000					3,000万円＋法定相続人の数（4人）×600万円
課税価格	577,508	288,754	96,251	96,251	96,251	
相続税額（試算）	168,565	102,939	21,875	21,875	21,875	
税率		45%	30%	30%	30%	

現経営者の配偶者

	評価額	相続分 	子A 1/3	子B 1/3	子C 1/3	備考
居宅	26,000					現経営者より相続
居住用宅地	65,000					現経営者より相続
●●ビル（貸家）	43,000					現経営者より相続
●●ビル（貸家建付地）	79,000					現経営者より相続
不動産計	213,000					
自社株	61,170					10年間の税引後利益×持分だけ評価額が増加すると仮定した（135,848千円×20%＝27,170千円）したがって、10年後の評価額は61,170千円（現状の評価額：34,000千円＋10年間の上昇額：27,170千円）
金融資産						
X銀行・上場株式	102,754					現経営者より相続
Z銀行	1,000					H●/●/● のインタビュー
預貯金計	103,754					
遺産総額	377,923		125,974	125,974	125,974	
基礎控除	▲48,000					3,000万円＋法定相続人の数（3人）×600万円
課税価格	329,923		109,974	109,974	109,974	
相続税額（試算）	80,969		26,990	26,990	26,990	
税率			40%	40%	40%	

相続税額合計（試算）	249,534

前提条件
1. H27年以降に法定相続分により相続するものとした（なお、配偶者は、一次相続において現経営者の不動産のすべてと預貯金を法定相続分で相続した）。
2. 基礎控除額及び税金計算は平成25年度税制改正後のものを適用した。
3. 生前贈与は行っていない。
4. 預貯金等の金融資産及び所得税申告が不要な不動産その他資産・負債に関しては考慮していない。
5. 相続税に関する特例は一切考慮していない。
6. 自社株の評価に関しては、成行きの利益計画通り業績が推移し、税引き後利益×自社株の持株比率相当額だけ自社株の相続税評価額が増加する。
7. 現経営者の可処分所得から生活費等を差し引き年間500百万円の預貯金が増加する（10年間で5,000万円）。

【相続税計算の基本的考え方】
・相続税（試算）は、超過累進税率に基づき計算しており、課税所得に対する適用税率は、計算上適用される最高税率を表している。

[3] 成行きの相続税シミュレーション

　現状の相続税と10年後の成行きの相続税額を試算したら、次の図表のようにまとめることができます。ここでは、何も対策をしないとどのくらいの相続税負担が増えるのか、納税資金が足りているのかなどを把握していきます。

　図表の例では、前掲の利益計画通りに会社の業績が推移するとすれば、10年間で自社株の評価額が約1.8倍（102,000千円 → 183,509千円）に増え、相続税額も約1.5倍（169,350千円 → 249,534千円）に増加していきます。

　納税資金に関しては、成行きの10年後に約250,000千円の納税が必要になるのに対して、二次相続までに手元にある資金は約226,000千円（死亡保険金：20,000千円＋死亡退職金：60,000千円＋上場株式46,000千円＋Ｘ銀行預金：79,000千円＋Ｙ銀行預金：20,000千円＋配偶者の手元資金Ｚ銀行預金：1,000千円）と見込まれるため、約24,000千円の納税資金が不足する計算になります。

　なお、手元資金（約226,000千円）の計算上、配偶者が一次相続で取得した預金102,754千円に関しては除外して考えます。これは、その分はすでに現経営者の財産である手元資金に含まれているため、単純に加算してしまうと二重計上されてしまうためです。

　したがって、手元資金の計算は、「現経営者の手元資金＋配偶者が一次相続前から保有している手元資金」で計算していきます。

　以上の前提から、対策を検討することに二の足を踏んでいる現経営者に対して、対策を何も講じないで会社の業績が計画通り推移すれば「相続税額は1.5倍に増える」、「納税資金が24,000千円足りなくなる」という参考情報を提供することができます。

第4章 10年スパンでの税金対策シミュレーションの作成（全体像）

税金シミュレーション（成行き）

現経営者の相続税（二次相続含む）
（単位：千円）

	H25 現状	H26 1年目	H27 2年目	H28 3年目	H29 4年目	H30 5年目	H31 6年目	H32 7年目	H33 8年目	H34 9年目	H35 10年目
自社株の評価額（千円）	102,000				約1.8倍						183,509
単価（円）	1,700										3,058
株数（株）	60,000										60,000
シェア（％）	60.0%										60.0%
相続財産（基礎控除後）（千円）	446,000										577,508
対策前の相続税（二次相続を含む）（千円）	169,350				約1.5倍						249,534
適用税率	45.0%										45.0%

対策前の相続税の試算額（10年後）
（単位：千円）

現経営者		相続分 評価額	1/2 配偶者	1/6 子A	1/6 子B	1/6 子C	備考
居宅		26,000					平成25年固定資産税評価額
居住用宅地		65,000					路線価と地積
●●ビル（貸家）		43,000					平成25年固定資産税評価額
●●ビル（貸家建付地）		79,000					路線価と地積
不動産計		213,000					
自社株		183,509					10年間の税引後利益×持分だけ評価額が増加すると仮定した（135,848千円×60%＝81,509千円）したがって、10年後の評価額は183,509千円（現状の評価額：102,000千円＋10年間の上昇額：81,509千円）
A社貸付金		50,000					
死亡保険金		20,000					
非課税額		▲20,000					手元資金 約226,000千円
死亡退職金		60,000					
非課税額		▲20,000					
上場株式		46,000					
預貯金（推定）							
X銀行		79,000					500万円×10年＝5,000万円増加
Y銀行		20,000					
預貯金計		99,000					
遺産総額		631,508	315,754	105,251	105,251	105,251	
基礎控除		▲54,000					3,000万円＋法定相続人の数（4人）×600万円
課税価格		577,508	288,754	96,251	96,251	96,251	
相続税額（試算）		168,565	102,939	21,875	21,875	21,875	
税率			45%	30%	30%	30%	

現経営者の配偶者		相続分 評価額		1/3 子A	1/3 子B	1/3 子C	備考
居宅		26,000					現経営者より相続
居住用宅地		65,000					現経営者より相続
●●ビル（貸家）		43,000					現経営者より相続
●●ビル（貸家建付地）		79,000					現経営者より相続
不動産計		213,000					
自社株		61,170					10年間の税引後利益×持分だけ評価額が増加すると仮定した（135,848千円×20%＝27,170千円）したがって、10年後の評価額は61,170千円（現状の評価額：34,000千円＋10年間の上昇額：27,170千円）
金融資産							
X銀行・上場株式		102,754					現経営者より相続
Z銀行		1,000					H●/●/● のインタビュー
預貯金計		103,754					
遺産総額		377,923		125,974	125,974	125,974	
基礎控除		▲48,000					3,000万円＋法定相続人の数（3人）×600万円
課税価格		329,923		109,974	109,974	109,974	
相続税額（試算）		80,969		26,990	26,990	26,990	
税率				40%	40%	40%	

相続税額合計（試算） 249,534 → 差額 約24,000千円の納税資金が不足

[4] 成行きの所得税シミュレーション

ここでは、オーナー一族の最新の所得税申告書などに基づく収支実績から、今後10年間の所得税等の税金や社会保険料（本書では、社会保険料も税金と位置づけている）の負担額を試算します。なお、前提条件に関しては、例えば、今後も同様に推移するなどの前提を置きます。また、収支実績のうち、譲渡所得や一時所得などの臨時的な収入がある場合には、これらの臨時収入も考慮してシミュレーションを行います。

現経営者一族のシミュレーションの例は以下の通りです。

現経営者 （単位：千円）

	H25 現状	H26 1年目	H27 2年目	H28 3年目	H29 4年目	H30 5年目	H31 6年目	H32 7年目	H33 8年目	H34 9年目	H35 10年目	計(10年間)
持株数・割合												
株数	60,000	60,000	60,000	60,000	60,000	60,000	60,000	60,000	60,000	60,000	60,000	
シェア（%）	60.0%	60.0%	60.0%	60.0%	60.0%	60.0%	60.0%	60.0%	60.0%	60.0%	60.0%	
収入												
役員報酬	24,000	24,000	24,000	24,000	24,000	24,000	24,000	24,000	24,000	24,000	24,000	
不動産収入	15,000	15,000	15,000	15,000	15,000	15,000	15,000	15,000	15,000	15,000	15,000	
収入計	39,000	39,000	39,000	39,000	39,000	39,000	39,000	39,000	39,000	39,000	39,000	
必要経費・控除額												
給与所得控除	2,450	2,450	2,450	2,450	2,450	2,450	2,450	2,450	2,450	2,450	2,450	
必要経費	5,500	5,500	5,500	5,500	5,500	5,500	5,500	5,500	5,500	5,500	5,500	
所得												
給与	21,550	21,550	21,550	21,550	21,550	21,550	21,550	21,550	21,550	21,550	21,550	
不動産	9,500	9,500	9,500	9,500	9,500	9,500	9,500	9,500	9,500	9,500	9,500	
合計所得	31,050	31,050	31,050	31,050	31,050	31,050	31,050	31,050	31,050	31,050	31,050	
所得控除												
社会保険料控除	1,500	1,500	1,500	1,500	1,500	1,500	1,500	1,500	1,500	1,500	1,500	
医療費控除												
配偶者控除												
扶養控除	380	380	380	380	380	380	380	380	380	380	380	
生命保険料控除	100	100	100	100	100	100	100	100	100	100	100	
その他												
基礎控除	380	380	380	380	380	380	380	380	380	380	380	
所得控除計	2,360	2,360	2,360	2,360	2,360	2,360	2,360	2,360	2,360	2,360	2,360	
課税所得	28,690	28,690	28,690	28,690	28,690	28,690	28,690	28,690	28,690	28,690	28,690	
税負担												
所得税	8,680	8,680	8,680	8,680	8,680	8,680	8,680	8,680	8,680	8,680	8,680	86,800
復興特別所得税	182	182	182	182	182	182	182	182	182	182	182	1,823
住民税	2,869	2,869	2,869	2,869	2,869	2,869	2,869	2,869	2,869	2,869	2,869	28,690
社会保険料	1,500	1,500	1,500	1,500	1,500	1,500	1,500	1,500	1,500	1,500	1,500	15,000
消費税	300	480	600	600	600	600	600	600	600	600	600	5,880
税負担合計	13,531	13,711	13,831	13,831	13,831	13,831	13,831	13,831	13,831	13,831	13,831	138,193
適用税率												
所得税	40.0%	40.0%	40.0%	40.0%	40.0%	40.0%	40.0%	40.0%	40.0%	40.0%	40.0%	
復興特別所得税	0.8%	0.8%	0.8%	0.8%	0.8%	0.8%	0.8%	0.8%	0.8%	0.8%	0.8%	
住民税	10.0%	10.0%	10.0%	10.0%	10.0%	10.0%	10.0%	10.0%	10.0%	10.0%	10.0%	
計	50.8%	50.8%	50.8%	50.8%	50.8%	50.8%	50.8%	50.8%	50.8%	50.8%	50.8%	

第4章 10年スパンでの税金対策シミュレーションの作成（全体像）

配偶者 （単位：千円）

	H25 現状	H26 1年目	H27 2年目	H28 3年目	H29 4年目	H30 5年目	H31 6年目	H32 7年目	H33 8年目	H34 9年目	H35 10年目	計 (10年間)
持株数・割合												
株数	20,000	20,000	20,000	20,000	20,000	20,000	20,000	20,000	20,000	20,000	20,000	
シェア（%）	20.0%	20.0%	20.0%	20.0%	20.0%	20.0%	20.0%	20.0%	20.0%	20.0%	20.0%	
収入												
役員報酬	1,800	1,800	1,800	1,800	1,800	1,800	1,800	1,800	1,800	1,800	1,800	
収入計	1,800	1,800	1,800	1,800	1,800	1,800	1,800	1,800	1,800	1,800	1,800	
所得												
給与	1,080	1,080	1,080	1,080	1,080	1,080	1,080	1,080	1,080	1,080	1,080	
合計所得	1,080	1,080	1,080	1,080	1,080	1,080	1,080	1,080	1,080	1,080	1,080	
所得控除計	380	380	380	380	380	380	380	380	380	380	380	
課税所得	700	700	700	700	700	700	700	700	700	700	700	
税負担												
所得税	35	35	35	35	35	35	35	35	35	35	35	350
復興特別所得税	1	1	1	1	1	1	1	1	1	1	1	7
住民税	70	70	70	70	70	70	70	70	70	70	70	700
社会保険料	0	0	0	0	0	0	0	0	0	0	0	0
税負担合計	106	106	106	106	106	106	106	106	106	106	106	1,057
適用税率												
計	15.1%	15.1%	15.1%	15.1%	15.1%	15.1%	15.1%	15.1%	15.1%	15.1%	15.1%	

後継者A （単位：千円）

	H25 現状	H26 1年目	H27 2年目	H28 3年目	H29 4年目	H30 5年目	H31 6年目	H32 7年目	H33 8年目	H34 9年目	H35 10年目	計 (10年間)
持株数・割合												
株数	20,000	20,000	20,000	20,000	20,000	20,000	20,000	20,000	20,000	20,000	20,000	
シェア（%）	20.0%	20.0%	20.0%	20.0%	20.0%	20.0%	20.0%	20.0%	20.0%	20.0%	20.0%	
収入												
役員報酬	15,000	15,000	15,000	15,000	15,000	15,000	15,000	15,000	15,000	15,000	15,000	
収入計	15,000	15,000	15,000	15,000	15,000	15,000	15,000	15,000	15,000	15,000	15,000	
所得												
給与	12,550	12,550	12,550	12,550	12,550	12,550	12,550	12,550	12,550	12,550	12,550	
合計所得	12,550	12,550	12,550	12,550	12,550	12,550	12,550	12,550	12,550	12,550	12,550	
所得控除計	2,210	2,210	2,210	2,210	2,210	2,210	2,210	2,210	2,210	2,210	2,210	
課税所得	10,340	10,340	10,340	10,340	10,340	10,340	10,340	10,340	10,340	10,340	10,340	
税負担												
所得税	1,876	1,876	1,876	1,876	1,876	1,876	1,876	1,876	1,876	1,876	1,876	18,762
復興特別所得税	39	39	39	39	39	39	39	39	39	39	39	394
住民税	1,034	1,034	1,034	1,034	1,034	1,034	1,034	1,034	1,034	1,034	1,034	10,340
社会保険料	1,200	1,200	1,200	1,200	1,200	1,200	1,200	1,200	1,200	1,200	1,200	12,000
税負担合計	4,150	4,150	4,150	4,150	4,150	4,150	4,150	4,150	4,150	4,150	4,150	41,496
適用税率												
計	43.7%	43.7%	43.7%	43.7%	43.7%	43.7%	43.7%	43.7%	43.7%	43.7%	43.7%	

子B （単位：千円）

	H25 現状	H26 1年目	H27 2年目	H28 3年目	H29 4年目	H30 5年目	H31 6年目	H32 7年目	H33 8年目	H34 9年目	H35 10年目	計 (10年間)
持株数・割合												
株数	0	0	0	0	0	0	0	0	0	0	0	
シェア（%）	0.0%	0.0%	0.0%	0.0%	0.0%	0.0%	0.0%	0.0%	0.0%	0.0%	0.0%	
収入												
役員報酬	9,600	9,600	9,600	9,600	9,600	9,600	9,600	9,600	9,600	9,600	9,600	
収入計	9,600	9,600	9,600	9,600	9,600	9,600	9,600	9,600	9,600	9,600	9,600	
所得												
給与	7,420	7,420	7,420	7,420	7,420	7,420	7,420	7,420	7,420	7,420	7,420	
合計所得	7,420	7,420	7,420	7,420	7,420	7,420	7,420	7,420	7,420	7,420	7,420	
所得控除計	2,060	2,060	2,060	2,060	2,060	2,060	2,060	2,060	2,060	2,060	2,060	
課税所得	5,360	5,360	5,360	5,360	5,360	5,360	5,360	5,360	5,360	5,360	5,360	
税負担												
所得税	645	645	645	645	645	645	645	645	645	645	645	6,445
復興特別所得税	14	14	14	14	14	14	14	14	14	14	14	135
住民税	536	536	536	536	536	536	536	536	536	536	536	5,360
社会保険料	1,200	1,200	1,200	1,200	1,200	1,200	1,200	1,200	1,200	1,200	1,200	12,000
税負担合計	2,394	2,394	2,394	2,394	2,394	2,394	2,394	2,394	2,394	2,394	2,394	23,940
適用税率												
計	30.4%	30.4%	30.4%	30.4%	30.4%	30.4%	30.4%	30.4%	30.4%	30.4%	30.4%	

[5] 成行きのシミュレーションの全体像

　成行きの利益計画、10年後の相続税、オーナー一族の10年間の所得税等の試算ができたら、これら全体を一目で把握できるようにするために、下掲の図表のような要約（サマリー）にまとめていきます。

　最後に、オーナー一族全体の税負担の合計を集計していきます。図表では、成行きの10年後の相続税額、オーナー一族の所得税等、会社の税金をそれぞれ集計して、これらの合計を算出しています。

　図表の例では、相続税：249,534千円、一族の所得税等：204,687千円、会社の税金：207,860千円で、これら合計が662,081千円と試算されました。

　図表の例で注目すべき点は、それぞれ一族の所得税等や会社の適用税率（本書では課税所得に対して適用される最高税率を意味し、簡便的に税率を単純合算している）に差が生じている点です。

　具体的には、会社の適用税率が39.5％に対して、現経営者の適用税率50.8％で、現経営者の課税所得に対して10％以上重い税率となっているため、税金対策のことのみを考えれば、現経営者は収入を取りすぎているといえます。したがって、税金対策として「現経営者の役員報酬の引下げ」や、「賃貸用建物の所有権を会社へ移転させる」ことで不動産収入を下げて所得税の負担を軽減させるなどの検討が考えられます。

第4章 10年スパンでの税金対策シミュレーションの作成（全体像）

税金シミュレーション（成行き）

現経営者の相続税（二次相続含む）

（単位：千円）

	H25 現状	H26 1年目	H27 2年目	H28 3年目	H29 4年目	H30 5年目	H31 6年目	H32 7年目	H33 8年目	H34 9年目	H35 10年目
自社株の評価額（千円）	102,000					約1.8倍					183,509
単価（円）	1,700										3,058
株数（株）	60,000										60,000
シェア（%）	60.0%										60.0%
相続財産（基礎控除後）（千円）	446,000										577,508
対策前の相続税（二次相続を含む）（千円）	169,350					約1.5倍					249,534
適用税率	45.0%										45.0%

現経営者の個人の税金

	H25 現状	H26 1年目	H27 2年目	H28 3年目	H29 4年目	H30 5年目	H31 6年目	H32 7年目	H33 8年目	H34 9年目	H35 10年目	計（10年間）
株数	60,000	60,000	60,000	60,000	60,000	60,000	60,000	60,000	60,000	60,000	60,000	
シェア（%）	60.0%	60.0%	60.0%	60.0%	60.0%	60.0%	60.0%	60.0%	60.0%	60.0%	60.0%	
役員報酬	24,000	24,000	24,000	24,000	24,000	24,000	24,000	24,000	24,000	24,000	24,000	
不動産収入	15,000	15,000	15,000	15,000	15,000	15,000	15,000	15,000	15,000	15,000	15,000	
収入計（千円）	39,000	39,000	39,000	39,000	39,000	39,000	39,000	39,000	39,000	39,000	39,000	
所得税等	13,231	13,231	13,231	13,231	13,231	13,231	13,231	13,231	13,231	13,231	13,231	132,313
消費税等	300	480	600	600	600	600	600	600	600	600	600	5,880
税負担合計（千円）	13,531	13,711	13,831	13,831	13,831	13,831	13,831	13,831	13,831	13,831	13,831	138,193
適用税率	50.8%	50.8%	50.8%	50.8%	50.8%	50.8%	50.8%	50.8%	50.8%	50.8%	50.8%	

配偶者

	H25 現状	H26 1年目	H27 2年目	H28 3年目	H29 4年目	H30 5年目	H31 6年目	H32 7年目	H33 8年目	H34 9年目	H35 10年目	計（10年間）
株数	20,000	20,000	20,000	20,000	20,000	20,000	20,000	20,000	20,000	20,000	20,000	
シェア（%）	20.0%	20.0%	20.0%	20.0%	20.0%	20.0%	20.0%	20.0%	20.0%	20.0%	20.0%	
役員報酬	1,800	1,800	1,800	1,800	1,800	1,800	1,800	1,800	1,800	1,800	1,800	
収入計（千円）	1,800	1,800	1,800	1,800	1,800	1,800	1,800	1,800	1,800	1,800	1,800	
所得税等	106	106	106	106	106	106	106	106	106	106	106	1,057
税負担合計（千円）	106	106	106	106	106	106	106	106	106	106	106	1,057
適用税率	15.1%	15.1%	15.1%	15.1%	15.1%	15.1%	15.1%	15.1%	15.1%	15.1%	15.1%	

後継者

	H25 現状	H26 1年目	H27 2年目	H28 3年目	H29 4年目	H30 5年目	H31 6年目	H32 7年目	H33 8年目	H34 9年目	H35 10年目	計（10年間）
株数	20,000	20,000	20,000	20,000	20,000	20,000	20,000	20,000	20,000	20,000	20,000	
シェア（%）	20.0%	20.0%	20.0%	20.0%	20.0%	20.0%	20.0%	20.0%	20.0%	20.0%	20.0%	
役員報酬	15,000	15,000	15,000	15,000	15,000	15,000	15,000	15,000	15,000	15,000	15,000	
収入計（千円）	15,000	15,000	15,000	15,000	15,000	15,000	15,000	15,000	15,000	15,000	15,000	
所得税等	4,150	4,150	4,150	4,150	4,150	4,150	4,150	4,150	4,150	4,150	4,150	41,496
税負担合計（千円）	4,150	4,150	4,150	4,150	4,150	4,150	4,150	4,150	4,150	4,150	4,150	41,496
適用税率	43.7%	43.7%	43.7%	43.7%	43.7%	43.7%	43.7%	43.7%	43.7%	43.7%	43.7%	

子B

	H25 現状	H26 1年目	H27 2年目	H28 3年目	H29 4年目	H30 5年目	H31 6年目	H32 7年目	H33 8年目	H34 9年目	H35 10年目	計（10年間）
株数	0	0	0	0	0	0	0	0	0	0	0	
シェア（%）	0.0%	0.0%	0.0%	0.0%	0.0%	0.0%	0.0%	0.0%	0.0%	0.0%	0.0%	
役員報酬	9,600	9,600	9,600	9,600	9,600	9,600	9,600	9,600	9,600	9,600	9,600	
収入計（千円）	9,600	9,600	9,600	9,600	9,600	9,600	9,600	9,600	9,600	9,600	9,600	
所得税等	2,394	2,394	2,394	2,394	2,394	2,394	2,394	2,394	2,394	2,394	2,394	23,940
税負担合計（千円）	2,394	2,394	2,394	2,394	2,394	2,394	2,394	2,394	2,394	2,394	2,394	23,940
適用税率	30.4%	30.4%	30.4%	30.4%	30.4%	30.4%	30.4%	30.4%	30.4%	30.4%	30.4%	

会社

発行済株式数（株） 100,000 100,000 100,000 100,000 100,000 100,000 100,000 100,000 100,000 100,000 100,000

	H25 現状	H26 1年目	H27 2年目	H28 3年目	H29 4年目	H30 5年目	H31 6年目	H32 7年目	H33 8年目	H34 9年目	H35 10年目	計（10年間）
売上高	565,000	590,000	630,000	639,000	648,000	657,000	666,000	675,000	685,000	695,000	705,000	
税引前利益	6,870	10,740	13,820	20,120	21,100	23,200	19,980	21,980	20,360	23,160	21,740	
法人税等	70	917	3,923	6,412	6,799	7,146	6,356	7,146	6,590	7,613	7,052	60,352
消費税等		9,926	14,286	14,676	14,934	15,104	15,252	15,442	15,606	15,970	16,228	147,508
税負担合計（千円）	70	10,844	18,209	21,088	21,733	22,732	21,608	22,588	22,196	23,583	23,280	207,860
適用税率	—	22.5%	39.5%	39.5%	39.5%	39.5%	39.5%	39.5%	39.5%	39.5%	39.5%	

a	相続税（10年後）	249,534
b～f計	所得税等の税負担合計（10年間）	204,687
g	法人税等・消費税等（10年間）	207,860
	一族全体の税負担合計	662,081

4-7　税金対策メニューの検討と節税効果の測定

[1]【短期】【中期】【長期】の時間軸の設定と対策のメニュー出し

❶　基本的考え方

　冒頭でも簡単にふれましたが、従来の税金対策では、現経営者の相続税対策としてとりわけ不動産の有効活用や自社株対策に焦点を当てたものが検討されてきました。

　しかし、事業承継の場面ではそれだけではなく、オーナー一族全体の「現経営者の相続税」、「オーナー企業の税金」、「オーナー一族の個人の税金」を一体的な視点で検討することで効果的に内部留保を高めて事業の成長のために再投資すべきと考えます。もちろん、税金だけを考えるのではなく「保有不動産の出口戦略」や「納税資金の確保」、「争続防止の配慮」などの検討も必要です。

　税金対策を一体的に考えると、複数の対策案が出てくることが通常です。これら対策案の実行を効果的に進めていくためには、どの対策をいつ行うかという時間軸の設定が必要になります。そこで、本書では、10年間の税金対策の期間を、さらに、【短期】、【中期】、【長期】という3つの時間軸に区分して税金対策を検討していきます。

❷　時間軸の設定方法

　【短期】、【中期】、【長期】の考え方は、筆者が実際の案件で複数の税金対策を整理する上で活用したものを基本としており、正確な定義が存在するわけではありません。案件によっては、この時間軸の区分方法がなじまない場合もありますので参考情報としてご理解ください。

　まず、【短期】の考え方は、本書では単年度で実施する対策で、効果も単年

度のみ、現経営者が意思決定さえすればすぐに実行可能な対策と位置づけています。例えば、相続税対策では、贈与税の特例を活用して一定の非課税枠の範囲で生前贈与すること挙げられますが、代表的な特例では「贈与税の配偶者控除（相法21の6）」があります。

　詳細は後述しますが、贈与税の配偶者控除は、婚姻期間が20年以上の夫婦の間で、居住用不動産または居住用不動産を取得するための金銭の贈与が行われた場合、基礎控除110万円の他に最高2,000万円まで控除できる特例です。一定要件を満たせば、基礎控除を含む2,110万円相当の財産を無税で配偶者へ移転することが可能です。なお、この特例は同じ配偶者からは一度しか使えない特例で、単年度でのみ効果のある対策ということで【短期】と区分しています。

　次に【中期】は、中長期的な視点（時間をかけて）で検討が必要で、かつ、単年度で実施する対策と位置づけています。中長期的な視点というのは、対策を実行することで将来の収支や事業の遂行に影響が出るため検討する時間が必要なためです。例えば、相続税対策では、現預金等の金融資産で投資用不動産を取得したり、自宅を共同住宅へ立て替えるというような不動産の有効活用が考えられます。また、自社株対策として会社のグループ内再編を行うなどの方法です。いずれの対策も中長期の事業計画に基づきいくつものシミュレーションを重ねて慎重に検討すべきものであるため【中期】の対策として区分しています。

　最後に【長期】の対策は、長期間にわたり実行することで効果の出る対策としています。具体的には相続税対策では、贈与税の年間110万円の基礎控除額（相法21の5、措法70の2の3）を利用した生前贈与を中心に組み立てます。また、会社の税金対策では、現経営者の退職金支給や生命保険の利用を、自社株対策では、従業員持株会の設置をすることでの効果を検討していきます。そして、オーナー一族の税金対策では、会社の適用税率よりも税負担が重い場合に高額な役員報酬を引き下げることで個人と会社の税負担のバランスを検討していきます。【長期】の対策では、基本的に税金対策の実施期間である10年間にわたって毎年実施することを想定しています。

　【短期】【中期】【長期】の時間軸の区分の考え方と、時間軸を踏まえた各種

税金対策の例は以下の通りです。

図表4-3（図表4-1再掲）

区分	区分の考え方　と　税金対策の例
短期	単年度で実施する対策
	相続税対策
	✓ 贈与税の配偶者控除
	✓ 教育資金の一括贈与
	会社の税金対策
	✓ オーナーの会社に対する貸付金の自社株への転換（DES）
	個人の税金対策
	✓ 賃貸用不動産の持分の整理　と　不動産管理会社の設立
中期	中長期的な視点（時間をかけて）で検討が必要で、かつ、単年度で実施する対策
	相続税対策
	✓ 金融資産から不動産への組替え
	✓ 養子縁組
	✓ 小規模宅地の特例
	✓ 住宅取得資金の贈与
	会社の自社株対策
	✓ 組織再編（合併・分割など）
	個人の税金対策
	✓ 子への住宅取得資金の贈与と住宅ローン控除の併用
	✓ 不動産の有効活用
長期	長期間にわたって実行することで効果の出る対策
	相続税対策
	✓ 生前贈与
	✓ 生命保険を活用した納税資金対策
	会社の税金対策・自社株対策
	✓ 個人加入保険の法人名義への変更
	✓ 退職金規定・弔慰金規定の設置
	✓ オーナーの退職時期にあわせた生命保険の活用による法人税等の節税
	✓ 従業員持株会の設置
	個人の税金対策
	✓ 役員報酬の見直し

❸ 各種税金対策のメニュー出し

現経営者の相続税、オーナー企業の法人税等、オーナー一族の個人の税金などの税務ポジション等の情報の整理と、オーナー企業と現経営者の相続税の成行きのシミュレーションが済んだら、現経営者の意向を踏まえ、実行可能性の高い税金対策案のメニューの洗出しを次のように行います。

図表4-4　A社グループ節税対策案（例）

	項　目	概　要	期待できる効果
1	生前贈与	対策期間中に一定額を贈与する	課税される財産を減少
2	養子縁組	将来の後継者候補を現経営者の養子にする	財産の細分化による節税
3	小規模宅地の軽減の適用	現経営者保有の居住用宅地に関して、小規模の特例を適用する	宅地評価額の80%評価減による節税
4	住宅取得資金の贈与の適用	現経営者保有の預貯金の一部を相続人等への住宅取得資金として贈与する	課税される財産を減少
5	生命保険の活用	生前贈与で受けた資金の範囲内で、被保険者を現経営者、保険料負担者を相続人等とする生命保険契約を締結する	●課税される財産を減少 ●保険金収入の所得税負担を半減させる ●相続人等の相続税の納税資金を確保する
6	不動産管理会社の設立	●現経営者の役員報酬が減額させ、その一部をA社から不動産管理費として支払う。 ●現経営者の保有の賃貸不動産（建物）を取得後、管理会社を通じて一族へ所得を分散させる	●社長の所得税負担の軽減 ●株価の引下げ ●A社の消費税負担の一部軽減
7	賃貸用不動産の所有権の整理	A社及び現経営者が保有する賃貸用不動産の建物を不動産管理会社へ売却する	同上
8	弔慰金規定の設置	A社で弔慰金規定を設ける	課税される財産を減少
9	株式譲渡	関連会社2社の株式を子に100%集約させる	関連会社2社の将来の値上り益を現経営者の財産から切り

			離すことが可能
10	従業員による自社株保有 （譲渡や第三者割当増資） 又は 従業員持株会の設置	従業員がＡ社株式を保有する	株式の分散による株価の引下げ
11	合併	Ａ社が関連会社２社を合併する	会社規模変更による株価の引下げ
12	株式交換	関連会社２社をＡ社の完全子会社（100％子会社）とする	Ａ社の類似業種比準価格方式適用に伴う株価の引下げ
13	DES（Debt Equity Swap）	現経営者保有の貸付金を現物出資して、Ａ社の株式を取得する	株価の引下げ
14	事業承継税制による贈与税・相続税の納税猶予制度の適用	後継者へ自社株を贈与	納税の猶予

[2] 各税金対策のメリット・デメリットのとりまとめ

　税金対策は、現経営者の相続税、オーナー企業の法人税等、オーナー一族の個人の税金と多岐にわたるため、各対策のメリットとデメリットを出して実施すべき対策の絞り込みに必要な情報を整理していきます。

　例えば、生前贈与は、税金対策期間中に一定額の財産を現経営者から後継者や一族に対して贈与することで将来発生する相続税を減らす対策となりますが、そのメリットは、「より多くの者を対象に長期的に行えば確実に財産を減らすことが可能」などが考えられます。一方、デメリットは、「１回贈与を行うと法律的に撤回することができない」などが挙げられます。

　このように各対策のメリットとデメリットを箇条書で簡単にまとめて、同時にこれらを踏まえた今後の検討課題も以下のように整理していきます。

図表4-5 A社グループ節税対策案（例）

	項目	メリット	デメリット	検討事項
1	生前贈与	長期的に行えば確実に財産が減らせるため節税効果が最も高いと考えられる	一度行うと撤回できない	誰に、何を、いつ、どのくらい贈与するか
2	養子縁組	財産が細分化されることで、 ①税率軽減 ②基礎控除の増加 ③生命保険金等の非課税枠が増加する	✓利害関係者が増えるため、もめるリスクが増加する ✓養子縁組をする子の数は、民法上は無制限であるが、税金計算上は本件の場合1人までに制限される ✓通常、養子の相続税負担が2割増となる	誰を養子とするか
3	小規模宅地の軽減の適用	要件を満たせば高い節税効果を得られる	嫁姑問題	適用要件として、同居、または同一生計、別居している親族の場合には、自宅を保有していない等があるため、諸条件を満たすための準備が必要となる
4	住宅取得資金の贈与の適用	要件を満たせば子1人へ一定額（平成26年中であれば500万円 or 1,000万円）を無税で贈与できる	税務上の諸手続が必要	子A、Bの住宅取得資金の適用要件の詳細を検討する
5	生命保険の活用	✓相続人等へ贈与税の非課税枠の範囲内で保険料相当額を贈与することにより、財産が減少する ✓受け取る保険金は、一時所得とな	生命保険の契約は、一種の投資活動になるため、保険会社の財務内容が悪化した場合や、予定外の解約が行われた場合には、財産が毀損する可能性がある	いつ、誰に、いくら、締結するか

4-7 税金対策メニューの検討と節税効果の測定

		り、半分が無税で受け取れる ✓現預金をただ贈与するのに比べて用途が限定されるため無駄遣いを防げる		
6	不動産管理会社の設立	✓現経営者の役員報酬の一部を管理会社へ分散させ、一族へ給与を支払うことにより所得税負担を軽減させる ✓不動産管理会社の課税売上を年間1,000万円以下とすることができれば消費税は発生しない	税理士報酬等の事務コストの負担増	✓会社の設立が、税務当局から税金逃れと認定されないように、会社の設立の目的や、事業の実態の整備、契約書等の準備が必要 ✓将来の税務調査において、管理費の水準が適正かどうか争われる可能性があるため、計算の根拠資料と説明準備が必要
7	賃貸用不動産の所有権の整理	現経営者の不動産所得を減らす	社長に譲渡所得税等、会社に登録免許税や不動産取得税等の流通税が課される	本社ビルをA社が保有するか、上記管理会社が保有するか
8	弔慰金規定の設置	通常、給与の6ヶ月分のまでは相続税の非課税財産となる	新たな規定の整備が必要	福利厚生の一環として従業員を対象とするか
9	株式譲渡	株価の低いうちに、関連会社2社の株式を子へ譲渡することにより、関連会社の利益相当額の相続財産の増加を防ぐことが可能	✓譲渡益に対して所得税等や法人税等が課される ✓税務調査対策として株価評価が必要	グループ経営の今後のマネジメント体制を視野にいれて検討する必要がある

10	従業員による自社株保有（譲渡や第三者割当増資）または従業員持株会の設置	✓ 従業員が保有する分は、「配当還元方式」による低い株価で評価されるため、株価の大幅な引下げが期待できる ✓ 会社に対する忠誠心及び労働意欲の上昇が期待できる ✓ 従業員の財産形成	✓ 業績悪化となり無配となった場合のモチベーションの低下 ✓ 退職時の買取価格で問題が生ずることがある（特に税金面） ✓ 会社が債務超過となった場合には、従業員の財産が毀損する結果となる ✓ 自己株式の処分や増資が行われれば、税務上の資本金等の額が増加するため、住民税均等割等が増加する可能性がある	✓ 会社の重要な決議に影響が出ないように、例えば、無議決権株式とすることを検討する ✓ 従業員に保有してもらう際の諸条件（買取価格、配当の有無、退職時の取扱い等）
11	合併	会社の総資産や従業員数が増加して、株価評価上の会社規模がいまよりも大きく判定されれば、株価の低い類似業種比準方式の適用割合を高めることで株価を下げられる可能性がある	✓ 税務上の資本金等の額が増加することで住民税均等割等が増加する可能性がある ✓ 合併の諸手続に伴うコストが発生する（例えば、登記、公告、税務申告に伴う諸手続の費用など）	✓ 経営戦略上、合併後の組織体制によるマネジメントが現実的なのか検討する ✓ 合併後の自社株評価を試算して節税効果の検証する ✓ 合併は、原則として売買と扱われ売買益が発生するため法人税等が課税されるが、一体要件をみたすことで、簿価移転が認められるため、簿価移転が可能か検討する
12	株式交換	関連会社2社を子会社化して、高収益事業を子会社へ移管できれば、A社の株価	✓ 「株式保有特定会社」に該当するとA社の株価評価に関して純資産価額方式が	✓ 株式交換は、原則として売買と扱われ売買益に関して課税されるが、例外とし

		算定上、類似業種比準方式に対応する株価の部分は、子会社の純資産が増加しても株価に影響を受けず評価が可能	強制される ✓税務上の資本金等が増加することで住民税均等割等の増加の可能性	て、簿価移転が認められるため、簿価移転が可能か検討する ✓通常の売買の場合の課税関係及び税負担を整理する
13	DES（Debt Equity Swap）	貸付債権を自社株へ転換して、株価の低い類似業種比準方式が適用できれば理論的には、株価を引き下げることが可能	✓一種の増資となるため、登記等の手続や、債権の時価評価が必要 ✓税務上の資本金等の額が増加することで住民税均等割等が増加する可能性がある	上記の自社株対策と併用することにより株価を引き下げることが可能か検討する
14	事業承継税制による贈与税・相続税の納税猶予制度の適用	自社株に対応する贈与税や相続税の80％相当が実質的には免除される	要件が非常に複雑で適用例が少ない	そもそも適用できる余地があるか

[3] 各税金対策の節税効果の測定と絞り込み

　各税金対策のメリットとデメリットを整理したら、個々の対策を実行した場合の節税効果を試算します。個々の対策としているのは、ある1つの対策がどの程度節税額に影響があるのかを測定するためです。

　例えば、下掲の通り、最初の節税対策として盛り込んでいる「生前贈与」に関しては、生前贈与として子3人に対して贈与税の非課税枠である年間110万円の現預金を10年間実施する以外の対策は何も行わず、かつ、相続税計算上の特例も一切適用しないことを前提とした相続税額の影響がどの程度あるかを試算します。

　このような考え方に基づき、各税金対策を個別に実行した場合の税金の影響額を試算して、その影響度に応じてその大小を区分していきます（下掲の図表

例では影響度を◎、○、▲、×で区分している)。

そして最終的には、節税効果のインパクトの大小と対策の実行可能性を踏まえて、個々の節税対策を「実施する」、「しない」の最終判断をしていきます。

図表の例では、基本的に節税効果のある対策は実施していく方針としています。ただし、養子縁組については、相続人が増えれば遺産分割でもめるリスクが増えるため要検討事項としています。また、合併や株式交換など経営方針に大きく影響を及ぼす対策に関しては、実施しないこととし、事業承継税制の適用については、申告期限の翌日から5年間で平均8割以上の雇用継続要件を会社としてコミットできないため実施しないという結論に至っています。

図表4-6　A社グループ節税対策案　個々の対策を実行した場合の節税効果の試算(例)

	項目	時間軸	税金対策の区分 相続税	税金対策の区分 法人税等自社株	税金対策の区分 所得税等	節税効果試算の前提	個々の対策の節税効果の試算額(千円)	節税効果の判定	結論
1	生前贈与	長期	●			後継者、子B、孫の3人に対して年間110万円を10年間贈与	19,000	◎	○ 実施する
2	養子縁組	中期	●			子Aの長男を将来の後継者候補として養子縁組する	24,000	◎	▲ 要検討
3	小規模宅地の軽減の適用	中期	●			居住用宅地について80%の減額を適用する	30,000	◎	○ 実施する
4	住宅取得資金の贈与の適用	中期	●			子2人に対して各500万円の住宅取得資金の贈与を行う	6,000	○	○ 実施する
5	生命保険の活用	長期	●			子B、孫が生前贈与を受けた110万円の現預金を生命保険料として支払う	生前贈与の節税額	◎	○ 実施する
6	不動産管理会社の設立	短期	●		●	現経営者持分の賃貸不動産を不動産管理会社へ売却する 不動産管理会社設立後は、A社持分の不動産管理をH28/3期から管理会社に委託する。管理費は年間150万円発生する	65,000	◎	○ 実施する
7	本社ビルの所有権の整理	短期	●		●				
8	弔慰金規定の設置	長期		●		弔慰金として1,000万円支給する	4,000	▲	○ 実施する

4-7 税金対策メニューの検討と節税効果の測定

9	株式譲渡	短期		●	後継者と子Bの役割を明確にするため、A社が保有するB社株式を後継者へC社株式を子Bへ時価譲渡する	―	○	○ 実施する
10	従業員による自社株保有（譲渡や第三者割当増資）または従業員持株会の設置	長期		●	現経営者が保有する無議決権株式（20%分）を配当還元価額（1株150円）で従業員へ譲渡する	34,000	◎	○ 実施する
11	合併	中期		●	―	―	×	節税効果なし × 実施しない
12	株式交換	中期		●	―	―	×	経営方針にあわない × 実施しない
13	DES（Debt Equity Swap）	短期		●	現経営者のA社に対する貸付金5,000万円をDESする（発行価額1株2,000円、発行株式数25,000株）	11,000	◎	○ 実施する
14	事業承継税制による贈与税・相続税の納税猶予制度の適用	長期	●		―	―	×	8割以上雇用継続要件を確実に満たすことは困難 × 実施しない

[4] 税金対策メニューの記載例

上記 [1] ～ [3] をまとめた税金対策のメニューの例は以下の通りです。

【例】 A社グループ節税対策案

	項目	概要	期待できる効果	メリット	デメリット
1	生前贈与	対策期間中に一定額を贈与する	課税される財産を減少	長期的に行えば確実に財産が減らせるため節税効果が最も高いと考えられる	一度行うと撤回できない
2	養子縁組	将来の後継者候補を現経営者の養子にする	財産の細分化による節税	財産が細分化されることで、①税率軽減 ②基礎控除の増加 ③生命保険金等の非課税枠が増加する	✓利害関係者が増えるため、もめるリスクが増加する ✓養子縁組をする子の数は、民法上は無制限であるが、税金計算上は本件の場合1人までに制限される ✓通常、養子の相続税負担が2割増となる
3	小規模宅地の軽減の適用	現経営者保有の居住用宅地に関して、小規模の特例を適用する	宅地評価額の80%評価減による節税	要件を満たせば高い節税効果を得られる	嫁姑問題
4	住宅取得資金の贈与の適用	現経営者保有の預貯金の一部を相続人等への住宅取得資金として贈与する	課税される財産を減少	要件を満たせば子1人へ一定額（平成26年中であれば500万or1,000万円）を無税で贈与できる	税務上の諸手続が必要
5	生命保険の活用	生前贈与で受けた資金の範囲内で、被保険者を現経営者、保険料負担者を相続人等とする生命保険契約を締結する	✓課税される財産を減少 ✓保険金収入の所得税負担を半減させる ✓相続人等の相続税の納税資金を確保する	✓相続人等へ贈与税の非課税枠の範囲内で保険料相当額を贈与することにより、財産が減少する ✓受け取る保険金は一時所得となり、半分が無税で受け取れる ✓現預金をただ贈与するのに比べて用途が限定されるため無駄遣いを防げる	生命保険の契約は、一種の投資活動になるため、保険会社の財務内容が悪化した場合や、予定外の解約が行われた場合には、財産が毀損する可能性がある
6	不動産管理会社の設立	現経営者の役員報酬を減額させ、その一部をA社から不動産管理費として支払う。現経営者保有の賃貸不動産（建物）を取得後、管理会社を通じて一族へ所得を分散させる	✓社長の所得税負担の軽減 ✓株価の引下げ ✓A社の消費税負担の一部軽減	✓現経営者の役員報酬の一部を管理会社から一族へ給与を支払うことにより所得税負担を軽減させる ✓不動産管理会社の課税売上を年間1,000万円以下とすることができれば消費税は発生しない	税理士報酬等の事務コストの負担増
7	賃貸用不動産の所有権の整理	A社及び現経営者が保有する賃貸用不動産の建物を不動産管理会社へ売却する	同上	現経営者の不動産所得を減らす	社長に譲渡所得税等、会社に登録免許税や不動産取得税等の流通税が課される
8	弔慰金規定の設置	A社で弔慰金規定を設ける	課税される財産を減少	通常給与の6ヶ月分のまでは相続税の非課税財産となる	新たな規定の整備が必要
9	株式譲渡	関連会社2社の株式を子に100%集約させる	関連会社2社の将来の値上がり益を現経営者の財産から切り離すことが可能	株価の低いうちに、関連会社2社の株式を子へ譲渡することにより、関連会社の利益相当額の相続財産の増加を防ぐことが可能	✓譲渡益に対して所得税等や法人税等が課される ✓税務調査対策として株価評価が必要
10	従業員による自社株保有（譲渡や第三者割当増資）または従業員持株会の設置	従業員がA社株式を保有する	株式の分散による株価の引下げ	✓従業員が保有する分は、「配当還元方式」による低い株価で評価されるため、株価の大幅な引下げが期待できる ✓会社に対する忠誠心及び労働意欲の上昇が期待できる ✓従業員の財産形成	✓業績悪化となり無配となった場合のモチベーションの低下 ✓退職時の買取価格で問題が生ずることがある（特に税金面） ✓会社が債務超過となった場合に、従業員の財産が毀損する結果となる ✓自己株式の処分や増資が行われれば、税務上の資本金等の額が増加するため、住民税均等割等が増加する可能性がある
13	DES（Debt Equity Swap）	現経営者保有の貸付金を現物出資して、A社の株式を取得する	株価の引下げ	貸付債権を自社株へ転換して、株価の低い類似業種比準方式が適用できれば理論的には、株価を引き下げることが可能	✓一種の増資となるため、登記等の手続きや、債権の時価評価が必要 ✓税務上の資本金等の額が増加することで住民税均等割等が増加する可能性がある

4-7 税金対策メニューの検討と節税効果の測定　175

なお、実施しない結論に至った対策は除外しています。

検討事項	時間軸	税金対策の区分 相続税	税金対策の区分 法人税等自社株	税金対策の区分 所得税等	節税効果 試算の前提	個々の対策の節税効果（千円）	節税効果の判定	結論
誰に、何を、いつ、どのくらい贈与するか	長期	●			後継者、子B、孫の3人に対して年間110万円を10年間贈与	19,000	◎	○ 実施する
誰を養子とするか	中期	●			子Aの長男を将来の後継者候補として養子縁組する	24,000	◎	▲ 要検討
適用要件として、同居、または同一生計、別居している親族の場合には、自宅を保有していない等があるため、諸条件を満たすための準備が必要となる	中期	●			居住用宅地について80％の減額を適用する	30,000	◎	○ 実施する
子A、Bの住宅取得資金の適用要件の詳細を検討する	中期	●			子2人に対して各500万円の住宅取得資金の贈与を行う	6,000	○	○ 実施する
いつ、誰に、いくら、締結するか	長期	●			子3人が生前贈与を受けた110万円の現預金を生命保険料として支払う	生前贈与の節税額	◎	○ 実施する
✓会社の設立が、税務当局から税金逃れと認定されない様に、会社の設立の目的や、事業の実態の整備、契約書等の準備が必要 ✓将来の税務調査において、管理費の水準が適正かどうか争われる可能性があるため、計算の根拠資料と説明準備が必要	短期	●		●	現経営者持分の賃貸不動産を不動産管理会社へ売却する ✓不動産管理会社設立後は、A社持分の不動産管理をH28/3期から管理会社に委託する。管理費は年間150万円発生する	65,000	◎	○ 実施する
本社ビルをA社が保有するか、上記管理会社が保有するか	短期	●						
福利厚生の一環として従業員を対象とするか	長期		●		弔慰金として1,000万円支給する	4,000	▲	○ 実施する
グループ経営の今後のマネジメント体制を視野にいれて検討する必要がある	短期		●		後継者と子Bの役割を明確にするため、A社が保有するB社株式を後継者へC社株式を子Bへ時価譲渡する	―	○	○ 実施する
✓会社の重要な決議に影響が出ないように、例えば、無議決権株式とすることを検討する ✓従業員に保有してもらう際の諸条件（買取価格、配当の有無、退職時の取扱い等）	長期		●		現経営者が保有する無議決権株式（20％分）を配当還元価額（1株150円）で従業員へ譲渡する	34,000	○	○ 実施する
上記の自社株対策と併用することにより株価を引き下げることが可能か検討する	短期		●		現経営者のA社に対する貸付金5,000万円をDESする（発行価額1株2,000円、発行株式数25,000株）	11,000	◎	○ 実施する

[5] 実行スケジュールのまとめ

税金対策のメニューが確定したら、どの対策をいつまでに行うのかを決め

【例】 A社グループ節税対策案 実行スケジュール（案）

	項目	H27/3期 1年目 1Q	2Q	3Q	4Q	H28/3期 2年目	H29/3期 3年目
1	生前贈与			●		●	●
				毎年年末までに実施。後継者、子B、孫3名に			
2	養子縁組		税金対策終了時までにだれを、いつ養子縁組するか検討する。				
3	小規模宅地の軽減の適用		税金対策終了時までに80%の減額の要件を満たす所有形態を決				
4	住宅取得資金の贈与の適用			●			
				年末までに実施。後継者と子Bに対して各			
5	生命保険の活用			●		●	●
				毎年年末までに実施。推定相続人3名のう			
6	不動産管理会社の設立		●				
			夏頃を目途に実施。役員構成等をそれまでに決める。				
7	賃貸用不動産の所有権の整理			●			
				秋頃を目途に不動産管理会社へ現経営者持分			
8	弔慰金規定の設置		税金対策終了時までに整備する。				
9	株式譲渡	●					
		期首に関連会社の株式を〈後継者及び子Bへ時価譲渡する。					
10	従業員による自社株保有（譲渡や第三者割当増資）または従業員持株会の設置				●		
					A社の年度末までに現経営者保有の自社		
13	DES（Debt Equity Swap）					●	
						A社の年度末までに実施する。	

て、以下のようなスケジュール表にまとめていきます。スケジュールをまとめることで各対策の優先順位が明確になります。

H30/3期 4年目	H31/3期 5年目	H32/3期 6年目	H33/3期 7年目	H34/3期 8年目	H35/3期 9年目	H36/3期 10年目
対して実施。後継者に対しては自社株、その他の相続人には金銭を贈与する。						
める。						
500万円の資金を贈与する。						
ち、配偶者と子Bに対して贈与を受けた金銭を保険料として支払う。						
を時価譲渡する。						
株を従業員へ配当還元価額で譲渡する。						

第5章

10年スパンで考える【短期】の税金対策

5-1 贈与税の配偶者控除

[1] 制度の概要

　この制度は、婚姻期間が20年以上の夫婦の間で居住用不動産または居住用不動産を取得するための金銭の贈与が行われた場合において、110万円の贈与税の基礎控除のほかに、最高2,000万円までの控除（配偶者控除）をすることで、合計で年間2,110万円までの贈与を無税で行うことができる特例です。

[2] 制度の主な内容

　贈与により、婚姻期間が20年以上である配偶者から専ら居住の用に供する居住用不動産（日本国内にある土地もしくは土地の上に存する権利もしくは家屋。以下この特例において同じ）または金銭を取得した者が、①その取得の日の属する年の翌年3月15日までに、その居住用不動産をその者の居住の用に供し、かつ、その後引き続き居住の用に供する見込みである場合、または、②同日までに、その贈与を受けた金銭をもって居住用不動産を取得して、これをその者の居住の用に供し、かつ、その後引き続き居住の用に供する見込みである場合においては、その年分の贈与税については、課税価格から2,000万円（その贈与により取得した居住用不動産の価額に相当する金額とその贈与により取得した金銭のうち居住用不動産の取得に充てられた部分の金額との合計額が2,000万円に満たない場合には、その合計額）を控除します（相法21の6）。

　なお、この特例は、過去にその配偶者からの贈与でこの特例の適用を受けた場合には適用できません。つまり同じ配偶者からこの特例を受けることができるのは一度だけです。

　婚姻期間の判定は、贈与時の現況により行い、民法に定める婚姻の届出があった日から居住用不動産または金銭の贈与があった日までの期間により計算して1年未満の端数があっても、その端数を切り上げないで計算します。した

がって、その婚姻期間が19年を超え20年未満であるときは贈与税の配偶者控除の適用はありません（相令4の6①、②、相基通21-6-7）。また、その期間中に居住用不動産または金銭を取得した者が、その贈与をした者の配偶者でなかった期間がある場合には、その期間を除いて判定します（相令4の6②カッコ書）。

[3] 対策上の留意点

❶ 適用を受けるための手続

次の書類を添付して贈与税の申告をする必要があります（相規9）。

- ✓ 財産の贈与を受けた日から10日を経過した日以後に作成された戸籍謄本または抄本と戸籍の附票の写し
- ✓ 居住用不動産の登記事項証明書
- ✓ その居住用不動産に住んだ日以後に作成された住民票の写し

ただし、戸籍の附票の写しに記載されている住所が居住用不動産の所在場所である場合には、住民票の写しの添付は不要です。

上記の書類のほかに、居住用不動産の贈与を受けた場合は、その居住用不動産を評価するための書類（固定資産評価証明書など）が必要です。

❷ 二次相続の際の出口戦略の検討

この特例を受けた居住用不動産や金銭は、贈与を受けた配偶者の二次相続の相続財産として相続税の課税対象となります。したがって、例えば、二次相続において小規模宅地等の特例（例えば、特定居住用宅地等の80％評価減の適用など。措法69の4）を適用することで税負担を軽減させるなどの検討が必要です。

❸ その他の留意点

配偶者から贈与により取得した金銭と、その金銭以外の資金をもって、居住用不動産と同時に居住用不動産以外の財産を取得した場合には、贈与税の配偶者控除の適用上、その金銭はまず居住用不動産の取得に充てられたものとして取り扱うことができます（相基通21の6-5）。

5-2 教育資金の一括贈与の特例

[1] 制度の概要

　本制度は、わが国の家計のうち高齢者世代の保有するおよそ1,500兆円の金融資産の約6割の資産を、消費支出の高い子育て世代への移転を促進することで子育て世代を支援し、経済活性化に寄与することを期待するものとして平成25年度税制改正に創設された特例です。

　従来の税制では、扶養義務者相互間において教育費に充てるためにした贈与により取得した財産のうち通常必要と認められるものが贈与税の非課税となるため、基本的には教育費として実際に支出した金額のみが贈与税の非課税対象とされていました（相法21の3①二）。

　しかし、平成25年度税制改正後は、上述の扶養義務者間で必要な都度支払われる教育費の贈与税の非課税のほかに、本制度により扶養義務者かどうかを問わずに両親、祖父母等から子、孫への教育資金の贈与が行われた場合には、そのうち1,500万円までは贈与時に実際に教育費として支出されていなかったとしても一定要件を満たすことで将来の学費として非課税とすることが可能となりました。

　すなわち、本制度は平成25年4月1日から平成27年12月31日までの間に、両親や祖父母等から子・孫に教育資金を一括贈与する場合には、その贈与を受けた子・孫ごとに1人当たり1,500万円（学校以外の学習塾などへの学費は500万円）を限度として贈与税が課税されない特例です。

　教育資金として一括贈与された資金は、金融機関で子・孫名義の教育資金口座を開設し管理することになります。そして、教育費の支払い時に口座から資金を引き出した際には、その資金が教育費として使われたことを証明する領収証等を金融機関へ提出する必要があります。

　なお、この教育資金口座は、子・孫が30歳に達する日に終了し、口座に使い

図表5-1　本制度のイメージ

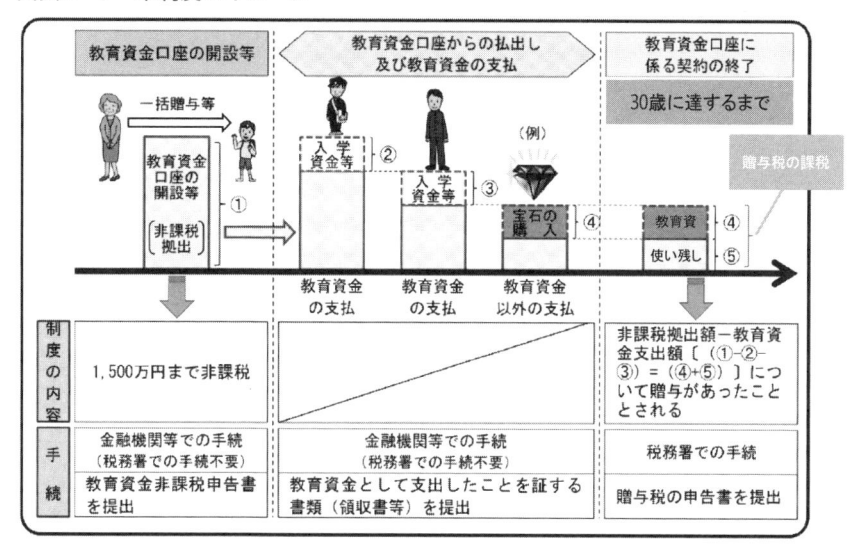

出所：国税庁QA　一部加工

残しがあれば贈与税が課税されます。

[2] 制度の主な内容

　平成25年4月1日から平成27年12月31日までに間に、金融機関と「教育資金管理契約」を締結する日に30歳未満の個人（受贈者である子・孫など。以下、「受贈者」）が、教育資金に充てるために、その直系尊属（贈与者である両親・祖父母等）から教育資金管理契約に基づき以下①～③により金融資産を取得した場合には、その金融資産のうち1,500万円までの金額（既に本制度を利用して贈与税の課税価格に算入しなかった金額がある場合には、その金額を控除した残額）は、贈与税の非課税とされています（措法70の2の2）。

① その直系尊属と一定の信託会社（信託銀行）との間の教育資金管理契約に基づき信託受益権を取得した場合
② その直系尊属からの書面による贈与により取得した金銭を教育資金管理契約に基づき一定の銀行等の国内にある営業所等へ預貯金を預け入れた場

合
③ 教育資金管理契約に基づきその直系尊属から書面による贈与により取得した金銭等で一定の金融商品取引業者（証券会社）の国内にある営業所等から有価証券を購入した場合

なお、税法で定めている上記「教育資金」「教育資金保管契約」の主な内容は、（**図表5-2**）の通りです（措法70の2の2②、⑪）。

図表5-2 「教育資金」「教育資金保管契約」の主な内容

用語	内容
教育資金	次のイ）、ロ）掲げる金銭 イ）学校教育法に規定する以下の<u>学校等</u> 　・学校、 　・専修学校 　・各種学校、 　・その他これらに類する施設として政令に定めるものを設置する者に直接支払われる入学金、授業料、その他の金銭で政令に定めるもの ロ）上記イ）の<u>学校等以外の者</u>に、教育に関する役務の提供の対価として<u>直接支払われる金銭</u>その他<u>教育のために直接支払われる金銭</u>で政令で定めるもの ※なお、上記の「学校等」は保育所から大学院まで含まれる。また、「学校等以外の者に教育のために直接支払われる金銭」は、学習塾などの学費を対象としている。
教育資金管理契約	受贈者である子・孫（以下、「受贈者」）の教育資金を管理することを目的とする契約で次に掲げるもの イ）受贈者と直系尊属との間の一定事項を定めた信託契約 ロ）受贈者と銀行等との間の預貯金に係る契約で、教育資金に充てるために払い出した場合には、銀行等へ領収証等を提出することその他一定事項が定められているもの ハ）受贈者と証券会社との間の一定事項を定めた有価証券の保管の委託に係る契約

[3] 対策上の留意点

❶ 非課税限度額の範囲 （措法70の2の2①、⑪カッコ書）

　本制度の非課税限度額は1,500万円ですが「学校等以外の者に支払われる金額」の非課税限度額は500万円です。この非課税限度額の考え方は、「学校等以外の者」に対するものも含めて総額で1,500万円が限度となるため留意が必要です。

　また、本制度の非課税限度額は、受贈者ごとに1,500万円となります。したがって、例えば、祖父及び祖母のそれぞれから1,500万円を贈与により取得した場合（合計で3,000万円を取得した場合）であったとしても非課税限度額は1,500万円であり、差額の1,500万円については、その贈与により取得した年分の贈与税の課税対象となります。

❷ 直系尊属となる贈与者の範囲

　直系尊属とは、受贈者の父母、祖父母及び曽祖父母などをいいます。したがって、民法727条に規定する養子縁組による親族関係がある場合を除き、受贈者の配偶者の直系尊属（例えば、受贈者の妻の父母、祖父母。つまり受贈者からみれば義理の父母、祖父母）は含まれないため留意が必要です。

図表5-3 非課税限度額の考え方

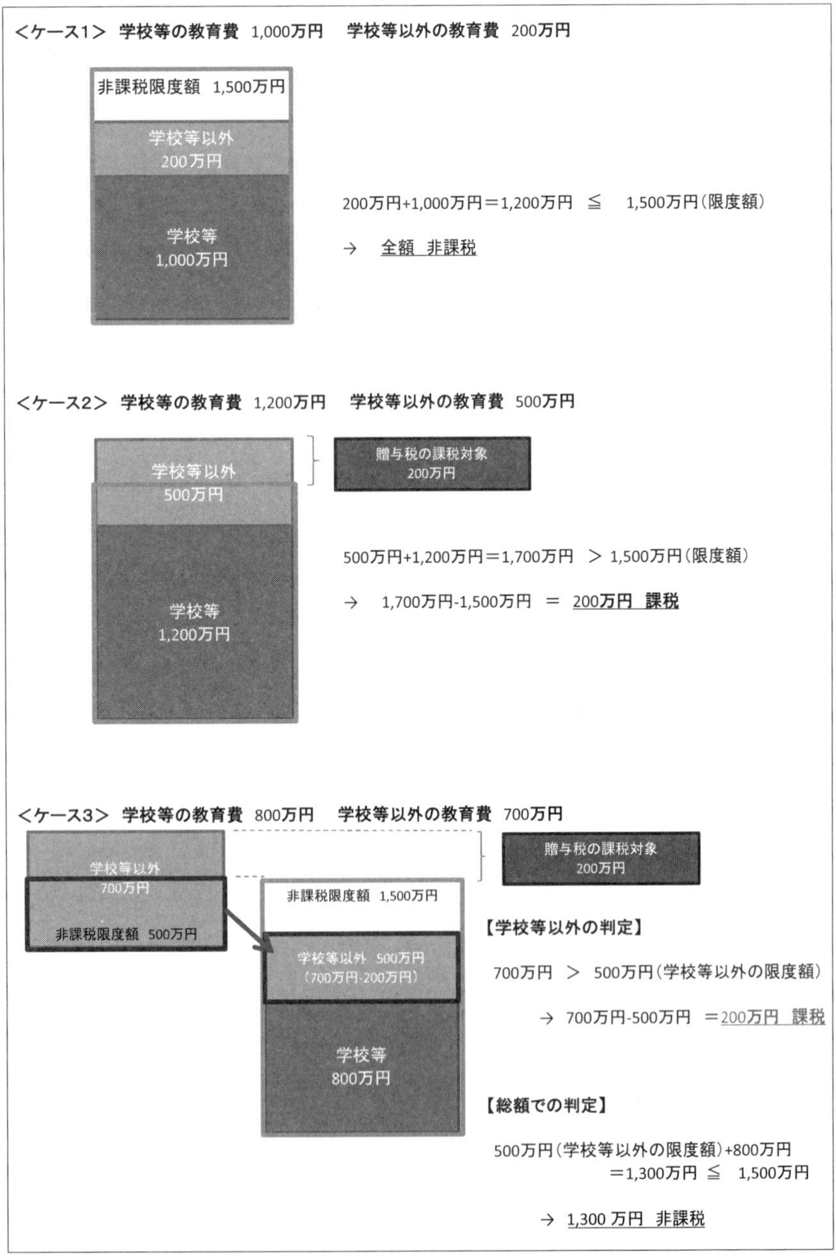

＜ケース1＞ 学校等の教育費 1,000万円　学校等以外の教育費 200万円

非課税限度額 1,500万円
- 学校等以外 200万円
- 学校等 1,000万円

200万円＋1,000万円＝1,200万円 ≦ 1,500万円（限度額）

→ 全額 非課税

＜ケース2＞ 学校等の教育費 1,200万円　学校等以外の教育費 500万円

- 学校等以外 500万円
- 学校等 1,200万円

贈与税の課税対象 200万円

500万円＋1,200万円＝1,700万円 ＞ 1,500万円（限度額）

→ 1,700万円－1,500万円 ＝ 200万円 課税

＜ケース3＞ 学校等の教育費 800万円　学校等以外の教育費 700万円

- 学校等以外 700万円
- 非課税限度額 500万円

非課税限度額 1,500万円
- 学校等以外 500万円（700万円－200万円）
- 学校等 800万円

贈与税の課税対象 200万円

【学校等以外の判定】

700万円 ＞ 500万円（学校等以外の限度額）

→ 700万円－500万円 ＝ 200万円 課税

【総額での判定】

500万円（学校等以外の限度額）＋800万円
　　　＝1,300万円 ≦ 1,500万円

→ 1,300万円 非課税

5-3 オーナーの会社に対する貸付金を自社株へ転換（DES）

[1] DESの概要

　デット・エクイティ・スワップ（Dept Equity Swap、以下、「DES」という）とは、債務（Dept）と資本（Equity）を交換（Swap）することをいいます。DESによって債務者側（会社）では、借入金等の債務が資本金に振り替えられ、債権者側（通常、事業承継の場面ではオーナー一族）では、債権（貸付金など）が自社株に振り替えられます。

　DESは、主に経営不振の過剰債務に陥っている企業を再建させるために債権者が行う金融支援の1つとして利用されています。

　事業再生におけるDESのメリットは、単なる債権放棄よりも、株主として経営に関与することができるだけでなく、その企業が実際に再建を果たした場合にDESにより取得した株式からキャピタルゲインやインカムゲインを得ることが可能と考えられます。

[2] 事業承継におけるDESの主な税務上の取扱い

　会社法上は、弁済期が到来した金銭債権を額面金額（負債の帳簿価額）以下で現物出資した場合には、検査役の調査が不要とされ、通常は金銭債権の額面金額（帳簿価額）が増加資本金となります（会社法207⑨五）。

　一方、税務上は、現物出資された債権の時価相当額が増加資本金等となり、帳簿価額と時価の差額がある場合には債務免除益が生じて、その免除益が益金算入されると考えられます（法令8①一）。

> **会社法第207条**　株式会社は、第199条第1項第3号に掲げる事項を定めたときは、募集事項の決定の後遅滞なく、同号の財産（以下この節において「現物出資財産」という。）の価額を調査させるため、裁判所に対し、検査役の選任の申立てをしなければならない。

2～8　（省略）
9　前各項の規定は、次の各号に掲げる場合には、当該各号に定める事項については、適用しない。
一～四　（省略）
五　現物出資財産が株式会社に対する金銭債権（弁済期が到来しているものに限る。）であって、当該金銭債権について定められた第199条第1項第3号の価額が当該金銭債権に係る負債の帳簿価額を超えない場合　当該金銭債権についての現物出資財産の価額

（資本金等の額）
法人税法施行令第8条第1項第1号
一　株式（出資を含む。以下第10号までにおいて同じ。）の発行又は自己の株式の譲渡をした場合（次に掲げる場合を除く。）に払い込まれた金銭の額及び<u>給付を受けた金銭以外の資産の価額</u>その他の対価の額に相当する金額からその発行により増加した資本金の額又は出資金の額（法人の設立による株式の発行にあつては、その設立の時における資本金の額又は出資金の額）を減算した金額
イ～リ　（省略）
（注）下線部を筆者加筆

　DESは、上述の通り主に事業再生の場面で債務者企業を再建させる目的で債権者である金融機関がDESを行うことで、債務者の将来収益から回収をはかる手段として利用されているケースが多いと思われます。通常、そのような場面におけるDESの対象となる債権は、債務超過に陥っている企業に対するものであるため、時価が帳簿価額を下回ることで生ずる債務免除益課税の問題をどのように解決していくか（つまり、免除益と相殺可能な損失や欠損金があるか）が税務上の課題となります。

　しかし、事業承継の場面においては、DESの対象債権について回収可能性が問題とされることは限定的で帳簿価額＝時価となるケースが多いと思われます。したがって、例えば、DESの対象債権の帳簿価額＝時価という前提で考えると、オーナー個人の会社に対する債権をDESした場合の会社の税務処理は、現物出資した債権の帳簿価額が消滅すると同時に同額の資本金等が増加することになります。一方、オーナー個人では、時価で債権譲渡を行うと同時に、同額の自社株を取得することになり、譲渡損益の認識は行わないと考えら

れます。なお、自社株の評価に関しては、DESによる増加株式数を確定させるため、時価ベースの1株当たりの評価額を算定しておく必要があるため留意が必要です。また、DESによる新株発行は第三者割当増資になると考えられるため、時価よりも低い価額で新株を発行（いわゆる有利発行）した場合の課税関係については3-2 [1] ❹〜❻を参照ください。

法人間で行われたDESに関しては、組織再編税制が適用されることになります。したがって、DESによる現物出資が税制適格なのか非適格なのかのより課税関係が異なります。通常、DESによる現物出資が行われた場合には、単に金銭債権を現物出資しただけであるため、現物出資事業に係る主要な資産及び負債の引継要件や、従業員の引継要件、事業継続要件などを満たさないため非適格現物出資になると考えられ、債権は時価で移転することになります。しかし、親子会社や兄弟会社で完全支配関係のある法人間でDESが行われた場合には、適格現物出資となり対象債権は簿価で移転すると考えられます（法法2一二の一四他）。

[3] DESによる自社株評価の影響

類似業種比準方式は、評価会社の「Ⓑ＝評価会社の1株当たりの配当金額」、「Ⓒ＝評価会社の1株当たりの利益金額」、「Ⓓ＝評価会社の1株当たりの純資産価額」について「1株当たりの資本金等の額を50円とした場合の発行済株式数」を基に計算します。

DESにより直前期末の発行済株式総数が増加するため、「1株当たりの資本金等の額を50円とした場合の発行済株式数」も増加し、Ⓑ、Ⓒ、Ⓓそれぞれの金額が下がる可能性があります。なお、DESによる発行株式総数がどのくらいになるのかは、1株当たり発行価額（通常は、第三者割当増資と考えられるため時価発行）が重要となるため、あらかじめ発行価額を試算して、その影響がどの程度あるのかシミュレーションすることをおすすめします。

純資産価額方式の関しては、DESによる発行価額がDES前の1株当たりの純資産価額よりも低ければDES後の純資産価額が引き下げられる結果となり

ます。したがって、あらかじめその影響額をシミュレーションする必要があります。

[4] 税金対策上の留意点（行為計算否認の可能性）

　DESが、オーナー一族の相続税や贈与税の節税目的のみで行われた場合には、将来の税務調査でDESがなかったものとして相続税を計算して、追徴税等のペナルティを課すことができます（相法64①）。

> **（同族会社等の行為又は計算の否認等）**
> **相続税法第64条**　同族会社等の行為又は計算で、これを容認した場合においてはその株主若しくは社員又はその親族その他これらの者と政令で定める特別の関係がある者の相続税又は贈与税の負担を不当に減少させる結果となると認められるものがあるときは、税務署長は、相続税又は贈与税についての更正又は決定に際し、その行為又は計算にかかわらず、その認めるところにより、課税価格を計算することができる。

　したがって、税務当局とのトラブルを回避するため、DESを実行する合理的な理由（例えば、会社の財務体質の強化や事業承継を機に債権よりも値上りが期待できる株式として保有することの経済合理性の判断に基づくものなど）を適切に説明できる準備が必要です。

5-4 不動産管理会社の活用

[1] 不動産管理会社による節税効果

　不動産管理会社を利用した節税効果には、一般的には、不動産を保有する者に集中する不動産賃貸収入を相続人等が出資した不動産管理会社を通じて役員となった親族等へ給与を支払うことにより分散させ、不動産を保有する者の不動産所得に係る所得税等を節税できるほか、年間の不動産収入に係る相続財産の増加を防ぐ効果が期待できます。また、親族等が得た給与収入は、将来の相続税の納税資金として確保することが可能です。さらに、不動産管理会社にプールされた内部留保を役員退職金として支給することで所得税等を軽減させることが可能と考えられます。

[2] 一般的な不動産管理会社の形態

　不動産管理会社の形態は、一般的には①管理委託方式、②サブリース方式、③不動産保有方式の3つがあります。
　①管理委託方式は、不動産管理会社がオーナー一族などの保有する不動産の管理（例えば、賃料収入の管理、物件のメンテナンス、入居者の募集、契約等について外部の不動産会社とやりとりするなど）を行い、オーナー一族などから管理委託料を徴収する方法です。管理委託料の水準は、賃料収入の5％程度といわれているようですが、その水準について税務当局と争われるケースが少なくありません。
　②サブリース方式は、不動産オーナーから賃貸用不動産を一括で借り上げ、その不動産の運営及び管理を行う方法です。不動産管理会社は入居者から賃料収入を得て不動産オーナーへ一括借上げに伴う賃料を支払います。すなわち、不動産管理会社の収入源は、入居者からの賃料収入の上澄み部分となります。通常、不動産管理会社は賃貸物件の空室リスクを負うことになるため、①管理

委託方式よりも高額な管理委託料を得ることが可能と考えられますが、10％程度が目安と言われているようです。

図表5-4　不動産管理会社の形態

形態	特徴	留意点	節税効果
① 管理委託方式	✓不動産の管理（賃料収入の管理や建物の清掃等のメンテナンス）を行うことにより、不動産オーナーから管理委託料を徴収する。 ✓右記の通り、徴収可能な管理委託料には限界があり、賃料収入の分散の効果は高くはない。	✓管理委託料の水準をめぐり、税務当局と争われるケースが少なくない。 ✓一般的には、5％程度が目安と言われているようである。	△
② サブリース方式	✓不動産オーナーから賃貸用不動産を一括で借り上げ、不動産の運営及び管理を行う。 ✓入居者から賃料収入を得て、不動産オーナーへ一括借上げに伴う賃貸料を支払う。 ✓右記の通り、徴収可能な管理委託料には限界があり、賃料収入の分散の効果は高くはない点は、管理委託方式と同様。	✓管理委託料の水準をめぐり、税務当局と争われるケースが少なくない。 ✓賃貸不動産の空室リスクは、不動産管理会社が負うため、管理委託方式よりも管理委託料は高額となるが、一般的には、10％程度が目安と言われているようである。	△
③ 不動産保有方式	✓不動産管理会社が、不動産オーナーから不動産を取得し、または、金融機関等から融資を受けて不動産オーナーが保有する宅地の上に賃貸用不動産を建設する。 ✓入居者からの不動産収入をすべて会社で得ることが可能となるため、賃貸収入の分散の効果は高い。 ✓不動産オーナーが土地のみ保有する場合には、一般的には、不	✓管理会社に対して、不動産取得税等の流通税が課される。 ✓不動産オーナーは、不動産を管理会社へ売却し、譲渡益が発生した場合には、20％の譲渡所得税等（譲渡年の1月1日で5年超保有）が課される。 ✓不動産オーナーが土地、管理会社が建物を保有する場合には、管理会社が支払う地代に関しては、税務上の取扱いに	◎

| | 動産管理会社から地代を得ることになる。 | ついて慎重な検討が必要。 | |

　管理委託料の水準については、①と同様に税務当局と争われるリスクがあります。争われる理由は、①、②いずれも管理委託料の水準がその物件の場所や空室状況などに大きく影響を受けるので一律に定めることが難しいからと思われます。

　③不動産保有方式は、不動産オーナーから不動産（通常は建物部分）を取得し、または、金融機関等から融資を受けて不動産オーナーが保有する宅地の上に賃貸用不動産を建設する方法です。不動産の所有関係が、土地が不動産オーナー、建物部分が不動産管理会社となった場合には、不動産管理会社は、不動産オーナーへ地代を支払うことになります。相続税対策では、③不動産保有方式を活用すると、例えば、賃貸用不動産を個人が保有していた場合において、建物部分を不動産管理会社へ売却すれば、個人で課税されていた不動産収入を不動産管理会社へ付け替えることが可能であるため高い節税効果が期待できます。ただし、売却の際に不動産取得税や登録免許税等の流通税や、建物部分について売却益が生じた場合に長期保有（売却年の1月1日において保有期間5年超）であれば原則として税率20％の譲渡所得税等が課税されるため留意が必要です。

[3] 不動産保有方式を選択する際の税金対策上の取扱いと留意点

　古くから不動産を保有している場合、過去の相続による遺産分割により親族等で共有となっているケースが多いと思われます。

　不動産を共有のままにしておくと、その共有持分を保有している者の相続が発生すれば、さらに持分がその者の相続人へ分散されると考えられるため、不動産の用途を変更したり、処分する必要が生じたときに話がまとまらなくなるおそれがあります。

このようなリスクを回避する方法の1つとして、「不動産の法人化」が考えられます。不動産の法人化は、とりわけ不動産オーナー個人に課される所得税等（最高税率50％。平成27年度分以降は55％）よりも会社に課される法人税等（現行の実効税率35％程度）の方が低いため、不動産収入を会社に付け替えることで節税メリットを享受することが可能です。その他、もっぱら不動産の名義を不動産管理会社とすることで不動産の分散化を防ぎ節税しながら不動産からあがる収益を効率よくプールし、相続税の納税資金を確保する仕組みとして活用することが考えられます。

　ここでは、賃貸用不動産（土地・建物）を保有している個人が建物部分をその個人の親族等が出資した不動産管理会社へ売却（売却後の保有関係が土地：親族、建物：会社となる）して、会社が個人から土地を借りて不動産賃貸業を行う際の税務上の取扱いと税金対策上の留意点を解説します。なお、賃貸用不動産は、土地の賃貸借に伴い権利金を収受する地域にあることを前提とします。なお、この権利金の収受する地域に該当するかの判断は、その地域の取引慣行のほか、相続税評価上の借地権割合が30％未満である場合も同様に取り扱われるものと解されています。

　賃貸用不動産の保有関係が土地：個人、建物：会社となった場合の土地を借りる際の取引形態としては、個人はその土地の賃貸借に伴い借地権の設定の対価として①権利金を収受する、②権利金に替えて相当の地代を収受する、③権利金も相当の地代も収受しない、④賃貸借契約に替えて使用貸借契約を締結する方法などが考えられます。

❶　権利金を収受する場合

　個人が①権利金を収受することになれば、その収受した金額が土地の価額（時価）の50％超であれば土地の部分的な譲渡が行われたものとして譲渡所得（所令79①、措法31他）が、50％以下であれば不動産所得として所得税等が課され、会社が支払った権利金は借地権（非減価償却資産）として資産計上することになります。通常、同族関係者間では、個人の所得税等の負担や会社の一時

的な資金負担が発生するため、権利金のやりとりが行われることは少ないと思われます。なお、この場合において、賃貸借に伴い通常の地代（その地域において通常の賃貸借契約に基づいて通常支払われる地代）を支払う場合の相続税及び贈与税における宅地の評価は、個人の保有する土地は貸宅地として、会社の自社株評価は、純資産価額方式による計算上は借地権として、財産評価基本通達に従った評価になると考えられます。

❷ 権利金に替えて相当の地代を収受する場合

①権利金を収受することで一時の所得税等が課税されるのを回避するため、②権利金に替えて相当の地代を収受することが考えられます。しかし、会社が支払う相当の地代は、課税上の弊害がない限り自用地価額（借地権設定等する年以前3年間の相続税評価額の平均値）のおおむね年6％程度の水準とされている（法令137、法基通13-1-2、法人税関係個別通達「法人税の借地権課税における相当の地代の取扱いについて」平成元年3月30日直法2-2）ため、会社は近隣の相場に比べて高額な地代を個人へ支払う必要があり、不動産収入を会社へ付け替えることによる節税効果がうすれると考えられます。この場合の相続税及び贈与税における個人の土地の評価は、その土地の自用地としての相続税評価額の80％相当額となり、一方、会社の自社株評価の計算上の純資産価額方式での借地権の評価は、土地の自用地としての相続税評価額の20％相当額を純資産価額に算入することで、土地の評価額が個人と法人を通じて100％の評価額となるようにバランスがはかられています（「相当の地代を支払っている場合等の借地権等についての相続税及び贈与税の取扱いについて」昭和60年6月5日課資2-58以下「相当の地代通達」3、「相当の地代を収受している貸宅地の評価について」昭和43年10月28日直資3-22なお書）。

❸ 権利金も相当の地代も収受しない場合

③権利金も相当の地代も収受しない場合には、原則として個人から会社へ相当の地代に満たない部分に相当する借地権の価額の贈与があったものとして、

会社で受贈益が認識され法人税等が課される（借地権の認定課税が行われる）ことになります（法基通13-1-3）。

借地権の認定課税を回避する方法として、「土地の無償返還の届出書」を所轄の税務署長または国税局長へ提出することが考えられます。この届出書は、借地権の設定に係る契約書において、将来借地人がその土地を無償で返還することが定められており、かつ、その旨を借地人との連名の書面により遅滞なく提出（通常は借地権設定のあった最初に到来する確定申告期限と解されている）する必要があります（法基通13-1-7）。

なお、土地所有者が個人である場合には、会社が支払う地代と相当の地代との差額についての認定課税は行われないため（次の使用貸借の場合も同じ）、土地保有者である個人と借地人である不動産管理会社に対して通常は課税関係が生じないと考えられます。

「土地の無償返還の届出書」が提出されている場合の相続税及び贈与税における土地の評価は、相当の地代を収受している場合と同様の考え方となります（相当の地代通達8）。なお、税務上、地代の金額については、次の使用貸借とされない水準（公租公課の2倍～3倍程度とする考え方がある）に設定する必要があるため留意が必要です。

❹ 使用貸借契約を締結する場合

使用貸借とは、民法593条に規定する契約をいいます。したがって、例えば、土地の借地人と所有者との間にその土地の公租公課に相当する金額以下の金額の授受があるにすぎないものはこれに該当します（相続税関係個別通達「使用貸借に係る土地についての相続税及び贈与税の取扱いについて」昭和48年11月1日直資2-189）。

> **（使用貸借）**
> **民法第593条** 使用貸借は、当事者の一方が無償で使用及び収益をした後に返還をすることを約して相手方からある物を受け取ることによって、その効力を生ずる。

使用貸借契約を締結する場合には、原則として個人から会社へ相当の地代に満たない部分に相当する借地権の価額の贈与があったものとして、会社で受贈益が認識され法人税等が課される（借地権の認定課税が行われる）ことになりますが、③と同様に「土地の無償返還の届出書」を所轄の税務署長または国税局長へ提出することで回避することが可能と考えられます（法基通13-1-3、13-1-7）。なお、この場合の相続税及び贈与税における個人の土地の評価は、使用貸借の法的性格上、借地権が存在しないと考えられるため、土地の自用地としての相続税評価額となり、会社の自社株評価における純資産価額方式計算上の借地権は評価しないと考えられます。

図表5-5

土地の無償返還に関する届出書

※整理事項　1 土地所有者　2 借地人等

整理簿番号　確認

受付印

平成　年　月　日

国税局長
税務署長　殿

土地所有者　　　　　は、（借地権の設定等／使用貸借契約）により下記の土地を平成　年　月　日から　　　　　に使用させることとしましたが、その契約に基づき将来借地人等から無償で土地の返還を受けることになっていますので、その旨を届け出ます。

なお、下記の土地の所有又は使用に関する権利等に変動が生じた場合には、速やかにその旨を届け出ることとします。

記

土地の表示

　所　在　地　＿＿＿＿＿＿＿＿＿＿＿＿＿＿＿＿＿＿＿＿

　地目及び面積　＿＿＿＿＿＿＿＿＿＿＿＿＿＿＿＿　㎡

	（土地所有者）	（借地人等）
住所又は所在地	〒　　電話（　）－	〒　　電話（　）－
氏名又は名称	㊞	㊞
代表者氏名	㊞	㊞

	（土地所有者が連結申告法人の場合）	（借地人等が連結申告法人の場合）
連結親法人の納税地	〒　電話（　）－	〒　電話（　）－
連結親法人名等		
連結親法人等の代表者氏名		

借地人等と土地所有者との関係　＿＿＿＿＿＿

借地人等又はその連結親法人の所轄税務署又は所轄国税局　＿＿＿＿＿＿

20.06改正

（契約の概要等）

1　契約の種類　　_____

2　土地の使用目的　_____

3　契約期間　平成　　年　　月　～　平成　　年　　月

4　建物等の状況

　(1)　種　　　類　_____

　(2)　構造及び用途　_____

　(3)　建築面積等　_____

5　土地の価額等

　(1)　土地の価額　　　　　　　　　円　（財産評価額　　　　　円）

　(2)　地代の年額　　　　　　　　　円

6　特約事項　_____
　　　　　　　_____

7　土地の形状及び使用状況等を示す略図

8　添付書類　(1)　契約書の写し　(2)　_____

(法1337－1)

第6章

10年スパンで考える【中期】の税金対策

6-1 養子縁組

[1] 養子縁組活用による相続税の節税効果

養子縁組をすると、税金計算上「法定相続人の数」が増加することになります。

法定相続人の数とは、民法上の相続人で相続の放棄があった場合には、その放棄がなかったものとした場合の相続人の数をいいます。すなわち、相続人のうち相続放棄した相続人がいたとしても、税金計算上は相続人であるとして相続人の数をカウントすることになります（相法15②）。しかし、相続税の申告期限（原則として相続開始があったことを知った日の翌日から10月以内）に出生していない胎児は法定相続人の数から除かれます（相基通15-3）。

次のいずれかに当てはまる人は、実の子供としてみなされるためすべて法定相続人の数に含まれます（相法15③、相令3の2）。

- ✓ 被相続人との特別養子縁組により被相続人の養子となっている人
- ✓ 被相続人の配偶者の実の子供で被相続人の養子となっている人（配偶者の連れ子を養子としたケース）
- ✓ 被相続人と配偶者の結婚前に特別養子縁組によりその配偶者の養子となっていた人で、被相続人と配偶者の結婚後に被相続人の養子となった人

なお、特別養子縁組制度とは、貧困や捨て子など、実親による養育が困難・期待できないなどの理由で、子の利益とならないようなケースに対応するため、養親が実の親として養子を養育するための制度です。原則として6歳未満の未成年者の福祉のため特に必要があるときに、未成年者とその実親側との法律上の親族関係を消滅させ、実親子関係に準じる安定した養親子関係を家庭裁判所が成立させます。そのため、養親となる者は、配偶者があり原則として25歳以上の者で夫婦共同で養子縁組をする必要があります。また、離縁は原則と

して禁止されており、普通の養子縁組の要件より厳格に定められています。

　そのほか、相続人のうちに代襲相続人であり、かつ、被相続人の養子となっている者がある場合にも、その者は実子1人として法定相続人の数に含めて計算します。なお、この場合の相続分は、代襲相続人としての相続分と養子としての相続分との双方を有することになります（相基通15-4）。

　代襲相続とは、相続人となるべき被相続人の子が、①相続の開始以前に死亡したとき、②民法891条の相続人の欠格事由に該当するとき、もしくは③廃除によって、その相続権を失ったときにおいて、その者の子（相続人となるべき被相続人の子のさらにその子供。代襲者という）がこれを代襲して相続人となることをいいます。ただし、被相続人の直系卑属でない者には、代襲相続は適用されません（民法887①、②）。なお、代襲相続人の判定上、民法887条2項に規定する「被相続人の直系卑属」とは、相続開始前に死亡した被相続人の子を通じて「被相続人の直系卑属」でなければならないと解されています。したがって、養子縁組前に出生した養子の子は、これに該当せず代襲相続人にならないと考えられます。

　また、代襲者が上記①～③に該当するため代襲相続権を失った場合にも準用されます（民法887③）。なお、被相続人の兄弟姉妹が相続人となった場合においても、その兄弟姉妹の子は代襲相続が認めれらていますが、兄弟姉妹の孫や曾孫らについての代襲相続は認められていません（民法889②）。

（子及びその代襲者等の相続権）
民法第887条　被相続人の子は、相続人となる。
2　被相続人の子が、相続の開始以前に死亡したとき、又は第891条の規定に該当し、若しくは廃除によって、その相続権を失ったときは、その者の子がこれを代襲して相続人となる。ただし、被相続人の直系卑属でない者は、この限りでない。
3　前項の規定は、代襲者が、相続の開始以前に死亡し、又は第891条の規定に該当し、若しくは廃除によって、その代襲相続権を失った場合について準用する。

（直系尊属及び兄弟姉妹の相続権）
民法第889条　次に掲げる者は、第887条の規定により相続人となるべき者がない場合には、次に掲げる順序の順位に従って相続人となる。

一　被相続人の直系尊属。ただし、親等の異なる者の間では、その近い者を先にする。
　二　被相続人の兄弟姉妹
　2　第887条第2項の規定は、前項第2号の場合について準用する。

　法定相続人の数が増加すると、以下のような節税効果が生じると考えられます。

❶ 相続税の基礎控除額の増加による節税効果

　相続税の基礎控除は、以下の算式により計算されます（相法15①）。

> 5,000万円 ＋ 1,000万円 × 法定相続人の数
>
> （平成27年1月1日以後の相続または遺贈により取得する財産に係る相続税については、3,000万円＋600万円×法定相続人の数）

　したがって、法定相続人の数が増加すると1人当たり1,000万円（または600万円）増加するため、課税される相続財産の額を減らすことが可能です。なお、法定相続人の数がゼロである場合には、5,000万円（または3,000万円）となります（相基通15-1）。

❷ 生命保険金の非課税枠増加による節税効果

　被相続人の死亡により取得した一定の生命保険金や損害保険金で、その保険料の全部または一部を被相続人が負担していたものは、相続税の課税対象となります（相法3①一）。

　しかし、保険金受取人が相続人（相続を放棄した人や相続権を失った人を除く）である場合に、その相続人の保険金受取額の合計額が以下の算式によって計算した非課税限度額以下であるときは、その保険金は相続税が課されません（相法12①五）。

> 500万円×法定相続人の数＝非課税限度額

　したがって、法定相続人が増加すると相続税計算上は、1人当たり500万円

の非課税枠が増加し、より多くの死亡保険金を無税で受け取ることが可能となります。

なお、相続を放棄した者または相続権を失った者が取得した保険金については、この非課税を適用できないため留意が必要です（相基通12-8）。また、保険金を取得した被相続人の養子（相続を放棄した者を除く）については、取得した保険金の範囲で全員が非課税の適用を受けることが可能です（相基通12-9注書）。この点については下記【2】養子の数の制限と取扱いが異なります。

❸ 死亡退職金の非課税枠増加による節税効果

被相続人の死亡によって、被相続人に支給されるべきであった一定の退職手当金を遺族が受け取る場合で、被相続人の死亡後3年以内に支給が確定したものは、相続財産とみなされて相続税の課税対象となります（相法3①二）。

しかし、相続人（相続を放棄した人や相続権を失った人を除く）が受け取った退職手当金の合計額が、以下の非課税限度額以下のときは、その退職手当金は相続税が課されません（相法12①六）。

```
500万円×法定相続人の数＝非課税限度額
```

したがって、法定相続人が増加すると相続税計算上は、1人当たり500万円の非課税枠が増加し、より多くの死亡退職金を無税で受け取ることが可能となります。

なお、相続を放棄した者または相続権を失った者が取得した退職手当金や被相続人の養子（相続を放棄した者を除く）が取得した退職手当金の取扱いについては、上記生命保険金の非課税金額の取扱いを準用します（相基通12-10）。すなわち、相続を放棄した者または相続権を失った者が取得した退職手当金はこの非課税の適用はできず、退職手当金を取得した被相続人の養子（相続を放棄した者を除く）は、取得した退職手当金の範囲で全員が非課税の適用を受けることが可能と考えられます。

❹ 相続税の総額計算上の節税効果

相続税の計算は、下記の通り相続税の課税対象とされる遺産の総額を法定相続分で取得すると仮定して、超過累進税率による6段階（平成27年1月1日以降の相続税については8段階）の税率を乗して計算します（相法16）。すなわち、相続税の総額を計算する場合には、遺産が分割されたかどうかにかかわらず、また、相続または遺贈によって財産を取得した者が誰であるかにかかわらず、相続税の課税価格の合計額から遺産に係る基礎控除額を控除した後の金額を、法定相続人の数及び民法の規定による相続分に応じて取得したものとして計算することになります（相基通16-1）。

法定相続人が増えると遺産がさらに細分化され、より低い税率を適用することが可能と考えられます。

[2] 養子の数の制限

法定相続人の数に含める被相続人の養子の数には、上記のような節税効果が期待できるため、一定の制限を課しています。具体的には、実子（血縁関係のある子供）の有無により以下の通り制限されています（相法15②）。

① 実子あり……養子を1人のみ法定相続人の数に算入可能
② 実子なし……養子を2人まで法定相続人の数に算入可能

[3] 養子縁組活用の留意点

❶ 孫を養子とすると孫の相続税が2割増に

被相続人の孫を養子（いわゆる孫養子）としていた場合、孫養子に係る相続税には、通常の相続税の2割が加算されるため留意が必要です（相法18①）。ただし、孫養子が代襲相続人（相続人が相続の開始以前に死亡し、またはその他の事由により相続権を失ったときに、その者の子が代わって相続する場合の相続人）である場合には、この2割加算の制度は適用されません（相法18②）。なお、その代襲相続人となるべき孫養子が相続を放棄した場合には、相続税の2割加

図表6-1

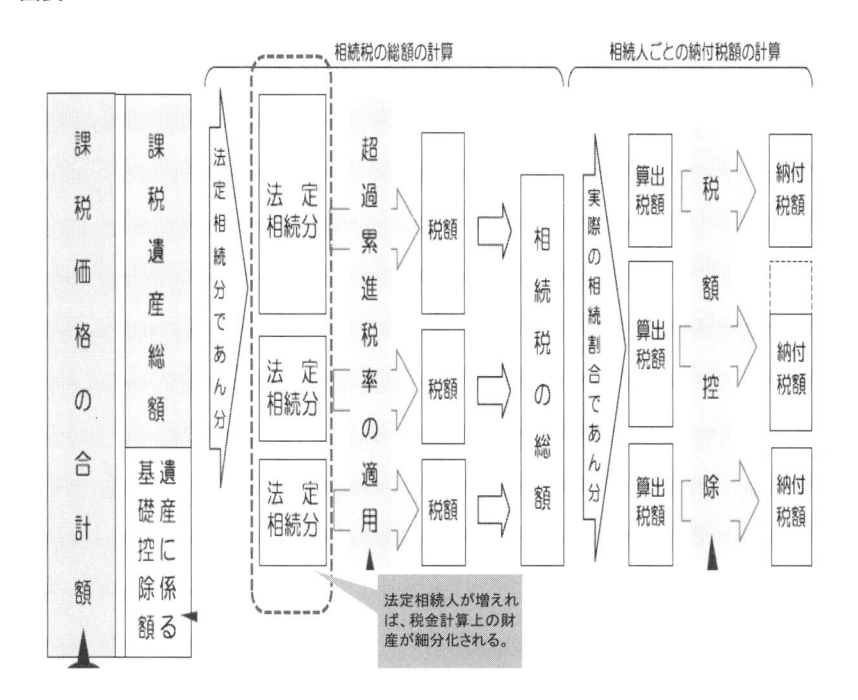

課税価格の合計額 → 課税遺産総額（基礎控除に係る遺産）

相続税の総額の計算
法定相続分であん分 → 法定相続分 → 超過累進税率の適用 → 税額 → 相続税の総額

相続人ごとの納付税額の計算
実際の相続割合であん分 → 算出税額 → 税額控除 → 納付税額

法定相続人が増えれば、税金計算上の財産が細分化される。

<平成26年中の相続税に適用される税率>

各人の取得金額（課税標準額）	税率	控除額
1,000万円以下	10%	—
3,000万円以下	15%	50万円
5,000万円以下	20%	200万円
1億円以下	30%	700万円
3億円以下	40%	1,700万円
3億円超	50%	4,700万円

<平成27年以降の相続税に適用される税率>

各人の取得金額（課税標準額）	税率	控除額
1,000万円以下	10%	—
3,000万円以下	15%	50万円
5,000万円以下	20%	200万円
1億円以下	30%	700万円
2億円以下	40%	1,700万円
3億円以下	45%	2,700万円
6億円以下	50%	4,200万円
6億円超	55%	7,200万円

算の適用対象とされるため留意が必要です。

> **（相続税額の加算）**
> **相続税法第18条**　相続又は遺贈により財産を取得した者が当該相続又は遺贈に係る被相続人の一親等の血族（当該被相続人の直系卑属が相続開始以前に死亡し、又は相続権を失つたため、代襲して相続人となつた当該被相続人の直系卑属を含む。）及び配偶者以外の者である場合においては、その者に係る相続税額は、前条の規定にかかわらず、同条の規定により算出した金額にその百分の二十に相当する金額を加算した金額とする。
> 2　前項の一親等の血族には、同項の被相続人の直系卑属が当該被相続人の養子となつている場合を含まないものとする。ただし、当該被相続人の直系卑属が相続開始以前に死亡し、又は相続権を失つたため、代襲して相続人となつている場合は、この限りでない。

❷　節税のみを目的とした養子縁組による税務否認リスク

養子の数を法定相続人の数に含めることで相続税の負担を不当に減少させる結果となると認められる場合には、その原因となる養子の数を含めることはできないため留意が必要です（相法63）。

> **（相続人の数に算入される養子の数の否認）**
> **相続税法第63条**　第15条第2項各号に掲げる場合において当該各号に定める養子の数を同項の相続人の数に算入することが、相続税の負担を不当に減少させる結果となると認められる場合においては、税務署長は、相続税についての更正又は決定に際し、税務署長の認めるところにより、当該養子の数を当該相続人の数に算入しないで相続税の課税価格（第19条又は第21条の14から第21条の18までの規定の適用がある場合には、これらの規定により相続税の課税価格とみなされた金額）及び相続税額を計算することができる。

❸　遺産分割でもめる可能性が増加する

養子も民法上相続権があり、相続人が増えることにより遺産分割協議が進まなくなる可能性があります。したがって、節税だけでなく遺産分割のことも同時に検討する必要があります。

❹　連れ子の養子縁組を検討する

子連れ同士の再婚のするようなケースでは、養子縁組を忘れると、相手方の

子に財産が相続されない事態が想定されます。したがって、連れ子を養子縁組することを検討する必要があります。

6-2 組織再編（合併、会社分割等の活用）

[1] 自社株対策として利用される組織再編の例

❶ 合併（類似業種比準方式の活用）

合併は、会社の全資産及び負債、従業員、契約関係等を含め会社全体を丸ごと（包括的に）他の会社が承継する手法です。

自社株対策の場面では、例えば、純資産価額方式が強制適用される持株会社を合併消滅会社、類似業種比準方式で評価可能な大会社を合併法人とする合併を行い、合併後も類似業比準方式を適用することで、持株会社の純資産価額による評価を影響させないことが可能と考えられます。

❷ 会社分割（高収益事業の持株会社化）

会社分割は、例えば、複数の事業部門を持つ会社が、その一部の事業を切り離して会社組織を分ける手法として利用されます。

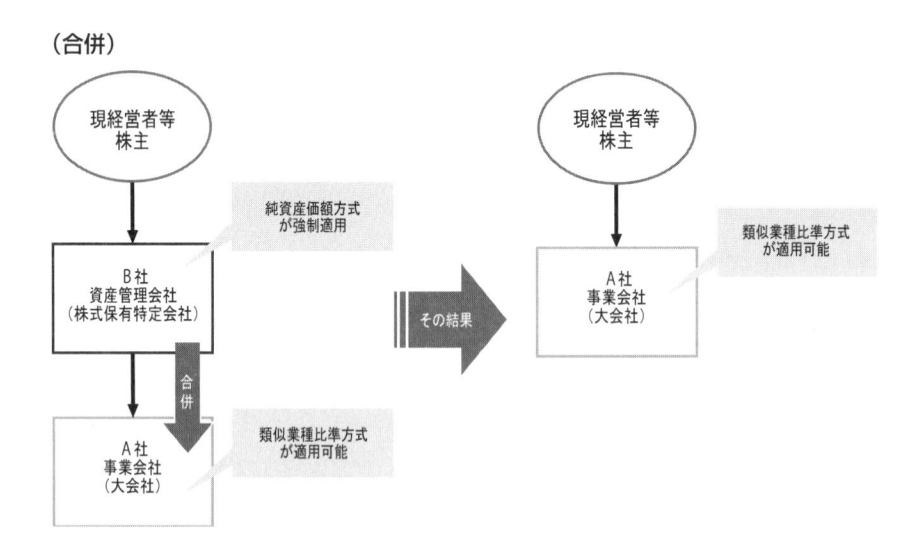

（合併）

自社株対策では、例えば、会社の高収益事業を切り離し、高収益事業を行う会社を子会社にすることで持株会社化させ、保有する高収益事業を行う会社の株式から生ずる含み益について、「評価差額に対する法人税等相当額（含み益の40％相当）」を控除することで自社株の評価の上昇を抑えることが可能と考えられます。また、持株会社が株式保有特定会社に該当しない大会社である場合には、類似業種比準方式を適用して、分社化した高収益事業の収益を持株会社の自社株評価に影響させないことも可能と考えられます。

　高収益事業の分社化による持株会社化は、次の株式交換や株式移転を利用することもできます。

　なお、以上の組織再編は、自社株の評価の上昇を抑制させたり、引き下げる効果があると思われるものに焦点を当てています。しかし、実際の事業承継の場面では、評価の引下げよりも会社の経営方針や取引先との関係において後継者による新しい体制でのマネジメントが適切に行われるかどうかが重要です。これ以外の方法による組織再編による手法も当然考えられるため、それぞれの会社の事情に応じた再編スキームを検討する必要があります。

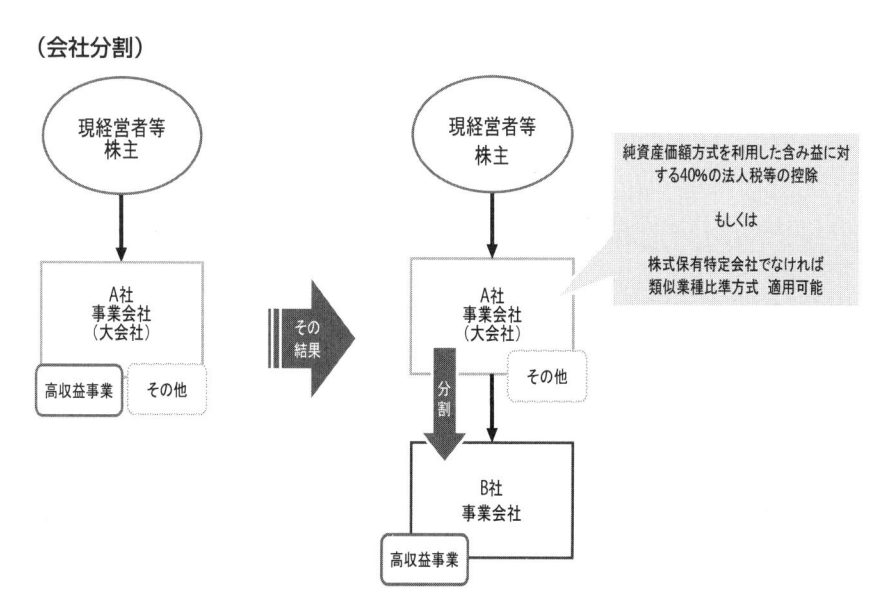

（会社分割）

（図：現経営者等株主がA社事業会社（大会社）を保有し、高収益事業とその他を営んでいる状態から、その結果、A社事業会社（大会社）はその他を残し、高収益事業をB社事業会社へ分割する。

　純資産価額方式を利用した含み益に対する40％の法人税等の控除

　もしくは

　株式保有特定会社でなければ類似業種比準方式 適用可能）

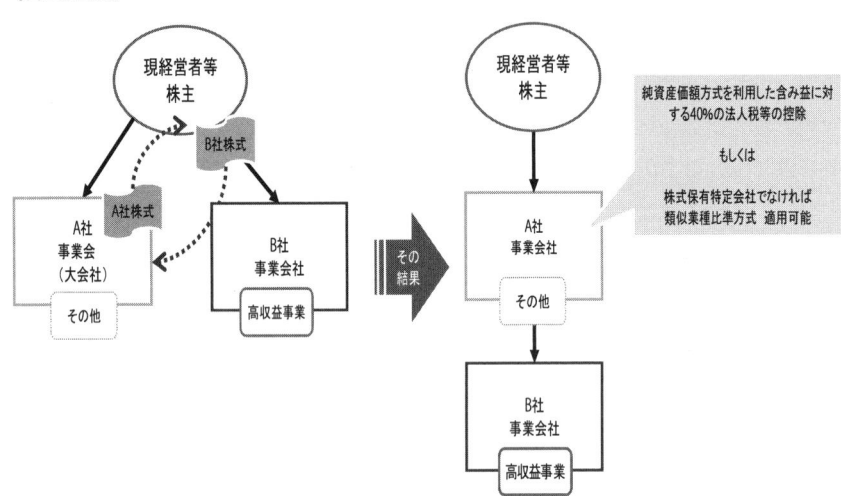

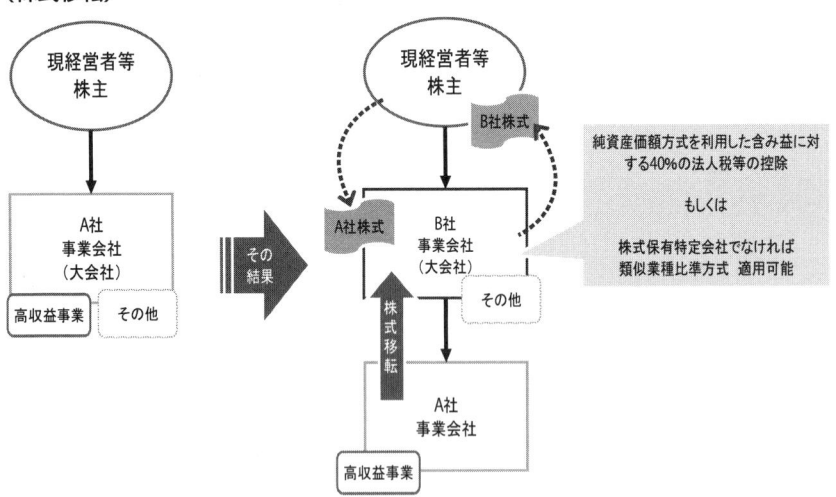

212　第6章　10年スパンで考える【中期】の税金対策

（株式交換）

（株式移転）

[2] 組織再編税制の概要

　原則として、内国法人が、合併、分割等の組織再編により、その法人が有する資産及び負債が他の法人へ移転した場合には、その内国法人では、その資産等が時価で譲渡されたとして譲渡損益を認識することになります（法法62、62の5）。また、内国法人が自己を100％子会社とする株式交換または株式移転を行った場合には、その内国法人が、その株式交換または株式移転の直前において有する一定の資産について時価評価をする必要があります（法法62の9）。

　ただし、次の適格要件を満たす組織再編成で、合併法人等の株式のみの交付（一定の交付金銭等を除き、合併、分割及び株式交換については、合併法人、分割承継法人または株式交換完全親法人の100％親法人の株式のみの交付を含む）をする場合には、その譲渡損益の計上や時価評価を行わないため、法人税等の課税が繰り延べられます。

図表6-2

	企業グループ内の組織再編成	共同事業を営むための組織再編成
適格要件	○100％関係の法人間で行う組織再編成 　・100％関係の継続 ○50％超関係の法人間で行う組織再編成 　①50％超関係の継続 　②主要な資産・負債の移転 　③移転事業従業者の概ね80％が移転先事業に従事（株式交換・株式移転の場合は完全子法人の従業者の継続従事） 　④移転事業の継続（株式交換・株式移転の場合は完全子法人の事業の継続）	①事業の関連性があること ②㈠事業規模（売上、従業員、資本金等）が概ね5倍以内　又は 　㈡特定役員への就任（株式交換・株式移転の場合は完全子法人の特定役員の継続） ③左の②〜④ ④移転対価である株式の継続保有（株主） ⑤完全親子関係の継続（株式交換・株式移転のみ）

出所：財務省HP

　また、株主が合併法人等の株式のみの交付（一定の交付金銭等を除き、合併、

分割及び株式交換については、合併法人、分割承継法人または株式交換完全親法人の100％親法人の株式のみの交付を含む）を受けた場合は、旧株の譲渡損益課税が繰り延べられます。

　事業承継の場面では、M&Aによる事業売却を除けば、通常は「企業グループ内の組織再編成」となるケースが多いと思われます。上記の適格要件を満たすか否かによって課税関係が異なるため留意が必要です。

6-3 子供への住宅取得資金の贈与と住宅ローン控除の適用

[1] 概要

　子供が住宅を取得する場合には、住宅の購入代金の一部を親から贈与を受けてその代金にあて、残りの部分について住宅ローンを組むことが考えられます。

　税務上は、子供が親から住宅を取得するための資金の贈与を受けた場合には、贈与税の基礎控除110万円（相法21の5、措法70の2の3）のほか、一般の住宅であれば平成26年中は500万円（取得する住宅が「省エネ等住宅」の場合1,000万円）までの贈与について一定要件を満たし所定の手続をすることで非課税となります（措法70の2）。つまり、住宅を取得することを前提とすれば、平成26年中は最大で1,110万円の資金を無税で贈与することが可能と考えられます。

　そのほか、贈与を受けた部分以外の金額について住宅ローンを組んだ場合には、一定要件のもと平成26年4月1日以降に居住すると最大で年40万円の所得税等（住宅借入金4,000万円×1％、認定長期優良住宅の場合には、対象となる住宅借入金がさらに1,000万円上乗せされ、最大年50万円）の控除を10年間受けることが可能です（措法41）。

　なお、住宅取得等資金の贈与の特例は、相続時精算課税制度（相法21の9）との併用が可能です。例えば、相続時精算課税制度を選択している子供が、父親から住宅取得資金とその他の贈与を受ける場合には、最大で3,500万円（省エネ等住宅の住宅取得等資金1,000万円＋相続時精算課税の特別控除2,500万円）の財産を無税で贈与することが可能と考えられます（措法70の3）。

[2] 住宅取得等資金の贈与の特例 (措法70の2) 適用のポイント

① 住宅取得等資金の贈与を受けた翌年3月15日までに直系尊属（両親や祖父母など）から贈与を受ける資金の全額を住宅用家屋の新築、取得、増改築等（以下「取得等」。取得等とともにする敷地の取得を含む）の代金に充てて住む、もしくは、取得等した家屋に翌年3月15日後遅滞なく住むことが確実であると見込まれること
② 受贈者の主な要件
　(ア) 次のいずれかに該当する者であること
　　a) 贈与を受けた時に日本国内に住所を有すること
　　b) 贈与を受けた時に日本国内に住所を有しないものの日本国籍を有し、かつ、受贈者又は贈与者がその贈与前5年以内に日本国内に住所を有したことがあること
　　c) 贈与を受けた時に、日本国内に住所も日本国籍も有しないが、贈与者が日本国内に住所を有していること
　(イ) 贈与を受けた時に贈与者の直系卑属（子や孫など）であること。なお、子や孫などの配偶者は含まれない。
　(ウ) 贈与を受けた年の1月1日において20歳以上で、所得税の合計所得金額が2,000万円以下であること
③ 住宅用家屋の主な要件
　(ア) 国内にある家屋で、床面積（登記簿上の床面積）が50㎡以上240㎡以下であり、半分以上が専ら居住用とされていること
　(イ) 中古物件の場合、耐火建築物である家屋の場合は、その家屋の取得の日以前25年以内（それ以外の家屋は20年以内）建築され、耐震基準に関する一定の証明がされていること
　(ウ) 増改築等に関しては、工事費用が100万円以上で、半分以上が居住用部分の工事費であること
④ 住宅用家屋の取得等の相手先が、受贈者の一定の親族や特別関係者でないこと
⑤ 非課税の特例の適用を受けるためには、贈与を受けた年の翌年2月1日から3月15日までの間に非課税の特例の適用を受ける旨を記載した贈与税の申告書に計算明細書、戸籍の謄本、住民票の写し、登記事項証明書、新築や取得の契約

書の写しなど一定の書類（「省エネ等住宅」に該当する場合には、一定の証明書を添付すれば非課税限度額が1,000万円となる）

[3] 住宅ローン控除（措法41）適用のポイント

① 居住者が、住宅ローンを利用し国内の一定の住宅用家屋を新築、取得、一定の増改築（以下、取得等）をして、取得等の日から6月以内にその者が住んだ場合に、住んだ年から10年間、住んだ日から各年の年末まで住み続けている年に限り適用可能。ただし、住宅の取得等には、適用対象者の親族や特別関係者からの取得や贈与による取得は除かれる。

② 主な適用要件

(ア) 適用を受ける年分の所得税の合計所得金額が3,000万円以下であること

(イ) 新築又は取得をした住宅の床面積（登記簿上の面積、併用住宅の場合には全体の床面積）が50㎡以上であり、床面積の2分の1以上の部分が専ら自己の居住の用に供するものであること

なお、夫婦や親子などで共有する住宅の場合は、ほかの人の共有持分を含めた建物全体の床面積によって判断（マンションの場合は、登記簿上の専有部分で、その区分所有する区画の床面積で判断）する

(ウ) 返済期間10年以上の住宅の取得等のための借入金又は債務（住宅とともに取得するその住宅の敷地の用に供される土地等の取得のための借入金等を含む）があること

ただし、勤務先からの借入金の場合には、無利子又は1％に満たない利率による借入金、親族や知人からの借入金は対象外。

(エ) 居住の用に供した年とその前後の2年ずつの5年間に、居住用財産を譲渡した場合の長期譲渡所得の課税の特例（措法31の3）、居住用財産の3,000万円の特別控除（措法35）、特定の居住用財産の買換えの場合の長期譲渡所得の課税の特例（36の2）等の適用を受けていないこと

③ 住宅借入金等特別控除の適用を受けるためには、必要事項を記載した所得税の確定申告書に、計算明細書、住民票の写し、住宅借入金等の残高証明等の一定の書類の添付が必要。

なお、給与所得者は、確定申告をした年分の翌年以降の年分については年末調整でこの特別控除の適用を受けることが可能。

[4] 併用して適用するためのポイント

❶ 適用対象者の相違

　住宅ローン控除の適用は、適用対象者が「居住者」(国内に住所を有し、または、現在まで引き続いて1年以上居所を有する個人 所法2三) に限定されいる一方、住宅取得等資金の特例は、適用対象者である受贈者が国内に住所がなくても贈与者が国内に住所を有していれば適用可能です。併用するには、適用対象者は国内に住所がある必要があります。

❷ 適用対象者の所得税の合計所得金額の上限

　住宅ローン控除が年3,000万円以下であるのに対して、住宅取得等資金の特例は、受贈者について年間2,000万円以下とされています。したがって、適用対象者の所得税の合計所得金額は2,000万円以下とする必要があります。

❸ 居住のタイミング

　居住のタイミングは、住宅ローン控除が住宅の取得等をした日から6ヶ月以内とされているのに対して、住宅取得等資金の特例は、基本的には贈与を受けた年の翌年3月15日までとなっています。したがって、住宅の取得等をした日から6ヶ月以内となる日と贈与年の翌年3月15日のいずれか早い日までに住む必要があると考えられます。なお、住宅の取得等した年の所得税から住宅ローン控除を適用する場合には、住宅の取得等して住んだ日から、その取得等した日の属する年の年末まで住み続ける必要があります。

❹ 住宅の床面積

　住宅ローン控除では、床面積が50㎡以上で上限がないのに対して、住宅取得等資金の特例は、床面積が50㎡以上240㎡以下と上限があります。したがって、床面積は住宅取得等資金の特例にあわせる必要があります。

第7章

10年スパンで考える【長期】の税金対策

7-1 生前贈与

[1] 概要

　生前贈与は、一度実行してしまうと法律上は撤回ができないというデメリットがありますが、相続税対策で長期的に行えば確実に財産を減らせるため、高い節税効果が期待できる手法と考えられます。相続税対策の多くは「生前贈与」を中心に組み立てられていると思われます。

　贈与税は、通常、財産の贈与を受ける者の贈与により移転する財産の金額が年間110万円を超える場合に課されます。また、税率は110万円の基礎控除後の課税財産額が1,000万円超の部分に対して最高税率50％が適用されます。一方、相続税の税率は、課税遺産額に法定相続分を乗じた課税標準額3億円超に対して最高税率50％が適用されることから、贈与税は相続税に比べて課税財産の金額に対して重い税負担が課せられることになります。

　なお、平成25年度税制改正に伴い、平成27年1月1日以後の贈与により取得する財産に係る贈与税については3,000万円超（子・孫などの直系卑属への贈与は4,500万円超）の部分に対して最高税率55％が適用されます。一方、改正後の相続税の税率は、6億円超の部分に最高税率55％が適用されます。

　生前贈与では、将来発生するであろう相続税で適用される税率と贈与税の適用税率との差を利用することが一般的です。

　例えば、課税遺産総額が5億円あり、相続人が1人である場合、相続税は税率50％が適用されますが、贈与税の課税財産額200万円分（基礎控除前で310万円分の財産）の生前贈与を10年間にわたり実施すると、3,100万円分（310万円×10年）の財産の移転が税率10％の贈与税の負担で可能となります。

図表7-1　平成26年中の相続・贈与に適用される税率

暦年課税方式による贈与税の税率

基礎控除後の課税価格	税率	控除額
200万円以下	10%	－
300万円以下	15%	10万円
400万円以下	20%	25万円
600万円以下	30%	65万円
1,000万円以下	40%	125万円
1,000万円超	50%	225万円

相続税の税率

各人の取得金額（課税標準額）	税率	控除額
1,000万円以下	10%	－
3,000万円以下	15%	50万円
5,000万円以下	20%	200万円
1億円以下	30%	700万円
3億円以下	40%	1,700万円
3億円超	50%	4,700万円

＜平成27年以降の相続・贈与に適用される税率＞

贈与税の税率

基礎控除後の課税価格	一般 税率	一般 控除額	直系卑属（子・孫）税率	直系卑属（子・孫）控除額
200万円以下	10%	－	10%	－
300万円以下	15%	10万円	15%	10万円
400万円以下	20%	25万円		
600万円以下	30%	65万円	20%	30万円
1,000万円以下	40%	125万円	30%	90万円
1,500万円以下	45%	175万円	40%	190万円
3,000万円以下	50%	250万円	45%	265万円
4,500万円以下	(3,000万円超) 400万円		50%	415万円
4,500万円超	55%		55%	640万円

相続税の税率

各人の取得金額（課税標準額）	税率	控除額
1,000万円以下	10%	－
3,000万円以下	15%	50万円
5,000万円以下	20%	200万円
1億円以下	30%	700万円
2億円以下	40%	1,700万円
3億円以下	45%	2,700万円
6億円以下	50%	4,200万円
6億円超	55%	7,200万円

　また、生前贈与は、財産を受ける個人（受贈者）に特段制限はないため、例えば、将来相続人となる親族（今の例では1人）の他に、個人2人（計3人）に対して生前贈与することができれば、今の例では約1億円弱（3,100万円×3人＝9,300万円）の財産を10年間で移転することが可能となります。

　生前贈与を行う際には、法律的には口頭による贈与契約も有効ですが、税務調査対策として贈与が実際に行われたかを説明するための疎明資料の整備が重要です。具体的には、親から子へ生前贈与をする際に、贈与契約書を書面で交わすと同時に資金を移動し、その受け取った資金の管理を子が行うなどの準備

をすることが望まれます。

しかし実際には、移動先の口座の管理を親が行っており、その贈与の事実さえ子に知らされていないケースが存在します。その場合には、親の相続発生後の税務調査で、その生前贈与はなかったものとして相続財産の申告もれを指摘されるおそれがあるため留意が必要です。

実務上は、書面による贈与契約書の締結と贈与税申告書の提出をもって贈与の事実を証明することがあります。具体的には、年間110万円の贈与税の非課税枠の範囲内で贈与するのではなく、あえて非課税枠の超える（例えば、111万円）贈与を行うことにより贈与税（111万円の場合、納税は1千円（＝［111万円－基礎控除110万円］×10％）の申告・納税を行い、その申告書の控えを証拠書類として保管し、将来の税務調査のために備えておく方法です。

[2] 生命保険の活用

生前贈与とセットで利用されるのが、推定相続人による生命保険の加入です。例えば、現経営者から生前贈与として推定相続人（本書の事例では配偶者、後継者A、子Bの3人）がそれぞれ年110万円の現金を受け取り、その現金を元に現経営者を「被保険者」、推定相続人を「保険金受取人」とする生命保険に加入するというものです。

この生前贈与とセットで生命保険に加入することを「生前贈与プラン」と呼ぶことがあり、現経営者の相続が発生した場合には、死亡保険金が各推定相続人に入るため相続税の納税資金として利用でき、保険金収入に対する税金は所得税の一時所得として所得の半分が無税となるため税金対策の場面で検討されることがあります。

そのほかのメリットとして、生命保険に加入することでその使い道が保険料の支払いに限定されることになるため、贈与でもらった現金の浪費（被相続人となる者の希望しない使われ方）を防ぐことが可能と考えられます。

[3] 税金上の特例とセットで活用

　生前贈与とセットで検討することが可能な税金上の特例として、以下のような特例が考えられます。
① 贈与税の配偶者控除（相法21の6）
　……110万円の基礎控除をあわせて最大2,110円まで無税
② 直系尊属から住宅取得等資金の贈与を受けた場合の非課税の特例（措法70の2）
　……平成26年中は500万円もしくは1,000万円までの贈与が非課税
③ 父母などから教育資金の一括贈与を受けた場合の贈与税の非課税制度（措法70の2の2）
　……教育資金として最高1,500万円までの贈与が非課税
④ 相続時精算課税制度（相法21の9 他）
　……贈与者1人当たり2,500万円まで生前贈与は無税。ただし、その贈与財産は贈与者の相続時に相続財産として相続税の課税対象となる。なお、②との併用が可能

　財産を次の世代へ効率的に移転させるため、これらの特例を上手に活用する必要があります。

7-2 役員退職慰労金の支給

[1] 退職所得の課税の概要

　経営者やその親族等の役員に対する退職金の支払いは、会社の利益及び純資産が減少するため、自社株の評価を引き下げる効果があります。

　また、退職金を受け取る役員の所得税は退職所得となるため所得税等の負担を少なくすること（受取金額のおおむね半分が無税）が可能です。退職所得の計算は、以下の通りです（所法30）。

退職所得の計算

（収入金額（源泉徴収される前の金額）－退職所得控除額）×1/2＝退職所得の金額

　退職所得控除額は、次のように計算します。

退職所得控除額の計算の表

勤続年数（＝A）	退職所得控除額
20年以下	40万円×A （80万円に満たない場合には、80万円）
20年超	800万円＋70万円×（A－20年）

（注）
1. 障害者になったことが直接の原因で退職した場合の退職所得控除額は、上記の方法により計算した額に、100万円を加えた金額となります。
2. 前年以前に退職所得を受け取ったことがあるとき又は同一年中に2か所以上から退職金を受け取るときなどは、控除額の計算が異なることがあります。

　（例）1　勤続年数が10年2ヶ月の人の場合の退職所得控除額
　　　　　勤続年数は11年になります。
　　　　　（端数の2ヶ月は1年に切上げ）
　　　　　40万円×（勤続年数）＝40万円×11年＝440万円
　　　2　勤続年数が30年の人の場合の退職所得控除額
　　　　　800万円＋70万円×（勤続年数－20年）＝800万円＋70万円×10年＝1,500万円

出所：国税庁ホームページ

ただし、平成24年度の税制改正に伴い、役員等勤続年数が5年以下である人が支払いを受ける退職金のうち、その役員等勤続年数に対応する退職金として支払いを受けるものについては、平成25年分以後は退職金の額から退職所得控除額を差し引いた額が退職所得の金額になり、上記計算式の1/2計算の適用ができなくなりました。

　つまり、短期間で繰り返し退職金をもらうような場合には、1/2計算による税負担軽減の恩恵を受けることができません。

　「役員等勤務年数」は、役員等勤続期間（退職手当等に係る勤続期間のうち、役員等として勤務した期間）の年数（1年未満の端数がある場合はその端数を1年に切り上げたもの）をいいます。

　また、「役員等」とは次に掲げる人をいいます。
- ✓ 法人の取締役、執行役、会計参与、監査役、理事及び清算人並びにこれら以外の者で法人の経営に従事している一定の者
- ✓ 国会議員及び地方公共団体の議会の議員
- ✓ 国家公務員及び地方公務員

　役員退職金の金額は、退職する役員の在職期間、会社の貢献度、最終的な役員報酬月額などを考慮して決定されるのが一般的で、実務上は、「最終報酬月額×勤続年数×功績倍率」の考え方によって算定されることが多いと思われます。なお、功績倍率については、過去の判例から社長の場合は3倍程度が目安と言われていますが、会社の貢献度や類似業種の支給状況などにより変わる（すなわち、3倍が否認されるケースもあれば、3倍を超える倍率が認められるケースもある）と考えられるため、将来の税務調査において税務当局とのトラブルを回避するために役員退職金規定や支給額の計算過程を示す根拠資料を整備することが望まれます。

[2] 退職金の支給形態別の税務上の留意点

　現経営者に対して支給する役員退職金の支給形態は、「生前退職金」と「死亡退職金」の2つのパターンが考えられます。

❶ 生前退職金

　生前退職金は、例えば、現経営者が第一線から退くタイミングで支給することが考えられます。すなわち、現経営者が後継者による新体制での経営陣をサポートするため、社長職を辞めて非常勤の会長職や顧問へ就く際に役員退職金を支給します。

　税務上は、常勤の役員が非常勤となり会社の主要な権限も委譲されたような場合において、常勤役員の期間に対応する役員退職金を支給したときは事実上退職したものと考えて、その額が過大でない限り会社で損金算入することが可能です（法基通9-2-32）。

　具体的には、役員の分掌変更や改選による再任等に際して、その役員に退職金を支給する場合において、その支給が例えば次に掲げるような事実があったことなど、その分掌変更等で役員としての地位や職務内容が激変し実質的に退職したと同様の事情があると認められる場合には、その退職金を損金算入することが認められています（法基通9-2-32）。

---
(1) 常勤役員が非常勤役員（常時勤務していないものであっても代表権を有する者及代表権は有しないが実質的にその法人の経営上主要な地位を占めていると認められる者を除く。）になったこと。
(2) 取締役が監査役（監査役でありながら実質的にその法人の経営上主要な地位を占めていると認められる者及びその法人の株主等で令第71条第1項第5号《使用人兼務役員とされない役員》に掲げる要件の全てを満たしている者を除く。）になったこと。
(3) 分掌変更等の後におけるその役員（その分掌変更等の後においてもその法人の経営上主要な地位を占めていると認められる者を除く。）の給与が激減（おおむね50％以上の減少）したこと。

　ただし、未払金計上した役員退職金は、原則として損金算入が認められないため留意が必要です（法基通9-2-32注書）。なお、会社の資金繰り等の理由で一時的な未払計上や3年程度の分割払いにするような場合には不相当に高額な部分を除き、損金算入が可能と解されています。

(役員の分掌変更等の場合の退職給与)
法人税基本通達9−2−32 法人が役員の分掌変更又は改選による再任等に際しその役員に対し退職給与として支給した給与については、その支給が、例えば次に掲げるような事実があったことによるものであるなど、その分掌変更等によりその役員としての地位又は職務の内容が激変し、実質的に退職したと同様の事情にあると認められることによるものである場合には、これを退職給与として取り扱うことができる。(昭54年直法2−31「四」、平19年課法2−3「二十二」、平23年課法2−17「十八」により改正)
(1) 常勤役員が非常勤役員(常時勤務していないものであっても代表権を有する者及び代表権は有しないが実質的にその法人の経営上主要な地位を占めていると認められる者を除く。)になったこと。
(2) 取締役が監査役(監査役でありながら実質的にその法人の経営上主要な地位を占めていると認められる者及びその法人の株主等で令第71条第1項第5号《使用人兼務役員とされない役員》に掲げる要件の全てを満たしている者を除く。)になったこと。
(3) 分掌変更等の後におけるその役員(その分掌変更等の後においてもその法人の経営上主要な地位を占めていると認められる者を除く。)の給与が激減(おおむね50％以上の減少)したこと。
(注) 本文の「退職給与として支給した給与」には、原則として、法人が未払金等に計上した場合の当該未払金等の額は含まれない。

なお、後継者が使用人から役員となる場合においても、会社の定める退職給与規定に基づき、使用人であった期間にかかる退職金を計算して支給したときは、退職金として支給した日の属する事業年度の損金に算入することが認められています(法基通9−2−36)。したがって、自社株対策上は、現経営者の役員退職金のほか、後継者の使用人としての退職金を支給するタイミングにも留意が必要です。

(使用人が役員となった場合の退職給与)
法人税基本通達9−2−36 法人の使用人がその法人の役員となった場合において、当該法人がその定める退職給与規程に基づき当該役員に対してその役員となった時に使用人であった期間に係る退職給与として計算される金額を支給したときは、その支給した金額は、退職給与としてその支給をした日の属する事業年度の損金の額に算入する。

❷ 死亡退職金

被相続人の死亡によって、被相続人に支給されるべきであった一定の退職手当金を遺族が受け取る場合で、被相続人の死亡後3年以内に支給が確定したものは、相続財産とみなされて相続税の課税対象となります（相法3①二）。

しかし、相続人（相続を放棄した人や相続権を失った人を除く）が受け取った退職手当金の合計額が、次の非課税限度額以下のときは、その退職手当金は相続税が課されません（相法12①六）。

また、その退職金の合計額が非課税限度額を超える場合には、退職手当金等の非課税限度額にその合計額のうちに相続人の取得した退職手当金等の合計額の占める割合を乗じて算出した金額が非課税限度額となります。

> 500万円×法定相続人の数＝非課税限度額

相続税の課税対象となる退職手当金等の計算は以下の通りです。

> ＜算式＞
> その相続人が受け取った退職手当金等の金額 － （非課税限度額）× その相続人が受け取った退職手当金等の金額 / すべての相続人が受け取った退職手当金等の合計額 ＝ その相続人の課税される退職手当金等の金額
>
> 出所：国税庁HP

この一定の退職手当金に関しては、名義のいかんにかかわらず実質上被相続人の退職手当金等として支給される金品とされています。したがって、現物支給によるものであっても退職手当金に含まれます（相基通3-18）。

退職手当金の判定は、退職給与規程その他これに準ずるものの定めに基づいて受ける場合には、これにより、その他の場合においては、被相続人の地位、功労等を考慮し、被相続人の雇用主等が営む事業と類似する事業における被相続人と同様な地位にある者が受け、または受けると認められる額等を勘案して判定します（相基通3-19）。

また、被相続人の死亡により相続人その他の者が受ける弔慰金、花輪代、葬

祭料等（以下、「弔慰金等」）については、上記退職手当金に該当すると認められるものを除き、次に掲げる弔慰金等に相当する金額は、相続税の課税対象外とされます。なお、その金額を超える部分の金額があるときは、その超える部分に相当する金額は退職手当金等に該当するものとして相続税の課税対象として取り扱います（相基通3-20）。

(1) 被相続人の死亡が業務上の死亡である場合……その雇用主等から受ける弔慰金等のうち、被相続人の死亡当時における賞与以外の普通給与（俸給、給料、賃金、扶養手当、勤務地手当、特殊勤務地手当等の合計額をいう。以下同じ。）の3年分（遺族の受ける弔慰金等の合計額のうち 労働基準法等の一定の法律の定めに従って支給される葬祭料等からなる部分の金額が3年分を超えるときはその金額）に相当する金額

(2) 被相続人の死亡が業務上以外の死亡である場合……その雇用主等から受ける弔慰金等のうち、当該被相続人の死亡当時における賞与以外の普通給与の半年分（遺族の受ける弔慰金等の合計額のうち労働基準法等の一定の法律の定めに従って支給される葬祭料等からなる部分の金額が半年分を超えるときはその金額）に相当する金額

7-3 従業員持株会の活用

[1] 従業員持株会制度の概要

　従業員持株会制度とは、従業員が持株会に加入し給与天引きされた資金を拠出して自社株を取得していく制度です。

　制度の目的は、主に①福利厚生の一環として従業員の資産形成を図る、②従業員の経営参加意識を高める、③安定株主を形成する、などがあげられます。

　この制度は、従業員持株会（以下、「持株会」）を設立して運営され、会員である従業員から毎月一定額を拠出してもらい、株式を共同購入（購入した株式の名義は理事長の名義とされる）して、拠出額に応じて持分を配分するというのが一般的です。

　持株会による組織は、会社の従業員（子会社等の従業員を含む）が、その会社の株式取得を目的として運営されます。なお、従業員持株制度とは別に、役員が共同で自社株を取得するための役員持株制度もあります。

　持株会の設立は、従業員が会社の株式を取得することを主たる目的とする民法667条1項に基づく民法上の組合（任意組合）として設置されることが多いと思われます。

　持株会の会員の範囲は、金融商品取引法上の規制を受けないようにするため、会社やその子会社等の従業員に限定されています。また、持株会を通じた自社株の取得方法についても、一定の計画に従い、個別の投資判断に基づかず継続的に行うことのほか、1回当たりの拠出額は100万円未満とされているため留意が必要です（金商法2②五、金商令1の3の3五他）。

[2] 税務上の留意点等

　持株会の自社株の取得目的は、会社の支配権よりも、専ら配当を得ることにあるため、持株会は現経営者及びその親族から配当還元方式による低い価額で

取得することが可能と考えられます。したがって、現経営者は、自社株を低い価額で持株会へ譲渡することにより、持株数が減少して相続財産を減らす効果があると考えられます。

　持株会へ自社株を譲渡する際には、譲渡する側では、株式の譲渡所得に対して20％の譲渡所得税等が課税されます。なお、経営者及びその親族の持株割合が低下することで経営のコントロールが不安定にならないようにあらかじめ無議決権株式としておくことや、無断で第三者へ株式が譲渡されることがないように規約に譲渡制限を設ける必要があります。

　税金対策上は、持株会の規約に持株会による会員が退会した際に持株会が自社株を買い取り、その買取価額の基準を配当還元方式による評価額とすることで買取価額の妥当性をめぐる税務調査のトラブルを回避することが可能と考えられます。

　なお、持株会を利用した自社株対策で最も重要なのは、運営の実態が備わっているかという点です。将来の税務調査で、持株会の運営が形骸化して持株会の存在理由が節税目的のみであると判断されないように、持株会本来の目的である従業員の財産形成や、忠誠心、モチベーションの向上に結び付けて適切に運営することが望まれます。

第8章

10年間の税金対策シミュレーション

8-1 10年間の税金対策シミュレーションの作成

[1] 税金対策のパターンの検討とシミュレーションの前提

❶ 税金対策のパターンの検討

　税金対策のメニューを確定させたら、どのようなパターンでシミュレーションを行うかを検討します。本書におけるA社の事例では、以下4つのパターンを前提にシミュレーションを行います。

① 生前贈与
  - ✓ 贈与税の非課税枠の範囲内での生前贈与（年110万円）
  - ✓ 贈与税の税率10％の範囲内での生前贈与（年310万円）

② 自社株の従業員への譲渡
  - ✓ 現経営者保有の自社株（無議決権・配当優先株）を10％譲渡
  - ✓ 現経営者保有の自社株（無議決権・配当優先株）を20％譲渡

　なお、各パターンの節税効果の結果要約を以下のように一覧にまとめておくと、最終的にどのパターンを選択すべきか一目でわかります。

図表8-1　パターン別　節税効果　結果要約　　　　　　（単位：千円）

シミュレーションの各パターン			一族の税負担合計	節税効果（試算）	効果の差異（累計）
成行きの場合					
①	生前贈与　年間110万円	従業員へ10％譲渡			
②		従業員へ20％譲渡			
③	生前贈与　年間310万円	従業員へ10％譲渡			
④		従業員へ20％譲渡			

❷ シミュレーションの前提

　シミュレーションをするにあたって前提条件を定めることは非常に大切で

す。前提条件が変われば当然その結果が異なることもあります。

　前提条件の設定は、対象となる会社の規模や、基礎資料がどの程度あるのか、会社の経理レベル、管理会計の整備状況、事業計画の有無などによって変わってくると考えられます。本書でのＡ社の事例では、各パターンの節税効果のインパクトがどの程度あるのか節税額のボリューム感を把握することに力点を置いてシミュレーションを実施していきます。前提条件は以下の通りです。

① 10年間の自社株評価の前提条件
- ✓ 会社の業績が利益計画通り推移し、会社の規模は変動しない。
- ✓ 類似業種比準価額計算上の業種目、業種目別株価等のデータは、平成25年分のものを使用する。
- ✓ 配当金額は、（１株当たりの資本金等の額を50円とした場合の）１株当たり2.5円とし、従業員の持分に対してのみ支払う。
- ✓ 会社の純資産価額（相続税評価額）及び税務上の利益積立金は、利益計画に基づく税引後利益の金額が増加し、会社財産については対策期間中の時価の変動を考慮しない（従業員への配当の影響は限定的であるため考慮しない）。また自己創設のれんの計上は行わない。
- ✓ 役員退職金6,000万円を10年目に支給する。

② 10年後の相続税額の試算の前提条件
- ✓ 相続発生日　平成36年３月末で法定相続分により相続人が取得する。
- ✓ 平成26年３月末現在現在施行されている税法を基準に計算するが、相続税の税率及び基礎控除額は、平成27年以降適用される新税制に基づき計算する。
- ✓ 自社株以外の財産の時価の変動は考慮しない（したがって、現経営者が相続発生日において保有する自社株以外の財産の評価額は、平成26年３月末の金額と同額とする）。
- ✓ 「養子縁組」は10年目に行い、養子に対して生前贈与は行わない。
- ✓ 現経営者が保有する貸家建付地は、貸家を相続税評価額（適正時価と仮定）で不動産管理会社へ譲渡後、無償返還の届出を提出して使用貸借契約を締結する。

[2] 税金対策シミュレーション（自社株評価）

自社株評価のシミュレーションでは、前述の通り会社の業績が利益計画通り

■税金対策シミュレーション（自社株評価）　　パターン①　生前贈与110万円　従業員へ10％譲渡

利益計画	0年目 H26/3期 実績	1年目 H27/3期 計画	2年目 H28/3期 計画	3年目 H29/3期 計画	4年目 H30/3期 計画
経常利益	6,870	10,740	13,820	20,120	21,100
役員退職金の計上					
弔慰金の計上					
不動産管理費の発生			▲1,500	▲1,500	▲1,500
税引前当期損益	6,870	10,740	12,320	18,620	19,600
法人税等	70	917	3,330	5,819	6,206
税引後利益	6,800	9,823	8,990	12,801	13,394
損金算入法人税等		917	3,330	5,819	6,206
繰越欠損金の損金算入		▲7,460			
課税所得		3,280	12,320	18,620	19,600
株主構成					
現経営者	60,000	74,265	73,561	72,894	72,261
配偶者	20,000	20,000	20,000	20,000	20,000
後継者	20,000	20,735	21,439	22,106	22,739
従業員	0	10,000	10,000	10,000	10,000
発行済株式数	100,000	125,000	125,000	125,000	125,000
類似業種比準価額					
資本金等の額（千円）	30,000	80,000	80,000	80,000	80,000
1株当たりの資本金等の額	300	640	640	640	640
1株当たり資本金等50円ベースの発行済株式数	600,000	1,600,000	1,600,000	1,600,000	1,600,000
Ⓑ：評価会社の1株当たりの配当金額					
1株当たりの年配当金額（円）	0	0	0	0	0
直前期配当金額（千円）	0	0	0	0	0
直前々期配当金額（千円）	0	0	0	0	0
年配当額（円）	0.00	0.00	0.00	0.00	0.00
Ⓒ：評価会社の1株当たり利益金額					
直前期課税所得（欠損金控除前）（千円）	7,050	10,740	12,320	18,620	19,600
直前々期課税所得（欠損金控除前）（千円）	▲3,685	7,050	10,740	12,320	18,620
年利益額（円）	2	5	7	9	11
Ⓓ：評価会社の1株当たり純資産価額					
資本金等の額（千円）	30,000	80,000	80,000	80,000	80,000
利益積立金額（千円）	300,000	309,823	318,812	331,613	345,007
純資産価額（千円）	330,000	389,823	398,812	411,613	425,007
純資産価額（円）	550	243	249	257	265
Ｂ：類似会社の1株当たりの配当金額	3.8	3.8	3.8	3.8	3.8
Ｃ：類似会社の1株当たり利益金額	20	20	20	20	20
Ｄ：類似会社の1株当たり純資産価額	218	218	218	218	218
要素別比準割合　Ⓑ／Ｂ	0.00	0.00	0.00	0.00	0.00
要素別比準割合　Ⓒ／Ｃ	0.10	0.25	0.35	0.45	0.55
要素別比準割合　Ⓓ／Ｄ	2.52	1.11	1.14	1.17	1.21
比準割合	0.56	0.37	0.43	0.5	0.57
会社規模：　中会社	0.6	0.6	0.6	0.6	0.6
Ａ：類似業種の株価	141	141	141	141	141
1株当たり（50円ベース）の比準価額	47.30	31.30	36.30	42.30	48.20
類似業種比準価額（円）	283	400	464	541	616
純資産価額					
純資産価額（相続税評価額）（千円）	382,607	392,430	401,419	414,220	427,614
純資産価額（円）	3,826	3,139	3,211	3,313	3,420
自社株の評価額（円）	1,700	1,495	1,562	1,649	1,737
Ｌの割合					
0.6					
後継者への生前贈与する株数					
年（千円）	1,100	735	704	667	633
年（千円）	3,100	2,073	1,984	1,879	1,784

推移したと仮定して、経常利益からスタートします。そして、対策実行後の損益の変動要因を盛り込んで、対策後の税引き前利益を算出し、以下のようにパターン別に各年の自社株の評価を試算します。

(単位：千円)

	5年目 H31/3期 計画	6年目 H32/3期 計画	7年目 H33/3期 計画	8年目 H34/3期 計画	9年目 H35/3期 計画	10年目 H36/3期 計画		コメント
	23,200	19,980	21,980	20,360	23,160	21,740		
						▲60,000		
						▲4,000		対策実行に伴う税前利益の変動要因
	▲1,500	▲1,500	▲1,500	▲1,500	▲1,500	▲1,500		
	21,700	18,480	20,480	18,860	21,660	▲43,760		
	7,036	5,764	6,554	5,914	7,020	180		
	14,664	12,716	13,926	12,946	14,640	▲43,940		
	7,036	5,764	6,554	5,914	7,020	180		
	21,700	18,480	20,480	18,860	21,660	▲43,760		
	71,654	71,060	70,482	69,918	69,370	68,687		
	20,000	20,000	20,000	20,000	20,000	20,000		
	23,346	23,940	24,518	25,082	25,630	26,313		
	10,000	10,000	10,000	10,000	10,000	10,000		
	125,000	125,000	125,000	125,000	125,000	125,000	株	ＤＥＳ実施
	80,000	80,000	80,000	80,000	80,000	80,000	千円	ＤＥＳ実施
	640	640	640	640	640	640	円	
	1,600,000	1,600,000	1,600,000	1,600,000	1,600,000	1,600,000	株	
	0	0	0	0	0	0		
	0	0	0	0	0	0		
	0	0	0	0	0	0		
	0.00	0.00	0.00	0.00	0.00	0.00	円	
	21,700	18,480	20,480	18,860	21,660	▲43,760		
	19,600	21,700	18,480	20,480	18,860	21,660		
	12	12	12	12	12	0	円	
	80,000	80,000	80,000	80,000	80,000	80,000		
	359,671	372,388	386,314	399,260	413,900	369,960		期首残＋税引後利益
	439,671	452,388	466,314	479,260	493,900	449,960		
	274	282	291	299	308	281	円	
	3.8	3.8	3.8	3.8	3.8	3.8		
	20	20	20	20	20	20		
	218	218	218	218	218	218		
	0.00	0.00	0.00	0.00	0.00	0.00		
	0.60	0.60	0.60	0.60	0.60	0.00		
	1.25	1.29	1.33	1.37	1.41	1.28		
	0.61	0.61	0.62	0.63	0.64	0.25		
	0.6	0.6	0.6	0.6	0.6	0.6		
	141	141	141	141	141	141		
	51.60	51.60	52.40	53.20	54.10	21.10		
	660	660	670	680	692	270	円	
	442,278	454,995	468,921	481,867	496,507	452,567		期首残＋税引後利益
	3,538	3,639	3,751	3,854	3,972	3,620	円	
	1,811	1,851	1,902	1,949	2,004	1,610	円	
	607	594	578	564	548	683	株	
	1,711	1,674	1,629	1,590	1,546	1,925	株	

第8章 10年間の税金対策シミュレーション

■税金対策シミュレーション（自社株評価）　　パターン②　生前贈与110万円　従業員へ20％譲渡

利益計画	0年目 H26/3期 実績	1年目 H27/3期 計画	2年目 H28/3期 計画	3年目 H29/3期 計画	4年目 H30/3期 計画
経常利益	6,870	10,740	13,820	20,120	21,100
役員退職金の計上					
弔慰金の計上					
不動産管理費の発生			▲1,500	▲1,500	▲1,500
税引前当期損益	6,870	10,740	12,320	18,620	19,600
法人税等	70	917	3,330	5,819	6,206
税引後利益	6,800	9,823	8,990	12,801	13,394
損金算入法人税等		917	3,330	5,819	6,206
繰越欠損金の損金算入		▲7,460			
課税所得		3,280	12,320	18,620	19,600
株主構成					
現経営者	60,000	64,265	63,561	62,894	62,261
配偶者	20,000	20,000	20,000	20,000	20,000
後継者	20,000	20,735	21,439	22,106	22,739
従業員	0	20,000	20,000	20,000	20,000
発行済株式数	100,000	125,000	125,000	125,000	125,000
類似業種比準価額					
資本金等の額（千円）	30,000	80,000	80,000	80,000	80,000
1株当たりの資本金等の額	300	640	640	640	640
1株当たり資本金等50円ベースの発行済株式数	600,000	1,600,000	1,600,000	1,600,000	1,600,000
Ⓑ：評価会社の1株当たりの配当金額					
1株当たりの年配当金額（円）	0	0	0	0	0
直前期配当金額（千円）	0	0	0	0	0
直前々期配当金額（千円）	0	0	0	0	0
年配当額（円）	0.00	0.00	0.00	0.00	0.00
Ⓒ：評価会社の1株当たり利益金額					
直前期課税所得（欠損金控除前）（千円）	7,050	10,740	12,320	18,620	19,600
直前々期課税所得（欠損金控除前）（千円）	▲3,685	7,050	10,740	12,320	18,620
年利益額（円）	2	5	7	9	11
Ⓓ：評価会社の1株当たり純資産価額					
資本金等の額（千円）	30,000	80,000	80,000	80,000	80,000
利益積立金額（千円）	300,000	309,823	318,812	331,613	345,007
純資産価額（千円）	330,000	389,823	398,812	411,613	425,007
純資産価額（円）	550	243	249	257	265
B：類似会社の1株当たりの配当金額	3.8	3.8	3.8	3.8	3.8
C：類似会社の1株当たり利益金額	20	20	20	20	20
D：類似会社の1株当たり純資産価額	218	218	218	218	218
要素別比準割合　Ⓑ/B	0.00	0.00	0.00	0.00	0.00
要素別比準割合　Ⓒ/C	0.10	0.25	0.35	0.45	0.55
要素別比準割合　Ⓓ/D	2.52	1.11	1.14	1.17	1.21
比準割合	0.56	0.37	0.43	0.5	0.57
会社規模：　中会社	0.6	0.6	0.6	0.6	0.6
A：類似業種の株価	141	141	141	141	141
1株当たり（50円ベース）の比準価額	47.30	31.30	36.30	42.30	48.20
類似業種比準価額（円）	283	400	464	541	616
純資産価額					
純資産価額（相続税評価額）（千円）	382,607	392,430	401,419	414,220	427,614
純資産価額（円）	3,826	3,139	3,211	3,313	3,420
自社株の評価額（円）	1,700	1,495	1,562	1,649	1,737
Lの割合					
0.6					
後継者への生前贈与する株数					
年（千円）	1,100	735	704	667	633
年（千円）	3,100	2,073	1,984	1,879	1,784

8-1 10年間の税金対策シミュレーションの作成　239

(単位：千円)

5年目 H31/3期	6年目 H32/3期	7年目 H33/3期	8年目 H34/3期	9年目 H35/3期	10年目 H36/3期		コメント
計画	計画	計画	計画	計画	計画		
23,200	19,980	21,980	20,360	23,160	21,740		
					▲60,000		対策実行に伴う税前利益の変動要因
					▲4,000		
▲1,500	▲1,500	▲1,500	▲1,500	▲1,500	▲1,500		
21,700	18,480	20,480	18,860	21,660	▲43,760		
7,036	5,764	6,554	5,914	7,020	180		
14,664	12,716	13,926	12,946	14,640	▲43,940		
7,036	5,764	6,554	5,914	7,020	180		
21,700	18,480	20,480	18,860	21,660	▲43,760		
61,654	61,060	60,482	59,918	59,370	58,687		
20,000	20,000	20,000	20,000	20,000	20,000		
23,346	23,940	24,518	25,082	25,630	26,313		
20,000	20,000	20,000	20,000	20,000	20,000		
125,000	125,000	125,000	125,000	125,000	125,000	株	DES実施
80,000	80,000	80,000	80,000	80,000	80,000	千円	DES実施
640	640	640	640	640	640	円	
1,600,000	1,600,000	1,600,000	1,600,000	1,600,000	1,600,000	株	
0	0	0	0	0	0		
0	0	0	0	0	0		
0	0	0	0	0	0		
0.00	0.00	0.00	0.00	0.00	0.00	円	
21,700	18,480	20,480	18,860	21,660	▲43,760		
19,600	21,700	18,480	20,480	18,860	21,660		
12	12	12	12	12	0	円	
80,000	80,000	80,000	80,000	80,000	80,000		
359,671	372,388	386,314	399,260	413,900	369,960		期首残＋税引後利益
439,671	452,388	466,314	479,260	493,900	449,960		
274	282	291	299	308	281	円	
3.8	3.8	3.8	3.8	3.8	3.8		
20	20	20	20	20	20		
218	218	218	218	218	218		
0.00	0.00	0.00	0.00	0.00	0.00		
0.60	0.60	0.60	0.60	0.60	0.00		
1.25	1.29	1.33	1.37	1.41	1.28		
0.61	0.61	0.62	0.63	0.64	0.25		
0.6	0.6	0.6	0.6	0.6	0.6		
141	141	141	141	141	141		
51.60	51.60	52.40	53.20	54.10	21.10		
660	660	670	680	692	270	円	
442,278	454,995	468,921	481,867	496,507	452,567		期首残＋税引後利益
3,538	3,639	3,751	3,854	3,972	3,620		
1,811	1,851	1,902	1,949	2,004	1,610	円	
607	594	578	564	548	683	株	
1,711	1,674	1,629	1,590	1,546	1,925	株	

■税金対策シミュレーション（自社株評価）　　パターン③　生前贈与310万円　従業員へ10％譲渡

利益計画	0年目 H26/3期 実績	1年目 H27/3期 計画	2年目 H28/3期 計画	3年目 H29/3期 計画	4年目 H30/3期 計画
経常利益	6,870	10,740	13,820	20,120	21,100
役員退職金の計上					
弔慰金の計上					
不動産管理費の発生			▲1,500	▲1,500	▲1,500
税引前当期損益	6,870	10,740	12,320	18,620	19,600
法人税等	70	917	3,330	5,819	6,206
税引後利益	6,800	9,823	8,990	12,801	13,394
損金算入法人税等		917	3,330	5,819	6,206
繰越欠損金の損金算入		▲7,460			
課税所得		3,280	12,320	18,620	19,600
株主構成					
現経営者	60,000	72,927	70,943	69,064	67,280
配偶者	20,000	20,000	20,000	20,000	20,000
後継者	20,000	22,073	24,057	25,936	27,720
従業員	0	10,000	10,000	10,000	10,000
発行済株式数	100,000	125,000	125,000	125,000	125,000
類似業種比準価額					
資本金等の額（千円）	30,000	80,000	80,000	80,000	80,000
1株当たりの資本金等の額	300	640	640	640	640
1株当たり資本金等50円ベースの発行済株式数	600,000	1,600,000	1,600,000	1,600,000	1,600,000
Ⓑ：評価会社の1株当たりの配当金額					
1株当たりの年配当金額（円）	0	0	0	0	0
直前期配当金額（千円）	0	0	0	0	0
直前々期配当金額（千円）	0	0	0	0	0
年配当額（円）	0.00	0.00	0.00	0.00	0.00
Ⓒ：評価会社の1株当たり利益金額					
直前期課税所得（欠損金控除前）	7,050	10,740	12,320	18,620	19,600
直前々期課税所得（欠損金控除前）（千円）	▲3,685	7,050	10,740	12,320	18,620
年利益額（円）	2	5	7	9	11
Ⓓ：評価会社の1株当たり純資産価額					
資本金等の額（千円）	30,000	80,000	80,000	80,000	80,000
利益積立金額（千円）	300,000	309,823	318,812	331,613	345,007
純資産価額（千円）	330,000	389,823	398,812	411,613	425,007
純資産価額（円）	550	243	249	257	265
B：類似会社の1株当たりの配当金額	3.8	3.8	3.8	3.8	3.8
C：類似会社の1株当たり利益金額	20	20	20	20	20
D：類似会社の1株当たり純資産価額	218	218	218	218	218
要素別比準割合　Ⓑ／B	0.00	0.00	0.00	0.00	0.00
要素別比準割合　Ⓒ／C	0.10	0.25	0.35	0.45	0.55
要素別比準割合　Ⓓ／D	2.52	1.11	1.14	1.17	1.21
比準割合	0.56	0.37	0.43	0.5	0.57
会社規模：　中会社	0.6	0.6	0.6	0.6	0.6
A：類似業種の株価	141	141	141	141	141
1株当たり（50円ベース）の比準額	47.30	31.30	36.30	42.30	48.20
類似業種比準価額（円）	283	400	464	541	616
純資産価額					
純資産価額（相続税評価額）（千円）	382,607	392,430	401,419	414,220	427,614
純資産価額（円）	3,826	3,139	3,211	3,313	3,420
自社株の評価額（円）	1,700	1,495	1,562	1,649	1,737
Lの割合					
0.6					
後継者への生前贈与する株数					
年（千円）	1,100	735	704	667	633
年（千円）	3,100	2,073	1,984	1,879	1,784

8-1 10年間の税金対策シミュレーションの作成

(単位:千円)

5年目 H31/3期	6年目 H32/3期	7年目 H33/3期	8年目 H34/3期	9年目 H35/3期	10年目 H36/3期		コメント
計画	計画	計画	計画	計画	計画		
23,200	19,980	21,980	20,360	23,160	21,740		対策実行に伴う税前利益の変動要因
					▲60,000		
					▲4,000		
▲1,500	▲1,500	▲1,500	▲1,500	▲1,500	▲1,500		
21,700	18,480	20,480	18,860	21,660	▲43,760		
7,036	5,764	6,554	5,914	7,020	180		
14,664	12,716	13,926	12,946	14,640	▲43,940		
7,036	5,764	6,554	5,914	7,020	180		
21,700	18,480	20,480	18,860	21,660	▲43,760		
65,569	63,895	62,266	60,676	59,130	57,205		
20,000	20,000	20,000	20,000	20,000	20,000		
29,431	31,105	32,734	34,324	35,870	37,795		
10,000	10,000	10,000	10,000	10,000	10,000		
125,000	125,000	125,000	125,000	125,000	125,000	株	DES実施
80,000	80,000	80,000	80,000	80,000	80,000	千円	DES実施
640	640	640	640	640	640	円	
1,600,000	1,600,000	1,600,000	1,600,000	1,600,000	1,600,000	株	
0	0	0	0	0	0		
0	0	0	0	0	0		
0	0	0	0	0	0		
0.00	0.00	0.00	0.00	0.00	0.00	円	
21,700	18,480	20,480	18,860	21,660	▲43,760		
19,600	21,700	18,480	20,480	18,860	21,660		
12	12	12	12	12	0	円	
80,000	80,000	80,000	80,000	80,000	80,000		
359,671	372,388	386,314	399,260	413,900	369,960		期首残+税引後利益
439,671	452,388	466,314	479,260	493,900	449,960		
274	282	291	299	308	281	円	
3.8	3.8	3.8	3.8	3.8	3.8		
20	20	20	20	20	20		
218	218	218	218	218	218		
0.00	0.00	0.00	0.00	0.00	0.00		
0.60	0.60	0.60	0.60	0.60	0.00		
1.25	1.29	1.33	1.37	1.41	1.28		
0.61	0.61	0.62	0.63	0.64	0.25		
0.6	0.6	0.6	0.6	0.6	0.6		
141	141	141	141	141	141		
51.60	51.60	52.40	53.20	54.10	21.10		
660	660	670	680	692	270	円	
442,278	454,995	468,921	481,867	496,507	452,567		期首残+税引後利益
3,538	3,639	3,751	3,854	3,972	3,620		
1,811	1,851	1,902	1,949	2,004	1,610	円	
607	594	578	564	548	683	株	
1,711	1,674	1,629	1,590	1,546	1,925	株	

第8章 10年間の税金対策シミュレーション

■税金対策シミュレーション（自社株評価）　　パターン④　生前贈与310万円　従業員へ20%譲渡

利益計画	0年目 H26/3期 実績	1年目 H27/3期 計画	2年目 H28/3期 計画	3年目 H29/3期 計画	4年目 H30/3期 計画
経常利益	6,870	10,740	13,820	20,120	21,100
役員退職金の計上					
弔慰金の計上					
不動産管理費の発生			▲1,500	▲1,500	▲1,500
税引前当期損益	6,870	10,740	12,320	18,620	19,600
法人税等	70	917	3,330	5,819	6,206
税引後利益	6,800	9,823	8,990	12,801	13,394
損金算入法人税等		917	3,330	5,819	6,206
繰越欠損金の損金算入		▲7,460			
課税所得		3,280	12,320	18,620	19,600
株主構成					
現経営者	60,000	62,927	60,943	59,064	57,280
配偶者	20,000	20,000	20,000	20,000	20,000
後継者	20,000	22,073	24,057	25,936	27,720
従業員	0	20,000	20,000	20,000	20,000
発行済株式数	100,000	125,000	125,000	125,000	125,000
類似業種比準価額					
資本金等の額（千円）	30,000	80,000	80,000	80,000	80,000
1株当たりの資本金等の額	300	640	640	640	640
1株当たり資本金等50円ベースの発行済株式数	600,000	1,600,000	1,600,000	1,600,000	1,600,000
Ⓑ：評価会社の1株当たりの配当金額					
1株当たりの年配当金額（円）	0	0	0	0	0
直前期配当金額（千円）	0	0	0	0	0
直前々期配当金額（千円）	0	0	0	0	0
年配当額（円）	0.00	0.00	0.00	0.00	0.00
Ⓒ：評価会社の1株当たり利益金額					
直前期課税所得（欠損金控除前）（千円）	7,050	10,740	12,320	18,620	19,600
直前々期課税所得（欠損金控除前）（千円）	▲3,685	7,050	10,740	12,320	18,620
年利益額（円）	2	5	7	9	11
Ⓓ：評価会社の1株当たり純資産価額					
資本金等の額（千円）	30,000	80,000	80,000	80,000	80,000
利益積立金額（千円）	300,000	309,823	318,812	331,613	345,007
純資産価額（千円）	330,000	389,823	398,812	411,613	425,007
純資産額（円）	550	243	249	257	265
B：類似会社の1株当たりの配当金額	3.8	3.8	3.8	3.8	3.8
C：類似会社の1株当たり利益金額	20	20	20	20	20
D：類似会社の1株当たり純資産価額	218	218	218	218	218
要素別比準割合　Ⓑ/B	0.00	0.00	0.00	0.00	0.00
要素別比準割合　Ⓒ/C	0.10	0.25	0.35	0.45	0.55
要素別比準割合　Ⓓ/D	2.52	1.11	1.14	1.17	1.21
比準割合	0.56	0.37	0.43	0.5	0.57
会社規模：　中会社	0.6	0.6	0.6	0.6	0.6
A：類似業種の株価	141	141	141	141	141
1株当たり（50円ベース）の比準価額	47.30	31.30	36.30	42.30	48.20
類似業種比準価額（円）	283	400	464	541	616
純資産価額					
純資産価額（相続税評価額）（千円）	382,607	392,430	401,419	414,220	427,614
純資産価額（円）	3,826	3,139	3,211	3,313	3,420
自社株の評価額（円）	1,700	1,495	1,562	1,649	1,737
Lの割合　0.6					
後継者への生前贈与する株数					
年（千円）	1,100	735	704	667	633
年（千円）	3,100	2,073	1,984	1,879	1,784

8-1 10年間の税金対策シミュレーションの作成   243

(単位:千円)

5年目 H31/3期 計画	6年目 H32/3期 計画	7年目 H33/3期 計画	8年目 H34/3期 計画	9年目 H35/3期 計画	10年目 H36/3期 計画		コメント
23,200	19,980	21,980	20,360	23,160	21,740		対策実行に伴う税前利益の変動要因
					▲60,000		
					▲4,000		
▲1,500	▲1,500	▲1,500	▲1,500	▲1,500	▲1,500		
21,700	18,480	20,480	18,860	21,660	▲43,760		
7,036	5,764	6,554	5,914	7,020	180		
14,664	12,716	13,926	12,946	14,640	▲43,940		
7,036	5,764	6,554	5,914	7,020	180		
21,700	18,480	20,480	18,860	21,660	▲43,760		
55,569	53,895	52,266	50,676	49,130	47,205		
20,000	20,000	20,000	20,000	20,000	20,000		
29,431	31,105	32,734	34,324	35,870	37,795		
20,000	20,000	20,000	20,000	20,000	20,000		
125,000	125,000	125,000	125,000	125,000	125,000	株	DES実施
80,000	80,000	80,000	80,000	80,000	80,000	千円	DES実施
640	640	640	640	640	640	円	
1,600,000	1,600,000	1,600,000	1,600,000	1,600,000	1,600,000	株	
0	0	0	0	0	0		
0	0	0	0	0	0		
0	0	0	0	0	0		
0.00	0.00	0.00	0.00	0.00	0.00	円	
21,700	18,480	20,480	18,860	21,660	▲43,760		
19,600	21,700	18,480	20,480	18,860	21,660		
12	12	12	12	12	0	円	
80,000	80,000	80,000	80,000	80,000	80,000		
359,671	372,388	386,314	399,260	413,900	369,960		期首残+税引後利益
439,671	452,388	466,314	479,260	493,900	449,960		
274	282	291	299	308	281	円	
3.8	3.8	3.8	3.8	3.8	3.8		
20	20	20	20	20	20		
218	218	218	218	218	218		
0.00	0.00	0.00	0.00	0.00	0.00		
0.60	0.60	0.60	0.60	0.60	0.00		
1.25	1.29	1.33	1.37	1.41	1.28		
0.61	0.61	0.62	0.63	0.64	0.25		
0.6	0.6	0.6	0.6	0.6	0.6		
141	141	141	141	141	141		
51.60	51.60	52.40	53.20	54.10	21.10		
660	660	670	680	692	270	円	
442,278	454,995	468,921	481,867	496,507	452,567		期首残+税引後利益
3,538	3,639	3,751	3,854	3,972	3,620	円	
1,811	1,851	1,902	1,949	2,004	1,610	円	
607	594	578	564	548	683	株	
1,711	1,674	1,629	1,590	1,546	1,925	株	

[3] 税金対策シミュレーション（相続税）

相続税のシミュレーションでは、対策前と対策後の相続財産とそれに対する

税金対策シミュレーション（相続税） パターン① 生前贈与 年110万円 従業員譲渡10%

（単位：千円）

現経営者	0年目 H26/3期 評価額	10年目 H36/3期 評価額	1/2 配偶者	1/8 後継者A	1/8 子B	1/8 子C	1/8 養子	備考
居宅	26,000	26,000						
居住用宅地	65,000	65,000						
小規模宅地の特例		▲52,000						
●●ビル（貸家）	43,000	0						
●●ビル（貸家建付地）	79,000	100,000						不動産管理会社へ使用貸借するため自用地評価
不動産計	213,000	139,000						
自社株	102,000	110,586						10年目の株価×保有株式
A社貸付金	50,000	0						
死亡保険金	20,000	20,000						
非課税額	▲20,000	▲20,000						
死亡退職金	60,000	60,000						
非課税額	▲20,000	▲20,000						
上場株式	46,000	46,000						
預貯金（推定）								
X銀行	29,000	29,000						
Y銀行	20,000	20,000						
生前贈与								
後継者		▲5,000						
子B		▲16,000						
孫		▲11,000						
貸家譲渡代金		43,000						
預貯金計	49,000	60,000						
遺産総額	500,000	395,586	197,793	49,448	49,448	49,448	49,448	
基礎控除	▲54,000	▲60,000						3,000万円＋法定相続人の数（5人）×600万円
課税価格	446,000	335,586	167,793	41,948	41,948	41,948	41,948	
相続税額（試算）	119,250	25,558	0	6,390	6,390	6,390	6,390	配偶者の税額軽減適用
税率	45%	40%	40%	20%	20%	20%	20%	

現経営者の配偶者	相続分 評価額	評価額	1/4 後継者A	1/4 子B	1/4 子C	1/4 養子	備考
居宅	26,000	26,000					現経営者より相続
居住用宅地	65,000	65,000					現経営者より相続
●●ビル（貸家）	43,000	0					
●●ビル（貸家建付地）	79,000	100,000					現経営者より相続
不動産計	213,000	191,000					
自社株	34,000	32,200					10年目の株価×保有株式
金融資産							
X銀行・上場株式	37,000	58,793					現経営者より相続
Z銀行	1,000	1,000					
預貯金計	38,000	59,793					
遺産総額	285,000	282,993	70,748	70,748	70,748	70,748	
基礎控除	▲48,000	▲54,000					3,000万円＋法定相続人の数（4人）×600万円
課税価格	237,000	228,993	57,248	57,248	57,248	57,248	
相続税額（試算）	50,100	40,698	10,174	10,174	10,174	10,174	
税率	30%	30%	30%	30%	30%	30%	

相続税額合計（試算）	169,350	66,256	相続税節税額	103,094

8-1 10年間の税金対策シミュレーションの作成　245

相続税の試算額を対比できるようにして、パターン別に相続税の節税効果を算出します。

税金対策シミュレーション（相続税）　パターン②　生前贈与　年110万円　従業員譲渡20%

（単位：千円）

現経営者

	0年目 H26/3期 評価額	10年目 H36/3期 評価額	1/2 配偶者	1/8 後継者A	1/8 子B	1/8 子C	1/8 養子	備考
居宅	26,000	26,000						
居住用宅地	65,000	65,000						
小規模宅地の特例		▲52,000						
●●ビル（貸家）	43,000	0						
●●ビル（貸家建付地）	79,000	100,000						不動産管理会社へ使用貸借するため自用地評価
不動産計	213,000	139,000						
自社株	102,000	94,486						10年目の株価×保有株式
A社貸付金	50,000	0						
死亡保険金	20,000	20,000						
非課税額	▲20,000	▲20,000						
死亡退職金	60,000	60,000						
非課税額	▲20,000	▲20,000						
上場株式	46,000	46,000						
預貯金（推定）								
X銀行	29,000	29,000						
Y銀行	20,000	20,000						
生前贈与								
後継者		▲5,000						
子B		▲16,000						
孫		▲11,000						
貸家譲渡代金		43,000						
預貯金計	49,000	60,000						
遺産総額	500,000	379,486	189,743	47,435	47,435	47,435	47,435	
基礎控除	▲54,000	▲60,000						3,000万円＋法定相続人の数（5人）×600万円
課税価格	446,000	319,486	159,743	39,935	39,935	39,935	39,935	
相続税額（試算）	119,250	23,948	0	5,987	5,987	5,987	5,987	配偶者の税額軽減適用
税率	45%	40%	40%	20%	20%	20%	20%	

現経営者の配偶者

	相続分 評価額	評価額	1/4 後継者A	1/4 子B	1/4 子C	1/4 養子	備考
居宅	26,000	26,000					現経営者より相続
居住用宅地	65,000	65,000					現経営者より相続
●●ビル（貸家）	43,000	0					
●●ビル（貸家建付地）	79,000	100,000					現経営者より相続
不動産計	213,000	191,000					
自社株	34,000	32,200					10年目の株価×保有株式
金融資産							
X銀行・上場株式	37,000	50,743					現経営者より相続
Z銀行	1,000	1,000					
預貯金計	38,000	51,743					
遺産総額	285,000	274,943	68,735	68,735	68,735	68,735	
基礎控除	▲48,000	▲54,000					3,000万円＋法定相続人の数（4人）×600万円
課税価格	237,000	220,943	55,235	55,235	55,235	55,235	
相続税額（試算）	50,100	38,282	9,571	9,571	9,571	9,571	
税率	30%	30%	30%	30%	30%	30%	

相続税額合計（試算）	169,350	62,230	相続税節税額	107,120

246　第8章　10年間の税金対策シミュレーション

税金対策シミュレーション（相続税）　パターン③　生前贈与　年310万円　従業員譲渡10%

（単位：千円）

現経営者

	0年目 H26/3期 評価額	10年目 H36/3期 評価額	1/2 配偶者	1/8 後継者A	1/8 子B	1/8 子C	1/8 養子	備考
居宅	26,000	26,000						
居住用宅地	65,000	65,000						
小規模宅地の特例		▲52,000						
●●ビル（貸家）	43,000	0						
●●ビル（貸家建付地）	79,000	100,000						不動産管理会社へ使用貸借するため自用地評価
不動産計	213,000	139,000						
自社株	102,000	92,100						10年目の株価×保有株式
A社貸付金	50,000	0						
死亡保険金	20,000	20,000						
非課税額	▲20,000	▲20,000						
死亡退職金	60,000	60,000						
非課税額	▲20,000	▲20,000						
上場株式	46,000	46,000						
預貯金（推定）								
X銀行	29,000	29,000						
Y銀行	20,000	20,000						
生前贈与								
後継者		▲5,000						
子B		▲36,000						
孫		▲31,000						
貸家譲渡代金		43,000						
預貯金計	49,000	20,000						
遺産総額	500,000	337,100	168,550	42,137	42,137	42,137	42,137	
基礎控除	▲54,000	▲60,000						3,000万円＋法定相続人の数（5人）×600万円
課税価格	446,000	277,100	138,550	34,637	34,637	34,637	34,637	
相続税額（試算）	119,250	19,710	0	4,927	4,927	4,927	4,927	配偶者の税額軽減適用
税率	45%	40%	40%	20%	20%	20%	20%	

現経営者の配偶者

	相続分 評価額	評価額	1/4 後継者A	1/4 子B	1/4 子C	1/4 養子	備考
居宅	26,000	26,000					現経営者より相続
居住用宅地	65,000	65,000					現経営者より相続
●●ビル（貸家）	43,000	0					
●●ビル（貸家建付地）	79,000	100,000					現経営者より相続
不動産計	213,000	191,000					
自社株	34,000	32,200					10年目の株価×保有株式
金融資産							
X銀行・上場株式	37,000	29,550					現経営者より相続
Z銀行	1,000	1,000					
預貯金計	38,000	30,550					
遺産総額	285,000	253,750	63,437	63,437	63,437	63,437	
基礎控除	▲48,000	▲54,000					3,000万円＋法定相続人の数（4人）×600万円
課税価格	237,000	199,750	49,937	49,937	49,937	49,937	
相続税額（試算）	50,100	31,950	7,987	7,987	7,987	7,987	
税率	30%	20%	20%	20%	20%	20%	

相続税額合計（試算）	169,350	51,659	相続税節税額 117,691

8-1 10年間の税金対策シミュレーションの作成

税金対策シミュレーション（相続税） パターン④ 生前贈与 年310万円 従業員譲渡20%

（単位：千円）

現経営者	0年目 H26/3期 評価額	10年目 H36/3期 評価額	1/2 配偶者	1/8 後継者A	1/8 子B	1/8 子C	1/8 養子	備考
居宅	26,000	26,000						
居住用宅地	65,000	65,000						
小規模宅地の特例		▲52,000						
●●ビル（貸家）	43,000	0						
●●ビル（貸家建付地）	79,000	100,000						不動産管理会社へ使用貸借するため自用地評価
不動産計	213,000	139,000						
自社株	102,000	76,000						10年目の株価×保有株式
A社貸付金	50,000	0						
死亡保険金	20,000	20,000						
非課税額	▲20,000	▲20,000						
死亡退職金	60,000	60,000						
非課税額	▲20,000	▲20,000						
上場株式	46,000	46,000						
預貯金（推定）								
X銀行	29,000	29,000						
Y銀行	20,000							
生前贈与								
後継者		▲5,000						
子B		▲36,000						
孫		▲31,000						
貸家譲渡代金		43,000						
預貯金計	49,000	20,000						
遺産総額	500,000	321,000	160,500	40,125	40,125	40,125	40,125	
基礎控除	▲54,000	▲60,000						3,000万円＋法定相続人の数（5人）×600万円
課税価格	446,000	261,000	130,500	32,625	32,625	32,625	32,625	
相続税額（試算）	119,250	18,100	0	4,525	4,525	4,525	4,525	配偶者の税額軽減適用
税率	45%	40%	40%	20%	20%	20%	20%	

現経営者の配偶者	相続分 評価額	評価額	1/4 後継者A	1/4 子B	1/4 子C	1/4 養子	備考
居宅	26,000	26,000					現経営者より相続
居住用宅地	65,000	65,000					現経営者より相続
●●ビル（貸家）	43,000	0					
●●ビル（貸家建付地）	79,000	100,000					現経営者より相続
不動産計	213,000	191,000					
自社株	34,000	32,200					10年目の株価×保有株式
金融資産							
X銀行・上場株式	37,000	21,500					現経営者より相続
Z銀行	1,000	1,000					
預貯金計	38,000	22,500					
遺産総額	285,000	245,700	61,425	61,425	61,425	61,425	
基礎控除	▲48,000	▲54,000					3,000万円＋法定相続人の数（4人）×600万円
課税価格	237,000	191,700	47,925	47,925	47,925	47,925	
相続税額（試算）	50,100	30,340	7,585	7,585	7,585	7,585	
税率	30%	20%	20%	20%	20%	20%	

相続税額合計（試算）	169,350	48,440	相続税節税額	120,910

[4] 税金対策シミュレーション（個人の収支）

個人の収支のシミュレーションでは、対策期間中の①自社株の保有割合の状

税金対策シミュレーション（個人の収支）　パターン①　生前贈与　年110万円　従業員譲渡10%

現経営者

（単位：千円）

	H25 現状	H26 1年目	H27 2年目	H28 3年目	H29 4年目	H30 5年目	H31 6年目	H32 7年目	H33 8年目	H34 9年目	H35 10年目	計 (10年間)	コメント
持株数・割合													
株数	60,000	74,265	73,561	72,894	72,261	71,654	71,060	70,482	69,918	69,370	68,687		DES及び生前贈与後の持株数
議決権割合	60.0%	64.6%	64.0%	63.4%	62.8%	62.3%	61.8%	61.3%	60.8%	60.3%	59.7%		
シェア（%）	60.0%	59.4%	58.8%	58.3%	57.8%	57.3%	56.8%	56.4%	55.9%	55.5%	54.9%		
収入													
役員報酬	24,000	24,000	24,000	24,000	24,000	24,000	24,000	24,000	24,000	24,000	24,000		貸家をH26/9に不動産管理会社へ譲渡
不動産収入	15,000	11,250	0	0	0	0	0	0	0	0	0		H26は9ヶ月分月割計上
収入計	39,000	35,250	24,000	24,000	24,000	24,000	24,000	24,000	24,000	24,000	24,000		
所得													
給与	21,550	21,550	21,550	21,550	21,550	21,550	21,550	21,550	21,550	21,550	21,550		
不動産	9,500	7,125	0	0	0	0	0	0	0	0	0		
合計所得	31,050	28,675	21,550	21,550	21,550	21,550	21,550	21,550	21,550	21,550	21,550		
所得控除計	2,360	2,360	2,360	2,360	2,360	2,360	2,360	2,360	2,360	2,360	2,360		
課税所得	28,690	26,315	19,190	19,190	19,190	19,190	19,190	19,190	19,190	19,190	19,190		
税負担													
所得税	8,680	7,730	4,880	4,880	4,880	4,880	4,880	4,880	4,880	4,880	4,880	51,650	
復興特別所得税	182	162	102	102	102	102	102	102	102	102	102	1,085	
住民税	2,869	2,632	1,919	1,919	1,919	1,919	1,919	1,919	1,919	1,919	1,919	19,903	
社会保険料	1,500	1,500	1,500	1,500	1,500	1,500	1,500	1,500	1,500	1,500	1,500	15,000	
消費税	300	360	0	0	0	0	0	0	0	0	360		貸家をH26/9に不動産管理会社へ譲渡 H26は9ヶ月分月割計上
税負担合計	13,531	12,384	8,401	8,401	8,401	8,401	8,401	8,401	8,401	8,401	8,401	87,997	
適用税率													
所得税（最大）	40.0%	40.0%	40.0%	40.0%	40.0%	40.0%	40.0%	40.0%	40.0%	40.0%	40.0%		
復興特別所得税	0.8%	0.8%	0.8%	0.8%	0.8%	0.8%	0.8%	0.8%	0.8%	0.8%	0.8%		
住民税	10.0%	10.0%	10.0%	10.0%	10.0%	10.0%	10.0%	10.0%	10.0%	10.0%	10.0%		
計	50.8%	50.8%	50.8%	50.8%	50.8%	50.8%	50.8%	50.8%	50.8%	50.8%	50.8%		
発行済株式	100,000	125,000	125,000	125,000	125,000	125,000	125,000	125,000	125,000	125,000	125,000		
議決権総数	100,000	115,000	115,000	115,000	115,000	115,000	115,000	115,000	115,000	115,000	115,000		

後継者A

（単位：千円）

	H25 現状	H26 1年目	H27 2年目	H28 3年目	H29 4年目	H30 5年目	H31 6年目	H32 7年目	H33 8年目	H34 9年目	H35 10年目	計 (10年間)	コメント
持株数・割合													
株数	20,000	20,735	21,439	22,106	22,739	23,346	23,940	24,518	25,082	25,630	26,313		現経営者からの自社株贈与
議決権割合	20.0%	18.0%	18.6%	19.2%	19.8%	20.3%	20.8%	21.3%	21.8%	22.3%	22.9%		
シェア（%）	20.0%	16.6%	17.2%	17.7%	18.2%	18.7%	19.2%	19.6%	20.1%	20.5%	21.1%		
収入													
役員報酬	15,000	15,000	15,000	15,000	15,000	15,000	15,000	15,000	15,000	15,000	15,000		現経営者からの住宅取得資金と自社株贈与
贈与財産	0	6,099	1,100	1,100	1,100	1,099	1,099	1,099	1,099	1,098	1,100		
収入計	15,000	21,099	16,100	16,100	16,100	16,099	16,099	16,099	16,099	16,098	16,100		
所得													
給与	12,550	12,550	12,550	12,550	12,550	12,550	12,550	12,550	12,550	12,550	12,550		
合計所得	12,550	12,550	12,550	12,550	12,550	12,550	12,550	12,550	12,550	12,550	12,550		
所得控除計	2,210	2,210	2,210	2,210	2,210	2,210	2,210	2,210	2,210	2,210	2,210		
課税所得	10,340	10,340	10,340	10,340	10,340	10,340	10,340	10,340	10,340	10,340	10,340		
税負担													
所得税	1,876	1,876	1,876	1,876	1,876	1,876	1,876	1,876	1,876	1,876	1,876	18,762	
復興特別所得税	39	39	39	39	39	39	39	39	39	39	39	394	
住民税	1,034	1,034	1,034	1,034	1,034	1,034	1,034	1,034	1,034	1,034	1,034	10,340	
社会保険料	1,200	1,200	1,200	1,200	1,200	1,200	1,200	1,200	1,200	1,200	1,200	12,000	
贈与税	0	0	0	0	0	0	0	0	0	0	0		
税負担合計	5,350	4,150	4,150	4,150	4,150	4,150	4,150	4,150	4,150	4,150	4,150	41,496	
適用税率													
所得税（最大）	33.0%	33.0%	33.0%	33.0%	33.0%	33.0%	33.0%	33.0%	33.0%	33.0%	33.0%		
復興特別所得税	0.7%	0.7%	0.7%	0.7%	0.7%	0.7%	0.7%	0.7%	0.7%	0.7%	0.7%		
住民税	10.0%	10.0%	10.0%	10.0%	10.0%	10.0%	10.0%	10.0%	10.0%	10.0%	10.0%		
計	43.7%	43.7%	43.7%	43.7%	43.7%	43.7%	43.7%	43.7%	43.7%	43.7%	43.7%		
議決権総数	100,000	115,000	115,000	115,000	115,000	115,000	115,000	115,000	115,000	115,000	115,000		

況や、②生前贈与を含めた個人の収支、③所得税等、贈与税の税負担の状況を見ていきます。

配偶者

(単位：千円)

	H25 現状	H26 1年目	H27 2年目	H28 3年目	H29 4年目	H30 5年目	H31 6年目	H32 7年目	H33 8年目	H34 9年目	H35 10年目	計 (10年間)	コメント
持株数・割合													
株数	20,000	20,000	20,000	20,000	20,000	20,000	20,000	20,000	20,000	20,000	20,000		
議決権割合	20.0%	17.4%	17.4%	17.4%	17.4%	17.4%	17.4%	17.4%	17.4%	17.4%	17.4%		
シェア（%）	20.0%	16.0%	16.0%	16.0%	16.0%	16.0%	16.0%	16.0%	16.0%	16.0%	16.0%		
収入													
役員報酬	1,800	1,800	1,800	1,800	1,800	1,800	1,800	1,800	1,800	1,800	1,800		
収入計	1,800	1,800	1,800	1,800	1,800	1,800	1,800	1,800	1,800	1,800	1,800		
所得													
給与	1,080	1,080	1,080	1,080	1,080	1,080	1,080	1,080	1,080	1,080	1,080		
合計所得	1,080	1,080	1,080	1,080	1,080	1,080	1,080	1,080	1,080	1,080	1,080		
所得控除計	380	380	380	380	380	380	380	380	380	380	380		
課税所得	700	700	700	700	700	700	700	700	700	700	700		
税負担													
所得税	35	35	35	35	35	35	35	35	35	35	35	350	
復興特別所得税	1	1	1	1	1	1	1	1	1	1	1	7	
住民税	70	70	70	70	70	70	70	70	70	70	70	700	
税負担合計	106	106	106	106	106	106	106	106	106	106	106	1,057	
適用税率													
計	15.1%	15.1%	15.1%	15.1%	15.1%	15.1%	15.1%	15.1%	15.1%	15.1%	15.1%		

子B

(単位：千円)

	H25 現状	H26 1年目	H27 2年目	H28 3年目	H29 4年目	H30 5年目	H31 6年目	H32 7年目	H33 8年目	H34 9年目	H35 10年目	計 (10年間)	コメント
持株数・割合													
株数	0	0	0	0	0	0	0	0	0	0	0		
収入													
役員報酬	9,600	9,600	9,600	9,600	9,600	9,600	9,600	9,600	9,600	9,600	9,600		現経営者からの住宅取得資金及び金銭贈与
贈与財産	0	6,100	1,100	1,100	1,100	1,100	1,100	1,100	1,100	1,100	1,100		
収入計	9,600	15,700	10,700	10,700	10,700	10,700	10,700	10,700	10,700	10,700	10,700		
所得													
給与	7,420	7,420	7,420	7,420	7,420	7,420	7,420	7,420	7,420	7,420	7,420		
合計所得	7,420	7,420	7,420	7,420	7,420	7,420	7,420	7,420	7,420	7,420	7,420		
所得控除計	2,060	2,060	2,060	2,060	2,060	2,060	2,060	2,060	2,060	2,060	2,060		
課税所得	5,360	5,360	5,360	5,360	5,360	5,360	5,360	5,360	5,360	5,360	5,360		
税負担													
所得税	645	645	645	645	645	645	645	645	645	645	645	6,445	
復興特別所得税	14	14	14	14	14	14	14	14	14	14	14	135	
住民税	536	536	536	536	536	536	536	536	536	536	536	5,360	
社会保険料	1,200	1,200	1,200	1,200	1,200	1,200	1,200	1,200	1,200	1,200	1,200	12,000	
贈与税	0	0	0	0	0	0	0	0	0	0	0		
税負担合計	2,394	2,394	2,394	2,394	2,394	2,394	2,394	2,394	2,394	2,394	2,394	23,940	
適用税率													
計	30.4%	30.4%	30.4%	30.4%	30.4%	30.4%	30.4%	30.4%	30.4%	30.4%	30.4%		

孫

(単位：千円)

	H25 現状	H26 1年目	H27 2年目	H28 3年目	H29 4年目	H30 5年目	H31 6年目	H32 7年目	H33 8年目	H34 9年目	H35 10年目	計 (10年間)	コメント
持株数・割合													
株数	0	0	0	0	0	0	0	0	0	0	0		
収入													
役員報酬	0	0	0	0	0	0	0	0	0	0	0		
贈与財産	0	1,100	1,100	1,100	1,100	1,100	1,100	1,100	1,100	1,100	1,100		現経営者からの生前贈与
収入計	0	1,100	1,100	1,100	1,100	1,100	1,100	1,100	1,100	1,100	1,100		
所得													
給与	0	0	0	0	0	0	0	0	0	0	0		
合計所得	0	0	0	0	0	0	0	0	0	0	0		
所得控除計	380	380	380	380	380	380	380	380	380	380	380		
課税所得	0	0	0	0	0	0	0	0	0	0	0		
税負担													
贈与税	0	0	0	0	0	0	0	0	0	0	0	0	
税負担合計	0	0	0	0	0	0	0	0	0	0	0	0	
適用税率													
計	0.0%	0.0%	0.0%	0.0%	0.0%	0.0%	0.0%	0.0%	0.0%	0.0%	0.0%		

第8章 10年間の税金対策シミュレーション

税金対策シミュレーション（個人の収支）　パターン②　生前贈与　年110万円　従業員譲渡20%

現経営者

(単位：千円)

	H25 現状	H26 1年目	H27 2年目	H28 3年目	H29 4年目	H30 5年目	H31 6年目	H32 7年目	H33 8年目	H34 9年目	H35 10年目	計 (10年間)	コメント
持株数・割合													
株数	60,000	64,265	63,561	62,894	62,261	61,654	61,060	60,482	59,918	59,370	58,687		DES及び生前贈与後の持株数
議決権割合	60.0%	61.2%	60.5%	59.9%	59.3%	58.7%	58.2%	57.6%	57.1%	56.5%	55.9%		
シェア（%）	60.0%	51.4%	50.8%	50.3%	49.8%	49.3%	48.8%	48.4%	47.9%	47.5%	46.9%		
収入													
役員報酬	24,000	24,000	24,000	24,000	24,000	24,000	24,000	24,000	24,000	24,000	24,000		
不動産収入	15,000	11,250	0	0	0	0	0	0	0	0	0		貸家をH26/9に不動産管理会社へ譲渡 H26は9ヶ月分月割計上
収入計	39,000	35,250	24,000	24,000	24,000	24,000	24,000	24,000	24,000	24,000	24,000		
所得													
給与	21,550	21,550	21,550	21,550	21,550	21,550	21,550	21,550	21,550	21,550	21,550		
不動産	9,500	7,125	0	0	0	0	0	0	0	0	0		
合計所得	31,050	28,675	21,550	21,550	21,550	21,550	21,550	21,550	21,550	21,550	21,550		
所得控除計	2,360	2,360	2,360	2,360	2,360	2,360	2,360	2,360	2,360	2,360	2,360		
課税所得	28,690	26,315	19,190	19,190	19,190	19,190	19,190	19,190	19,190	19,190	19,190		
税負担													
所得税	8,680	7,730	4,880	4,880	4,880	4,880	4,880	4,880	4,880	4,880	4,880	51,650	
復興特別所得税	182	162	102	102	102	102	102	102	102	102	102	1,085	
住民税	2,869	2,632	1,919	1,919	1,919	1,919	1,919	1,919	1,919	1,919	1,919	19,903	
社会保険料	1,500	1,500	1,500	1,500	1,500	1,500	1,500	1,500	1,500	1,500	1,500	15,000	
消費税	300	360	0	0	0	0	0	0	0	0	0	360	貸家をH26/9に不動産管理会社へ譲渡 H26は9ヶ月分月割計上
税負担合計	13,531	12,384	8,401	8,401	8,401	8,401	8,401	8,401	8,401	8,401	8,401	87,997	
適用税率													
所得税(最大)	40.0%	40.0%	40.0%	40.0%	40.0%	40.0%	40.0%	40.0%	40.0%	40.0%	40.0%		
復興特別所得税	0.8%	0.8%	0.8%	0.8%	0.8%	0.8%	0.8%	0.8%	0.8%	0.8%	0.8%		
住民税	10.0%	10.0%	10.0%	10.0%	10.0%	10.0%	10.0%	10.0%	10.0%	10.0%	10.0%		
計	50.8%	50.8%	50.8%	50.8%	50.8%	50.8%	50.8%	50.8%	50.8%	50.8%	50.8%		
発行済株式	100,000	125,000	125,000	125,000	125,000	125,000	125,000	125,000	125,000	125,000	125,000		
議決権総数	100,000	105,000	105,000	105,000	105,000	105,000	105,000	105,000	105,000	105,000	105,000		

後継者A

(単位：千円)

	H25 現状	H26 1年目	H27 2年目	H28 3年目	H29 4年目	H30 5年目	H31 6年目	H32 7年目	H33 8年目	H34 9年目	H35 10年目	計 (10年間)	コメント
持株数・割合													
株数	20,000	20,735	21,439	22,106	22,739	23,346	23,940	24,518	25,082	25,630	26,313		現経営者からの自社株贈与
議決権割合	20.0%	19.7%	20.4%	21.1%	21.7%	22.2%	22.8%	23.4%	23.9%	24.4%	25.1%		
シェア（%）	20.0%	16.6%	17.2%	17.7%	18.2%	18.7%	19.2%	19.6%	20.1%	20.5%	21.1%		
収入													
役員報酬	15,000	15,000	15,000	15,000	15,000	15,000	15,000	15,000	15,000	15,000	15,000		
贈与財産	0	6,099	1,100	1,100	1,100	1,099	1,099	1,099	1,099	1,098	1,100		現経営者からの住宅取得資金と自社株贈与
収入計	15,000	21,099	16,100	16,100	16,100	16,099	16,099	16,099	16,099	16,098	16,100		
所得													
給与	12,550	12,550	12,550	12,550	12,550	12,550	12,550	12,550	12,550	12,550	12,550		
合計所得	12,550	12,550	12,550	12,550	12,550	12,550	12,550	12,550	12,550	12,550	12,550		
所得控除計	2,210	2,210	2,210	2,210	2,210	2,210	2,210	2,210	2,210	2,210	2,210		
課税所得	10,340	10,340	10,340	10,340	10,340	10,340	10,340	10,340	10,340	10,340	10,340		
税負担													
所得税	1,876	1,876	1,876	1,876	1,876	1,876	1,876	1,876	1,876	1,876	1,876	18,762	
復興特別所得税	39	39	39	39	39	39	39	39	39	39	39	394	
住民税	1,034	1,034	1,034	1,034	1,034	1,034	1,034	1,034	1,034	1,034	1,034	10,340	
社会保険料	1,200	1,200	1,200	1,200	1,200	1,200	1,200	1,200	1,200	1,200	1,200	12,000	
贈与税	0	0	0	0	0	0	0	0	0	0	0	0	
税負担合計	5,350	4,150	4,150	4,150	4,150	4,150	4,150	4,150	4,150	4,150	4,150	41,496	
適用税率													
所得税(最大)	33.0%	33.0%	33.0%	33.0%	33.0%	33.0%	33.0%	33.0%	33.0%	33.0%	33.0%		
復興特別所得税	0.7%	0.7%	0.7%	0.7%	0.7%	0.7%	0.7%	0.7%	0.7%	0.7%	0.7%		
住民税	10.0%	10.0%	10.0%	10.0%	10.0%	10.0%	10.0%	10.0%	10.0%	10.0%	10.0%		
計	43.7%	43.7%	43.7%	43.7%	43.7%	43.7%	43.7%	43.7%	43.7%	43.7%	43.7%		

8-1 10年間の税金対策シミュレーションの作成

配偶者
(単位：千円)

	H25 現状	H26 1年目	H27 2年目	H28 3年目	H29 4年目	H30 5年目	H31 6年目	H32 7年目	H33 8年目	H34 9年目	H35 10年目	計(10年間)	コメント
持株数・割合													
株数	20,000	20,000	20,000	20,000	20,000	20,000	20,000	20,000	20,000	20,000	20,000		
議決権割合	20.0%	19.0%	19.0%	19.0%	19.0%	19.0%	19.0%	19.0%	19.0%	19.0%	19.0%		
シェア（%）	20.0%	16.0%	16.0%	16.0%	16.0%	16.0%	16.0%	16.0%	16.0%	16.0%	16.0%		
収入													
役員報酬	1,800	1,800	1,800	1,800	1,800	1,800	1,800	1,800	1,800	1,800	1,800		
収入計	1,800	1,800	1,800	1,800	1,800	1,800	1,800	1,800	1,800	1,800	1,800		
所得													
給与	1,080	1,080	1,080	1,080	1,080	1,080	1,080	1,080	1,080	1,080	1,080		
合計所得	1,080	1,080	1,080	1,080	1,080	1,080	1,080	1,080	1,080	1,080	1,080		
所得控除計	380	380	380	380	380	380	380	380	380	380	380		
課税所得	700	700	700	700	700	700	700	700	700	700	700		
税負担													
所得税	35	35	35	35	35	35	35	35	35	35	35	350	
復興特別所得税	1	1	1	1	1	1	1	1	1	1	1	7	
住民税	70	70	70	70	70	70	70	70	70	70	70	700	
税負担合計	106	106	106	106	106	106	106	106	106	106	106	1,057	
適用税率													
計	15.1%	15.1%	15.1%	15.1%	15.1%	15.1%	15.1%	15.1%	15.1%	15.1%	15.1%		

子B
(単位：千円)

	H25 現状	H26 1年目	H27 2年目	H28 3年目	H29 4年目	H30 5年目	H31 6年目	H32 7年目	H33 8年目	H34 9年目	H35 10年目	計(10年間)	コメント
持株数・割合													
株数	0	0	0	0	0	0	0	0	0	0	0		
収入													
役員報酬	9,600	9,600	9,600	9,600	9,600	9,600	9,600	9,600	9,600	9,600	9,600		現経営者からの住宅取得資金及び金銭贈与
贈与財産	0	6,100	1,100	1,100	1,100	1,100	1,100	1,100	1,100	1,100	1,100		
収入計	9,600	15,700	10,700	10,700	10,700	10,700	10,700	10,700	10,700	10,700	10,700		
所得													
給与	7,420	7,420	7,420	7,420	7,420	7,420	7,420	7,420	7,420	7,420	7,420		
合計所得	7,420	7,420	7,420	7,420	7,420	7,420	7,420	7,420	7,420	7,420	7,420		
所得控除計	2,060	2,060	2,060	2,060	2,060	2,060	2,060	2,060	2,060	2,060	2,060		
課税所得	5,360	5,360	5,360	5,360	5,360	5,360	5,360	5,360	5,360	5,360	5,360		
税負担													
所得税	645	645	645	645	645	645	645	645	645	645	645	6,445	
復興特別所得税	14	14	14	14	14	14	14	14	14	14	14	135	
住民税	536	536	536	536	536	536	536	536	536	536	536	5,360	
社会保険料	1,200	1,200	1,200	1,200	1,200	1,200	1,200	1,200	1,200	1,200	1,200	12,000	
贈与税		0	0	0	0	0	0	0	0	0	0	0	
税負担合計	2,394	2,394	2,394	2,394	2,394	2,394	2,394	2,394	2,394	2,394	2,394	23,940	
適用税率													
計	30.4%	30.4%	30.4%	30.4%	30.4%	30.4%	30.4%	30.4%	30.4%	30.4%	30.4%		

孫
(単位：千円)

	H25 現状	H26 1年目	H27 2年目	H28 3年目	H29 4年目	H30 5年目	H31 6年目	H32 7年目	H33 8年目	H34 9年目	H35 10年目	計(10年間)	コメント
持株数・割合													
株数	0	0	0	0	0	0	0	0	0	0	0		
収入													
役員報酬	0	0	0	0	0	0	0	0	0	0	0		現経営者からの生前贈与
贈与財産	0	1,100	1,100	1,100	1,100	1,100	1,100	1,100	1,100	1,100	1,100		
収入計	0	1,100	1,100	1,100	1,100	1,100	1,100	1,100	1,100	1,100	1,100		
所得													
給与	0	0	0	0	0	0	0	0	0	0	0		
合計所得	0	0	0	0	0	0	0	0	0	0	0		
所得控除計	380	380	380	380	380	380	380	380	380	380	380		
課税所得	0	0	0	0	0	0	0	0	0	0	0		
税負担													
贈与税	0	0	0	0	0	0	0	0	0	0	0		
税負担合計	0	0	0	0	0	0	0	0	0	0	0	0	
適用税率													
計	0.0%	0.0%	0.0%	0.0%	0.0%	0.0%	0.0%	0.0%	0.0%	0.0%	0.0%		

252　第8章　10年間の税金対策シミュレーション

税金対策シミュレーション（個人の収支）　パターン③　生前贈与　年310万円　従業員譲渡10%

現経営者

（単位：千円）

	H25 現状	H26 1年目	H27 2年目	H28 3年目	H29 4年目	H30 5年目	H31 6年目	H32 7年目	H33 8年目	H34 9年目	H35 10年目	計 (10年間)	コメント
持株数・割合													
株数	60,000	72,927	70,943	69,064	67,280	65,569	63,895	62,266	60,676	59,130	57,205		DES及び生前贈与後の持株数
議決権割合	60.0%	63.4%	61.7%	60.1%	58.5%	57.0%	55.6%	54.1%	52.8%	51.4%	49.7%		
シェア（%）	60.0%	58.3%	56.8%	55.3%	53.8%	52.5%	51.1%	49.8%	48.5%	47.3%	45.8%		
収入													
役員報酬	24,000	24,000	24,000	24,000	24,000	24,000	24,000	24,000	24,000	24,000	24,000		
不動産収入	15,000	11,250	0	0	0	0	0	0	0	0	0		貸家をH26/9に不動産管理会社へ譲渡 H26は9ヶ月分月割計上
収入計	39,000	35,250	24,000	24,000	24,000	24,000	24,000	24,000	24,000	24,000	24,000		
所得													
給与	21,550	21,550	21,550	21,550	21,550	21,550	21,550	21,550	21,550	21,550	21,550		
不動産	9,500	7,125	0	0	0	0	0	0	0	0	0		
合計所得	31,050	28,675	21,550	21,550	21,550	21,550	21,550	21,550	21,550	21,550	21,550		
所得控除計	2,360	2,360	2,360	2,360	2,360	2,360	2,360	2,360	2,360	2,360	2,360		
課税所得	28,690	26,315	19,190	19,190	19,190	19,190	19,190	19,190	19,190	19,190	19,190		
税負担													
所得税	8,680	7,730	4,880	4,880	4,880	4,880	4,880	4,880	4,880	4,880	4,880	51,650	
復興特別所得税	182	162	102	102	102	102	102	102	102	102	102	1,085	
住民税	2,869	2,632	1,919	1,919	1,919	1,919	1,919	1,919	1,919	1,919	1,919	19,903	
社会保険料	1,500	1,500	1,500	1,500	1,500	1,500	1,500	1,500	1,500	1,500	1,500	15,000	
消費税	300	360	0	0	0	0	0	0	0	0	0	360	貸家をH26/9に不動産管理会社へ譲渡 H26は9ヶ月分月割計上
税負担合計	13,531	12,384	8,401	8,401	8,401	8,401	8,401	8,401	8,401	8,401	8,401	87,997	
適用税率													
所得税（最大）	40.0%	40.0%	40.0%	40.0%	40.0%	40.0%	40.0%	40.0%	40.0%	40.0%	40.0%		
復興特別所得税	0.8%	0.8%	0.8%	0.8%	0.8%	0.8%	0.8%	0.8%	0.8%	0.8%	0.8%		
住民税	10.0%	10.0%	10.0%	10.0%	10.0%	10.0%	10.0%	10.0%	10.0%	10.0%	10.0%		
計	50.8%	50.8%	50.8%	50.8%	50.8%	50.8%	50.8%	50.8%	50.8%	50.8%	50.8%		
発行済株式	100,000	125,000	125,000	125,000	125,000	125,000	125,000	125,000	125,000	125,000	125,000		
議決権総数	100,000	115,000	115,000	115,000	115,000	115,000	115,000	115,000	115,000	115,000	115,000		

後継者A

（単位：千円）

	H25 現状	H26 1年目	H27 2年目	H28 3年目	H29 4年目	H30 5年目	H31 6年目	H32 7年目	H33 8年目	H34 9年目	H35 10年目	計 (10年間)	コメント
持株数・割合													
株数	20,000	22,073	24,057	25,936	27,720	29,431	31,105	32,734	34,324	35,870	37,795		現経営者からの自社株贈与
議決権割合	20.0%	19.2%	20.9%	22.6%	24.1%	25.6%	27.0%	28.5%	29.8%	31.2%	32.9%		
シェア（%）	20.0%	17.7%	19.2%	20.7%	22.2%	23.5%	24.9%	26.2%	27.5%	28.7%	30.2%		
収入													
役員報酬	15,000	15,000	15,000	15,000	15,000	15,000	15,000	15,000	15,000	15,000	15,000		現経営者からの住宅取得資金と自社株贈与
贈与財産	0	8,099	3,099	3,098	3,099	3,099	3,099	3,098	3,099	3,098	3,099		
収入計	15,000	23,099	18,099	18,098	18,099	18,099	18,099	18,098	18,099	18,098	18,099		
所得													
給与	12,550	12,550	12,550	12,550	12,550	12,550	12,550	12,550	12,550	12,550	12,550		
合計所得	12,550	12,550	12,550	12,550	12,550	12,550	12,550	12,550	12,550	12,550	12,550		
所得控除計	2,210	2,210	2,210	2,210	2,210	2,210	2,210	2,210	2,210	2,210	2,210		
課税所得	10,340	10,340	10,340	10,340	10,340	10,340	10,340	10,340	10,340	10,340	10,340		
税負担													
所得税	1,876	1,876	1,876	1,876	1,876	1,876	1,876	1,876	1,876	1,876	1,876	18,762	
復興特別所得税	39	39	39	39	39	39	39	39	39	39	39	394	
住民税	1,034	1,034	1,034	1,034	1,034	1,034	1,034	1,034	1,034	1,034	1,034	10,340	
社会保険料	1,200	1,200	1,200	1,200	1,200	1,200	1,200	1,200	1,200	1,200	1,200	12,000	
贈与税	0	200	200	200	200	200	200	200	200	200	200	2,000	税率10%
税負担合計	5,350	4,350	4,350	4,350	4,350	4,350	4,350	4,350	4,350	4,350	4,350	43,496	
適用税率													
所得税（最大）	33.0%	33.0%	33.0%	33.0%	33.0%	33.0%	33.0%	33.0%	33.0%	33.0%	33.0%		
復興特別所得税	0.7%	0.7%	0.7%	0.7%	0.7%	0.7%	0.7%	0.7%	0.7%	0.7%	0.7%		
住民税	10.0%	10.0%	10.0%	10.0%	10.0%	10.0%	10.0%	10.0%	10.0%	10.0%	10.0%		
計	43.7%	43.7%	43.7%	43.7%	43.7%	43.7%	43.7%	43.7%	43.7%	43.7%	43.7%		

8-1 10年間の税金対策シミュレーションの作成

配偶者

(単位：千円)

	H25 現状	H26 1年目	H27 2年目	H28 3年目	H29 4年目	H30 5年目	H31 6年目	H32 7年目	H33 8年目	H34 9年目	H35 10年目	計(10年間)	コメント
持株数・割合													
株数	20,000	20,000	20,000	20,000	20,000	20,000	20,000	20,000	20,000	20,000	20,000		
議決権割合	20.0%	17.4%	17.4%	17.4%	17.4%	17.4%	17.4%	17.4%	17.4%	17.4%	17.4%		
シェア（%）	20.0%	16.0%	16.0%	16.0%	16.0%	16.0%	16.0%	16.0%	16.0%	16.0%	16.0%		
収入													
役員報酬	1,800	1,800	1,800	1,800	1,800	1,800	1,800	1,800	1,800	1,800	1,800		
収入計	1,800	1,800	1,800	1,800	1,800	1,800	1,800	1,800	1,800	1,800	1,800		
所得													
給与	1,080	1,080	1,080	1,080	1,080	1,080	1,080	1,080	1,080	1,080	1,080		
合計所得	1,080	1,080	1,080	1,080	1,080	1,080	1,080	1,080	1,080	1,080	1,080		
所得控除計	380	380	380	380	380	380	380	380	380	380	380		
課税所得	700	700	700	700	700	700	700	700	700	700	700		
税負担													
所得税	35	35	35	35	35	35	35	35	35	35	35	350	
復興特別所得税	1	1	1	1	1	1	1	1	1	1	1	7	
住民税	70	70	70	70	70	70	70	70	70	70	70	700	
税負担合計	106	106	106	106	106	106	106	106	106	106	106	1,057	
適用税率													
計	15.1%	15.1%	15.1%	15.1%	15.1%	15.1%	15.1%	15.1%	15.1%	15.1%	15.1%		

子B

(単位：千円)

	H25 現状	H26 1年目	H27 2年目	H28 3年目	H29 4年目	H30 5年目	H31 6年目	H32 7年目	H33 8年目	H34 9年目	H35 10年目	計(10年間)	コメント
持株数・割合													
株数	0	0	0	0	0	0	0	0	0	0	0		
収入													
役員報酬	9,600	9,600	9,600	9,600	9,600	9,600	9,600	9,600	9,600	9,600	9,600		現経営者からの住宅取得資金及び金銭贈与
贈与財産	0	8,100	3,100	3,100	3,100	3,100	3,100	3,100	3,100	3,100	3,100		
収入計	9,600	17,700	12,700	12,700	12,700	12,700	12,700	12,700	12,700	12,700	12,700		
所得													
給与	7,420	7,420	7,420	7,420	7,420	7,420	7,420	7,420	7,420	7,420	7,420		
合計所得	7,420	7,420	7,420	7,420	7,420	7,420	7,420	7,420	7,420	7,420	7,420		
所得控除計	2,060	2,060	2,060	2,060	2,060	2,060	2,060	2,060	2,060	2,060	2,060		
課税所得	5,360	5,360	5,360	5,360	5,360	5,360	5,360	5,360	5,360	5,360	5,360		
税負担													
所得税	645	645	645	645	645	645	645	645	645	645	645	6,445	
復興特別所得税	14	14	14	14	14	14	14	14	14	14	14	135	
住民税	536	536	536	536	536	536	536	536	536	536	536	5,360	
社会保険料	1,200	1,200	1,200	1,200	1,200	1,200	1,200	1,200	1,200	1,200	1,200	12,000	
贈与税	0	200	200	200	200	200	200	200	200	200	200	2,000	税率10%
税負担合計	2,394	2,594	2,594	2,594	2,594	2,594	2,594	2,594	2,594	2,594	2,594	25,940	
適用税率													
計	30.4%	30.4%	30.4%	30.4%	30.4%	30.4%	30.4%	30.4%	30.4%	30.4%	30.4%		

孫

(単位：千円)

	H25 現状	H26 1年目	H27 2年目	H28 3年目	H29 4年目	H30 5年目	H31 6年目	H32 7年目	H33 8年目	H34 9年目	H35 10年目	計(10年間)	コメント
持株数・割合													
株数	0	0	0	0	0	0	0	0	0	0	0		
収入													
贈与財産	0	3,100	3,100	3,100	3,100	3,100	3,100	3,100	3,100	3,100	3,100		現経営者からの生前贈与
収入計	0	3,100	3,100	3,100	3,100	3,100	3,100	3,100	3,100	3,100	3,100		
所得													
給与	0	0	0	0	0	0	0	0	0	0	0		
合計所得	0	0	0	0	0	0	0	0	0	0	0		
所得控除計	380	380	380	380	380	380	380	380	380	380	380		
課税所得	0	0	0	0	0	0	0	0	0	0	0		
税負担													
贈与税	0	200	200	200	200	200	200	200	200	200	200	2,000	税率10%
税負担合計	0	200	200	200	200	200	200	200	200	200	200	2,000	
適用税率													
計	0.0%	0.0%	0.0%	0.0%	0.0%	0.0%	0.0%	0.0%	0.0%	0.0%	0.0%		

第8章　10年間の税金対策シミュレーション

税金対策シミュレーション（個人の収支）　パターン④　生前贈与　年310万円　従業員譲渡20%

現経営者

（単位：千円）

	H25 現状	H26 1年目	H27 2年目	H28 3年目	H29 4年目	H30 5年目	H31 6年目	H32 7年目	H33 8年目	H34 9年目	H35 10年目	計 (10年間)	コメント
持株数・割合													
株数	60,000	62,927	60,943	59,064	57,280	55,569	53,895	52,266	50,676	49,130	47,205		DES及び生前贈与後の持株数
議決権割合	60.0%	59.9%	58.0%	56.3%	54.6%	52.9%	51.3%	49.8%	48.3%	46.8%	45.0%		
シェア（%）	60.0%	50.3%	48.8%	47.3%	45.8%	44.5%	43.1%	41.8%	40.5%	39.3%	37.8%		
収入													
役員報酬	24,000	24,000	24,000	24,000	24,000	24,000	24,000	24,000	24,000	24,000	24,000		
不動産収入	15,000	11,250	0	0	0	0	0	0	0	0	0		貸家をH26/9に不動産管理会社へ譲渡 H26は9ヶ月分月割計上
収入計	39,000	35,250	24,000	24,000	24,000	24,000	24,000	24,000	24,000	24,000	24,000		
所得													
給与	21,550	21,550	21,550	21,550	21,550	21,550	21,550	21,550	21,550	21,550	21,550		
不動産	9,500	7,125	0	0	0	0	0	0	0	0	0		
合計所得	31,050	28,675	21,550	21,550	21,550	21,550	21,550	21,550	21,550	21,550	21,550		
所得控除計	2,360	2,360	2,360	2,360	2,360	2,360	2,360	2,360	2,360	2,360	2,360		
課税所得	28,690	26,315	19,190	19,190	19,190	19,190	19,190	19,190	19,190	19,190	19,190		
税負担													
所得税	8,680	7,730	4,880	4,880	4,880	4,880	4,880	4,880	4,880	4,880	4,880	51,650	
復興特別所得税	182	162	102	102	102	102	102	102	102	102	102	1,085	
住民税	2,869	2,632	1,919	1,919	1,919	1,919	1,919	1,919	1,919	1,919	1,919	19,903	
社会保険料	1,500	1,500	1,500	1,500	1,500	1,500	1,500	1,500	1,500	1,500	1,500	15,000	
消費税	300	360	0	0	0	0	0	0	0	0	0	360	貸家をH26/9に不動産管理会社へ譲渡 H26は9ヶ月分月割計上
税負担合計	13,531	12,384	8,401	8,401	8,401	8,401	8,401	8,401	8,401	8,401	8,401	87,997	
適用税率													
所得税（最大）	40.0%	40.0%	40.0%	40.0%	40.0%	40.0%	40.0%	40.0%	40.0%	40.0%	40.0%		
復興特別所得税	0.8%	0.8%	0.8%	0.8%	0.8%	0.8%	0.8%	0.8%	0.8%	0.8%	0.8%		
住民税	10.0%	10.0%	10.0%	10.0%	10.0%	10.0%	10.0%	10.0%	10.0%	10.0%	10.0%		
計	50.8%	50.8%	50.8%	50.8%	50.8%	50.8%	50.8%	50.8%	50.8%	50.8%	50.8%		
発行済株式	100,000	125,000	125,000	125,000	125,000	125,000	125,000	125,000	125,000	125,000	125,000		
議決権総数	100,000	105,000	105,000	105,000	105,000	105,000	105,000	105,000	105,000	105,000	105,000		

後継者A

（単位：千円）

	H25 現状	H26 1年目	H27 2年目	H28 3年目	H29 4年目	H30 5年目	H31 6年目	H32 7年目	H33 8年目	H34 9年目	H35 10年目	計 (10年間)	コメント
持株数・割合													
株数	20,000	22,073	24,057	25,936	27,720	29,431	31,105	32,734	34,324	35,870	37,795		現経営者からの自社株贈与
議決権割合	20.0%	21.0%	22.9%	24.7%	26.4%	28.0%	29.6%	31.2%	32.7%	34.2%	36.0%		
シェア（%）	20.0%	17.7%	19.2%	20.7%	22.2%	23.5%	24.9%	26.2%	27.5%	28.7%	30.2%		
収入													
役員報酬	15,000	15,000	15,000	15,000	15,000	15,000	15,000	15,000	15,000	15,000	15,000		
贈与財産	0	8,099	3,099	3,098	3,099	3,099	3,099	3,098	3,099	3,098	3,099		現経営者からの住宅取得資金と自社株贈与
収入計	15,000	23,099	18,099	18,098	18,099	18,099	18,099	18,098	18,099	18,098	18,099		
所得													
給与	12,550	12,550	12,550	12,550	12,550	12,550	12,550	12,550	12,550	12,550	12,550		
合計所得	12,550	12,550	12,550	12,550	12,550	12,550	12,550	12,550	12,550	12,550	12,550		
所得控除計	2,210	2,210	2,210	2,210	2,210	2,210	2,210	2,210	2,210	2,210	2,210		
課税所得	10,340	10,340	10,340	10,340	10,340	10,340	10,340	10,340	10,340	10,340	10,340		
税負担													
所得税	1,876	1,876	1,876	1,876	1,876	1,876	1,876	1,876	1,876	1,876	1,876	18,762	
復興特別所得税	39	39	39	39	39	39	39	39	39	39	39	394	
住民税	1,034	1,034	1,034	1,034	1,034	1,034	1,034	1,034	1,034	1,034	1,034	10,340	
社会保険料	1,200	1,200	1,200	1,200	1,200	1,200	1,200	1,200	1,200	1,200	1,200	12,000	
贈与税	0	200	200	200	200	200	200	200	200	200	200	2,000	税率10%
税負担合計	5,350	4,350	4,350	4,350	4,350	4,350	4,350	4,350	4,350	4,350	4,350	43,496	
適用税率													
所得税（最大）	33.0%	33.0%	33.0%	33.0%	33.0%	33.0%	33.0%	33.0%	33.0%	33.0%	33.0%		
復興特別所得税	0.7%	0.7%	0.7%	0.7%	0.7%	0.7%	0.7%	0.7%	0.7%	0.7%	0.7%		
住民税	10.0%	10.0%	10.0%	10.0%	10.0%	10.0%	10.0%	10.0%	10.0%	10.0%	10.0%		
計	43.7%	43.7%	43.7%	43.7%	43.7%	43.7%	43.7%	43.7%	43.7%	43.7%	43.7%		

8-1 10年間の税金対策シミュレーションの作成

配偶者

(単位：千円)

	H25 現状	H26 1年目	H27 2年目	H28 3年目	H29 4年目	H30 5年目	H31 6年目	H32 7年目	H33 8年目	H34 9年目	H35 10年目	計(10年間)	コメント
持株数・割合													
株数	20,000	20,000	20,000	20,000	20,000	20,000	20,000	20,000	20,000	20,000	20,000		
議決権割合	20.0%	19.0%	19.0%	19.0%	19.0%	19.0%	19.0%	19.0%	19.0%	19.0%	19.0%		
シェア(%)	20.0%	16.0%	16.0%	16.0%	16.0%	16.0%	16.0%	16.0%	16.0%	16.0%	16.0%		
収入													
役員報酬	1,800	1,800	1,800	1,800	1,800	1,800	1,800	1,800	1,800	1,800	1,800		
収入計	1,800	1,800	1,800	1,800	1,800	1,800	1,800	1,800	1,800	1,800	1,800		
所得													
給与	1,080	1,080	1,080	1,080	1,080	1,080	1,080	1,080	1,080	1,080	1,080		
合計所得	1,080	1,080	1,080	1,080	1,080	1,080	1,080	1,080	1,080	1,080	1,080		
所得控除計	380	380	380	380	380	380	380	380	380	380	380		
課税所得	700	700	700	700	700	700	700	700	700	700	700		
税負担													
所得税	35	35	35	35	35	35	35	35	35	35	35	350	
復興特別所得税	1	1	1	1	1	1	1	1	1	1	1	7	
住民税	70	70	70	70	70	70	70	70	70	70	70	700	
税負担合計	106	106	106	106	106	106	106	106	106	106	106	1,057	
適用税率													
計	15.1%	15.1%	15.1%	15.1%	15.1%	15.1%	15.1%	15.1%	15.1%	15.1%	15.1%		

子B

(単位：千円)

	H25 現状	H26 1年目	H27 2年目	H28 3年目	H29 4年目	H30 5年目	H31 6年目	H32 7年目	H33 8年目	H34 9年目	H35 10年目	計(10年間)	コメント
持株数・割合													
株数	0	0	0	0	0	0	0	0	0	0	0		
収入													
役員報酬	9,600	9,600	9,600	9,600	9,600	9,600	9,600	9,600	9,600	9,600	9,600		
贈与財産	0	8,100	3,100	3,100	3,100	3,100	3,100	3,100	3,100	3,100	3,100		現経営者からの住宅取得資金及び金銭贈与
収入計	9,600	17,700	12,700	12,700	12,700	12,700	12,700	12,700	12,700	12,700	12,700		
所得													
給与	7,420	7,420	7,420	7,420	7,420	7,420	7,420	7,420	7,420	7,420	7,420		
合計所得	7,420	7,420	7,420	7,420	7,420	7,420	7,420	7,420	7,420	7,420	7,420		
所得控除計	2,060	2,060	2,060	2,060	2,060	2,060	2,060	2,060	2,060	2,060	2,060		
課税所得	5,360	5,360	5,360	5,360	5,360	5,360	5,360	5,360	5,360	5,360	5,360		
税負担													
所得税	645	645	645	645	645	645	645	645	645	645	645	6,445	
復興特別所得税	14	14	14	14	14	14	14	14	14	14	14	135	
住民税	536	536	536	536	536	536	536	536	536	536	536	5,360	
社会保険料	1,200	1,200	1,200	1,200	1,200	1,200	1,200	1,200	1,200	1,200	1,200	12,000	
贈与税		200	200	200	200	200	200	200	200	200	200	2,000	税率10%
税負担合計	2,394	2,594	2,594	2,594	2,594	2,594	2,594	2,594	2,594	2,594	2,594	25,940	
適用税率													
計	30.4%	30.4%	30.4%	30.4%	30.4%	30.4%	30.4%	30.4%	30.4%	30.4%	30.4%		

孫

(単位：千円)

	H25 現状	H26 1年目	H27 2年目	H28 3年目	H29 4年目	H30 5年目	H31 6年目	H32 7年目	H33 8年目	H34 9年目	H35 10年目	計(10年間)	コメント
持株数・割合													
株数	0	0	0	0	0	0	0	0	0	0	0		
収入													
贈与財産	0	3,100	3,100	3,100	3,100	3,100	3,100	3,100	3,100	3,100	3,100		現経営者からの生前贈与
収入計	0	3,100	3,100	3,100	3,100	3,100	3,100	3,100	3,100	3,100	3,100		
所得													
給与	0	0	0	0	0	0	0	0	0	0	0		
合計所得	0	0	0	0	0	0	0	0	0	0	0		
所得控除計	380	380	380	380	380	380	380	380	380	380	380		
課税所得	0	0	0	0	0	0	0	0	0	0	0		
税負担													
所得税	0	0	0	0	0	0	0	0	0	0	0	0	
復興特別所得税	0	0	0	0	0	0	0	0	0	0	0	0	
住民税	0	0	0	0	0	0	0	0	0	0	0	0	
社会保険料	0	0	0	0	0	0	0	0	0	0	0	0	
消費税	0	0	0	0	0	0	0	0	0	0	0	0	
贈与税	0	200	200	200	200	200	200	200	200	200	200	2,000	税率10%
税負担合計	0	200	200	200	200	200	200	200	200	200	200	2,000	
適用税率													
計	0.0%	0.0%	0.0%	0.0%	0.0%	0.0%	0.0%	0.0%	0.0%	0.0%	0.0%		

[5] 税金対策シミュレーション（各パターンの対策後納税額の結果要約）

対策後の自社株、相続税額、各個人の収支に基づく税額のパターン別の結果

■税金対策シミュレーション（結果要約） パターン① 生前贈与110万円 従業員へ10%譲渡 (単位：千円)

A社	0年目 H26/3期 実績	1年目 H27/3期 計画	2年目 H28/3期 計画	3年目 H29/3期 計画	4年目 H30/3期 計画	5年目 H31/3期 計画	6年目 H32/3期 計画	7年目 H33/3期 計画	8年目 H34/3期 計画	9年目 H35/3期 計画	10年目 H36/3期 計画	10年間 計	コメント
経常利益	6,870	10,740	13,820	20,120	21,100	23,200	19,980	21,980	20,360	23,160	21,740		
役員退職金の計上	0	0	0	0	0	0	0	0	0	0	▲60,000		対策実行に伴う税前利益の変動要因
弔慰金の計上	0	0	0	0	0	0	0	0	0	0	▲4,000		
不動産管理費の発生	0	0	▲1,500	▲1,500	▲1,500	▲1,500	▲1,500	▲1,500	▲1,500	▲1,500	▲1,500		
税引前当期損益	6,870	10,740	12,320	18,620	19,600	21,700	18,480	20,480	18,860	21,660	▲43,760		
法人税等	70	917	3,330	5,819	6,206	7,036	5,764	6,554	5,914	7,020	180		
税後利益	6,800	9,823	8,990	12,801	13,394	14,664	12,716	13,926	12,946	14,640	▲43,940		
損金算入法人税等		917	3,330	5,819	6,206	7,036	5,764	6,554	5,914	7,020	180		
繰越欠損金の損金算入		▲7,460											
課税所得		3,280	12,320	18,620	19,600	21,700	18,480	20,480	18,860	21,660	▲43,760		
年税額合計		10,844	17,466	20,345	20,990	21,990	20,866	21,846	21,454	22,840	16,258	194,898	千円
適用税率（合計）		22.5%	39.5%	39.5%	39.5%	39.5%	39.5%	39.5%	39.5%	39.5%	0.0%		
消費税等の税率		8.0%	10.0%	10.0%	10.0%	10.0%	10.0%	10.0%	10.0%	10.0%	10.0%		
株式数													
発行済株式数	100,000	125,000	125,000	125,000	125,000	125,000	125,000	125,000	125,000	125,000	125,000	株	DES実施
議決権総数	100,000	115,000	115,000	115,000	115,000	115,000	115,000	115,000	115,000	115,000	115,000		
株価の推移	1,700	1,495	1,562	1,649	1,737	1,811	1,851	1,902	1,949	2,004	1,610	円	

不動産管理会社	H26/3期 実績	H27/3期 計画	H28/3期 計画	H29/3期 計画	H30/3期 計画	H31/3期 計画	H32/3期 計画	H33/3期 計画	H34/3期 計画	H35/3期 計画	H36/3期 計画	10年間 計	
課税所得		7,000	8,500	8,500	8,500	8,500	8,500	8,500	8,500	8,500	9,500		
年税額合計		1,613	1,711	1,711	1,711	1,711	1,711	1,711	1,711	1,711	1,711	17,013	千円
適用税率（合計）		24.8%	39.5%	39.5%	39.5%	39.5%	39.5%	39.5%	39.5%	39.5%	39.5%		

相続税	0年目 現経営者	1年目	2年目	3年目	4年目	5年目	6年目	7年目	8年目	9年目	10年目	対策終了時	
	評価額											評価額	
課税価格	446,000											335,586	千円
相続税額（試算）	119,250											25,558	千円
適用税率（最高）	45%											40%	
配偶者	評価額											評価額	
課税価格	237,000											228,993	千円
相続税額（試算）	50,100											40,698	千円
適用税率（最高）	30%											30%	
相続税額合計（試算）	169,350											66,256	千円

現経営者	現状	1年目	2年目	3年目	4年目	5年目	6年目	7年目	8年目	9年目	10年目	(10年間)	
持株数・割合													
株数	60,000	74,265	73,561	72,894	72,261	71,654	71,060	70,482	69,918	69,370	68,687		DES及び生前贈与後の持株数
議決権割合	60.0%	64.6%	64.0%	63.4%	62.8%	62.3%	61.8%	61.3%	60.8%	60.3%	59.7%		
シェア（%）	60.0%	59.4%	58.8%	58.3%	57.8%	57.3%	56.8%	56.4%	55.9%	55.5%	54.9%		
収入													貸家をH26/9に不動産管理会社へ譲渡 H26は9ヶ月分月割計上
役員報酬	24,000	24,000	24,000	24,000	24,000	24,000	24,000	24,000	24,000	24,000	24,000		
不動産収入	15,000	11,250	0	0	0	0	0	0	0	0	0		
収入計	39,000	35,250	24,000	24,000	24,000	24,000	24,000	24,000	24,000	24,000	24,000		
合計所得	31,050	28,675	21,550	21,550	21,550	21,550	21,550	21,550	21,550	21,550	21,550		
課税所得	28,690	26,315	19,190	19,190	19,190	19,190	19,190	19,190	19,190	19,190	19,190		
税負担合計	13,531	12,384	8,401	8,401	8,401	8,401	8,401	8,401	8,401	8,401	8,401	87,997	千円
適用税率（合計）	50.8%	50.8%	50.8%	50.8%	50.8%	50.8%	50.8%	50.8%	50.8%	50.8%	50.8%		

後継者A	現状	1年目	2年目	3年目	4年目	5年目	6年目	7年目	8年目	9年目	10年目	(10年間)	
持株数・割合													
株数	20,000	20,735	21,439	22,106	22,739	23,346	23,940	24,518	25,082	25,630	26,313		現経営者からの自社株贈与
議決権割合	20.0%	18.0%	18.6%	19.2%	19.8%	20.3%	20.8%	21.3%	21.8%	22.3%	22.9%		
シェア（%）	20.0%	16.6%	17.2%	17.7%	18.2%	18.7%	19.2%	19.6%	20.1%	20.5%	21.1%		
収入													現経営者からの住宅取得資金と自社株贈与
役員報酬	15,000	15,000	15,000	15,000	15,000	15,000	15,000	15,000	15,000	15,000	15,000		
贈与財産		6,099	1,100	1,100	1,100	1,099	1,099	1,099	1,099	1,098	1,099		
収入計	15,000	21,099	16,100	16,100	16,100	16,099	16,099	16,099	16,099	16,098	16,099		
合計所得	12,550	12,550	12,550	12,550	12,550	12,550	12,550	12,550	12,550	12,550	12,550		
課税所得	10,340	10,340	10,340	10,340	10,340	10,340	10,340	10,340	10,340	10,340	10,340		
税負担合計	5,360	4,150	4,150	4,150	4,150	4,150	4,150	4,150	4,150	4,150	4,150	41,496	千円
適用税率（合計）	43.7%	43.7%	43.7%	43.7%	43.7%	43.7%	43.7%	43.7%	43.7%	43.7%	43.7%		

配偶者	現状	1年目	2年目	3年目	4年目	5年目	6年目	7年目	8年目	9年目	10年目	(10年間)	
持株数・割合													
株数	20,000	20,000	20,000	20,000	20,000	20,000	20,000	20,000	20,000	20,000	20,000		
議決権割合	20.0%	17.4%	17.4%	17.4%	17.4%	17.4%	17.4%	17.4%	17.4%	17.4%	17.4%		
シェア（%）	20.0%	16.0%	16.0%	16.0%	16.0%	16.0%	16.0%	16.0%	16.0%	16.0%	16.0%		
収入													
役員報酬	1,800	1,800	1,800	1,800	1,800	1,800	1,800	1,800	1,800	1,800	1,800		
収入計	1,800	1,800	1,800	1,800	1,800	1,800	1,800	1,800	1,800	1,800	1,800		
課税所得	700	700	700	700	700	700	700	700	700	700	700		
税負担合計		106	106	106	106	106	106	106	106	106	106	1,057	千円
適用税率（合計）	15.1%	15.1%	15.1%	15.1%	15.1%	15.1%	15.1%	15.1%	15.1%	15.1%	15.1%		

子B	現状	1年目	2年目	3年目	4年目	5年目	6年目	7年目	8年目	9年目	10年目	(10年間)	
	0.0%	0.0%	0.0%	0.0%	0.0%	0.0%	0.0%	0.0%	0.0%	0.0%	0.0%		現経営者からの住宅取得資金及び金銭贈与
収入													
役員報酬	9,600	9,600	9,600	9,600	9,600	9,600	9,600	9,600	9,600	9,600	9,600		
贈与財産		6,100	1,100	1,100	1,100	1,100	1,100	1,100	1,100	1,100	1,100		
収入計	9,600	15,700	10,700	10,700	10,700	10,700	10,700	10,700	10,700	10,700	10,700		
課税所得	5,360	5,360	5,360	5,360	5,360	5,360	5,360	5,360	5,360	5,360	5,360		
税負担合計	2,394	2,394	2,394	2,394	2,394	2,394	2,394	2,394	2,394	2,394	2,394	23,940	千円
適用税率（合計）	30.4%	30.4%	30.4%	30.4%	30.4%	30.4%	30.4%	30.4%	30.4%	30.4%	30.4%		

嫁	現状	1年目	2年目	3年目	4年目	5年目	6年目	7年目	8年目	9年目	10年目	(10年間)	
収入													現経営者からの生前贈与
贈与財産	0	1,100	1,100	1,100	1,100	1,100	1,100	1,100	1,100	1,100	1,100		
税負担合計	0	0	0	0	0	0	0	0	0	0	0	0	千円

一族全体の相続税等税負担合計　432,658

8-1 10年間の税金対策シミュレーションの作成

要約を以下のようにまとめていきます。最後に、各パターンの「一族全体の相続税額等の税負担の合計額」を集計します。

■税金対策シミュレーション（結果要約） パターン② 生前贈与110万円 従業員へ20%譲渡

第8章　10年間の税金対策シミュレーション

■税金対策シミュレーション（結果要約）パターン③　生前贈与310万円　従業員へ10%譲渡

(単位：千円)

A社

項目	0年目 H26/3期 実績	1年目 H27/3期 計画	2年目 H28/3期 計画	3年目 H29/3期 計画	4年目 H30/3期 計画	5年目 H31/3期 計画	6年目 H32/3期 計画	7年目 H33/3期 計画	8年目 H34/3期 計画	9年目 H35/3期 計画	10年目 H36/3期 計画	10年間計	コメント
経常利益	6,870	10,740	13,820	20,120	21,100	23,200	19,980	21,980	20,360	23,160	21,740		
役員退職慰労金の計上	0	0	0	0	0	0	0	0	0	0	▲60,000		
弔慰金の計上	0	0	0	0	0	0	0	0	0	0	▲4,000		対策実行に伴う税前利益の変動要因
不動産管理費の発生	0	0	▲1,500	▲1,500	▲1,500	▲1,500	▲1,500	▲1,500	▲1,500	▲1,500	▲1,500		
税引前当期損益	6,870	10,740	12,320	18,620	19,600	21,700	18,480	20,480	18,860	21,660	▲43,760		
法人税等	70	917	3,330	5,819	6,206	7,036	5,764	6,554	5,914	7,020	180		
税引後利益	6,800	9,823	8,990	12,801	13,394	14,664	12,716	13,926	12,946	14,640	▲43,940		
損金算入法人税等		917	3,330	5,819	6,206	7,036	5,764	6,554	5,914	7,020	180		
繰越欠損金の損金算入	▲7,460												
課税所得		3,280	12,320	18,620	19,600	21,700	18,480	20,480	18,860	21,660	▲43,760		
年税額合計		10,844	17,466	20,945	20,990	21,990	20,866	21,846	21,454	22,840	16,258	194,898	千円
適用税率(合計)		22.5%	39.5%	39.5%	39.5%	39.5%	39.5%	39.5%	39.5%	39.5%	0.0%		
消費税等の税率		8.0%	10.0%	10.0%	10.0%	10.0%	10.0%	10.0%	10.0%	10.0%	10.0%		

株式数

発行済株式数	100,000	125,000	125,000	125,000	125,000	125,000	125,000	125,000	125,000	125,000	125,000	株	DES実施
議決権総数	100,000	115,000	115,000	115,000	115,000	115,000	115,000	115,000	115,000	115,000	115,000		
株価の推移	1,700	1,495	1,562	1,649	1,737	1,811	1,851	1,902	1,949	2,004	1,610	円	

不動産管理会社

項目	H26/3期 実績	H27/3期 計画	H28/3期 計画	H29/3期 計画	H30/3期 計画	H31/3期 計画	H32/3期 計画	H33/3期 計画	H34/3期 計画	H35/3期 計画	H36/3期 計画	10年間計
課税所得		7,000	6,500	6,500	6,500	6,500	6,500	6,500	6,500	6,500	6,500	
年税額合計	1,613	2,768	1,711	1,711	1,711	1,711	1,711	1,711	1,711	1,711	1,711	17,013 千円
適用税率(合計)	24.8%	39.5%	39.5%	39.5%	39.5%	39.5%	39.5%	39.5%	39.5%	39.5%	39.5%	

相続税

現経営者	0年目	1年目	2年目	3年目	4年目	5年目	6年目	7年目	8年目	9年目	10年目	対策実行後
	評価額											評価額
課税価格	446,000											277,100 千円
相続税額(試算)	119,250											19,710 千円
適用税率(最高)	45%											40%

配偶者	評価額											評価額
課税価格	237,400											199,750 千円
相続税額(試算)	50,100											31,950 千円
適用税率(最高)	30%											20%
相続税額合計(試算)	169,350											51,659 千円

現経営者

持株数・割合	現状	1年目	2年目	3年目	4年目	5年目	6年目	7年目	8年目	9年目	10年目	(10年間)	
株数	60,000	72,927	70,943	69,064	67,280	65,569	63,895	62,266	60,676	59,130	57,205		DES及び生前贈与後の持株数
議決権割合	60.0%	63.4%	61.7%	60.1%	58.5%	57.0%	55.6%	54.1%	52.8%	51.4%	49.7%		
シェア(%)	60.0%	58.3%	56.8%	55.3%	53.8%	52.5%	51.1%	49.8%	48.5%	47.3%	45.8%		

収入													
役員報酬	24,000	24,000	24,000	24,000	24,000	24,000	24,000	24,000	24,000	24,000	24,000		貸家をH26/9に不動産管理会社へ譲渡 H26は9ヶ月分割上
不動産収入	15,000	11,250											
収入計	39,000	35,250	24,000	24,000	24,000	24,000	24,000	24,000	24,000	24,000	24,000		
合計所得	31,050	28,675	21,550	21,550	21,550	21,550	21,550	21,550	21,550	21,550	21,550		
課税所得	28,690	26,315	19,190	19,190	19,190	19,190	19,190	19,190	19,190	19,190	19,190		
税負担計	13,531	12,364	8,401	8,401	8,401	8,401	8,401	8,401	8,401	8,401	8,401	87,997 千円	
適用税率(合計)	50.8%	50.8%	50.8%	50.8%	50.8%	50.8%	50.8%	50.8%	50.8%	50.8%	50.8%		

後継者A

持株数・割合	現状	1年目	2年目	3年目	4年目	5年目	6年目	7年目	8年目	9年目	10年目	(10年間)	
株数	20,000	22,073	24,057	25,936	27,720	29,431	31,105	32,734	34,324	35,870	37,795		現経営者からの自社株贈与
議決権割合	20.0%	19.2%	20.9%	22.6%	24.1%	25.6%	27.0%	28.5%	29.8%	31.2%	32.9%		
シェア(%)	20.0%	17.7%	19.2%	20.7%	22.2%	23.5%	24.9%	26.2%	27.5%	28.7%	30.2%		

収入													
役員報酬	15,000	15,000	15,000	15,000	15,000	15,000	15,000	15,000	15,000	15,000	15,000		現経営者からの住宅取得資金と自社株贈与
贈与財産	0	8,099	3,099	3,098	3,099	3,099	3,099	3,098	3,099	3,098	3,099		
収入計	15,000	23,099	18,099	18,098	18,099	18,099	18,099	18,098	18,099	18,098	18,099		
合計所得	12,550	12,550	12,550	12,550	12,550	12,550	12,550	12,550	12,550	12,550	12,550		
課税所得	10,340	10,340	10,340	10,340	10,340	10,340	10,340	10,340	10,340	10,340	10,340		
税負担計	5,350	4,350	4,350	4,350	4,350	4,350	4,350	4,350	4,350	4,350	4,350	43,496 千円	
適用税率(合計)	43.7%	43.7%	43.7%	43.7%	43.7%	43.7%	43.7%	43.7%	43.7%	43.7%	43.7%		

配偶者

持株数・割合	現状	1年目	2年目	3年目	4年目	5年目	6年目	7年目	8年目	9年目	10年目	(10年間)
株数	20,000	20,000	20,000	20,000	20,000	20,000	20,000	20,000	20,000	20,000	20,000	
議決権割合	20.0%	17.4%	17.4%	17.4%	17.4%	17.4%	17.4%	17.4%	17.4%	17.4%	17.4%	
シェア(%)	20.0%	16.0%	16.0%	16.0%	16.0%	16.0%	16.0%	16.0%	16.0%	16.0%	16.0%	

収入												
役員報酬	1,800	1,800	1,800	1,800	1,800	1,800	1,800	1,800	1,800	1,800	1,800	
収入計	1,800	1,800	1,800	1,800	1,800	1,800	1,800	1,800	1,800	1,800	1,800	
課税所得	700	700	700	700	700	700	700	700	700	700	700	
税負担計	106	106	106	106	106	106	106	106	106	106	106	1,057 千円
適用税率(合計)	15.1%	15.1%	15.1%	15.1%	15.1%	15.1%	15.1%	15.1%	15.1%	15.1%	15.1%	

子B

	現状	1年目	2年目	3年目	4年目	5年目	6年目	7年目	8年目	9年目	10年目	(10年間)	
収入													
役員報酬	9,600	9,600	9,600	9,600	9,600	9,600	9,600	9,600	9,600	9,600	9,600		現経営者からの住宅取得資金及び金銭贈与
贈与財産		8,100	3,100	3,100	3,100	3,100	3,100	3,100	3,100	3,100	3,100		
収入計	9,600	17,700	12,700	12,700	12,700	12,700	12,700	12,700	12,700	12,700	12,700		
課税所得	5,360	5,360	5,360	5,360	5,360	5,360	5,360	5,360	5,360	5,360	5,360		
税負担計	2,594	2,594	2,594	2,594	2,594	2,594	2,594	2,594	2,594	2,594	2,594	25,940 千円	
適用税率(合計)	30.4%	30.4%	30.4%	30.4%	30.4%	30.4%	30.4%	30.4%	30.4%	30.4%	30.4%		

孫

収入	現状	1年目	2年目	3年目	4年目	5年目	6年目	7年目	8年目	9年目	10年目	(10年間)	
贈与財産	0	3,100	3,100	3,100	3,100	3,100	3,100	3,100	3,100	3,100	3,100		現経営者からの生前贈与
税負担計	0	200	200	200	200	200	200	200	200	200	200	2,000 千円	

	一族全体の相続税等税負担合計	424,062

8-1 10年間の税金対策シミュレーションの作成

■税金対策シミュレーション（結果要約）パターン④　生前贈与310万円　従業員へ20%譲渡

(単位:千円)

A社

	0年目 H27/3期 実績	1年目 H27/3期 計画	2年目 H28/3期 計画	3年目 H29/3期 計画	4年目 H30/3期 計画	5年目 H31/3期 計画	6年目 H32/3期 計画	7年目 H33/3期 計画	8年目 H34/3期 計画	9年目 H35/3期 計画	10年目 H36/3期 計画	10年間 合計	コメント
経常利益	6,870	10,740	13,820	20,120	21,100	23,200	19,980	21,980	20,360	23,160	21,740		
役員退職金の計上	0	0	0	0	0	0	0	0	0	0	60,000		対策実行に伴う税前利益の変動要因
弔慰金の計上	0	0	0	0	0	0	0	0	0	0	4,000		
不動産管理費用の発生	0	0	▲1,500	▲1,500	▲1,500	▲1,500	▲1,500	▲1,500	▲1,500	▲1,500	▲1,500		
税引前当期損益	6,870	10,740	12,320	18,620	19,600	21,700	18,480	20,480	18,860	21,660	▲43,760		
法人税等	70	917	3,330	5,819	6,206	7,036	5,764	6,554	5,914	7,020	180		
税後利益	6,800	9,823	8,990	12,801	13,394	14,664	12,716	13,926	12,946	14,640	▲43,940		
損金算入法人税等		917	3,330	5,819	6,206	7,036	5,764	6,554	5,914	7,020	180		
繰越欠損金の損金算入		▲7,460											
課税所得		3,280	12,320	18,620	19,600	21,700	18,480	20,480	18,860	21,660	▲43,760		
年税額合計		10,844	17,466	20,345	20,990	21,990	20,866	21,646	21,454	22,840	16,258	194,898	千円
適用税率(合計)		22.5%	39.5%	39.5%	39.5%	39.5%	39.5%	39.5%	39.5%	39.5%	0.0%		
消費税等の税率		8.0%	10.0%	10.0%	10.0%	10.0%	10.0%	10.0%	10.0%	10.0%	10.0%		
株式数													
発行済株式数	100,000	125,000	125,000	125,000	125,000	125,000	125,000	125,000	125,000	125,000	125,000	株	DES実施
議決権総数	100,000	105,000	105,000	105,000	105,000	105,000	105,000	105,000	105,000	105,000	105,000		
株価の推移	1,700	1,495	1,562	1,649	1,737	1,811	1,851	1,902	1,949	2,004	1,610	円	

不動産管理会社

	H26/3期 実績	H27/3期 計画	H28/3期 計画	H29/3期 計画	H30/3期 計画	H31/3期 計画	H32/3期 計画	H33/3期 計画	H34/3期 計画	H35/3期 計画	H36/3期 計画	10年間 合計	
課税所得		7,000	8,500	8,500	8,500	8,500	8,500	8,500	8,500	8,500	8,500		
年税額合計		1,613	1,711	1,711	1,711	1,711	1,711	1,711	1,711	1,711	1,711	17,013	千円
適用税率(合計)		24.8%	39.5%	39.5%	39.5%	39.5%	39.5%	39.5%	39.5%	39.5%	39.5%		

相続税

	0年目 実績	1年目	2年目	3年目	4年目	5年目	6年目	7年目	8年目	9年目	10年目	対策完了	
現経営者	評価額											評価額	
課税価格	446,000											261,000	千円
相続税額(試算)	119,250											18,100	千円
適用税率(最高)	45%											40%	
配偶者	評価額											評価額	
課税価格	237,000											191,700	千円
相続税額(試算)	50,100											30,340	千円
適用税率(最高)	30%											20%	
相続税額合計	169,350											48,440	千円

現経営者

持株数・割合	現状	1年目	2年目	3年目	4年目	5年目	6年目	7年目	8年目	9年目	10年目	(10年間)	
株数	60,000	62,927	60,943	59,064	57,280	55,569	53,895	52,266	50,676	49,130	47,205		DES及び生前贈与後の持株数
議決権割合	60.0%	59.9%	58.0%	56.3%	54.6%	52.9%	51.3%	49.8%	48.3%	46.8%	45.0%		
シェア(%)	60.0%	50.3%	48.8%	47.3%	45.8%	44.5%	43.1%	41.8%	40.5%	39.3%	37.8%		
収入													
役員報酬	24,000	24,000	24,000	24,000	24,000	24,000	24,000	24,000	24,000	24,000	24,000		貸家をH26/9に不動産管理会社へ譲渡 H26は9ヶ月分月割計上
不動産収入	15,000	11,250	0	0	0	0	0	0	0	0	0		
収入計	39,000	35,250	24,000	24,000	24,000	24,000	24,000	24,000	24,000	24,000	24,000		
合計所得	31,050	28,675	21,550	21,550	21,550	21,550	21,550	21,550	21,550	21,550	21,550		
課税所得	28,690	26,315	19,190	19,190	19,190	19,190	19,190	19,190	19,190	19,190	19,190		
税負担合計	13,531	12,384	8,401	8,401	8,401	8,401	8,401	8,401	8,401	8,401	8,401	87,997	千円
適用税率(合計)	50.8%	50.8%	50.8%	50.8%	50.8%	50.8%	50.8%	50.8%	50.8%	50.8%	50.8%		

後継者A

持株数・割合	現状	1年目	2年目	3年目	4年目	5年目	6年目	7年目	8年目	9年目	10年目	(10年間)	
株数	20,000	22,073	24,057	25,936	27,720	29,431	31,105	32,734	34,324	35,870	37,795		現経営者からの自社株贈与
議決権割合	20.0%	21.0%	22.9%	24.7%	26.4%	28.0%	29.6%	31.2%	32.7%	34.2%	36.0%		
シェア(%)	20.0%	17.7%	19.2%	20.7%	22.2%	23.5%	24.9%	26.2%	27.5%	28.7%	30.2%		
収入													
役員報酬	15,000	15,000	15,000	15,000	15,000	15,000	15,000	15,000	15,000	15,000	15,000		現経営者からの住宅取得資金と自社株贈与
贈与財産	0	8,099	3,099	3,098	3,099	3,099	3,099	3,099	3,098	3,099	3,099		
収入計	15,000	23,099	18,099	18,098	18,099	18,099	18,099	18,099	18,098	18,099	18,099		
合計所得	12,550	12,550	12,550	12,550	12,550	12,550	12,550	12,550	12,550	12,550	12,550		
課税所得	10,340	10,340	10,340	10,340	10,340	10,340	10,340	10,340	10,340	10,340	10,340		
税負担合計	5,350	4,350	4,350	4,350	4,350	4,350	4,350	4,350	4,350	4,350	4,350	43,496	千円
適用税率(合計)	43.7%	43.7%	43.7%	43.7%	43.7%	43.7%	43.7%	43.7%	43.7%	43.7%	43.7%		

配偶者

持株数・割合	現状	1年目	2年目	3年目	4年目	5年目	6年目	7年目	8年目	9年目	10年目	(10年間)	
株数	20,000	20,000	20,000	20,000	20,000	20,000	20,000	20,000	20,000	20,000	20,000		
議決権割合	20.0%	20.0%	19.0%	19.0%	19.0%	19.0%	19.0%	19.0%	19.0%	19.0%	19.0%		
シェア(%)	20.0%	16.0%	16.0%	16.0%	16.0%	16.0%	16.0%	16.0%	16.0%	16.0%	16.0%		
収入													
役員報酬	1,800	1,800	1,800	1,800	1,800	1,800	1,800	1,800	1,800	1,800	1,800		
収入計	1,800	1,800	1,800	1,800	1,800	1,800	1,800	1,800	1,800	1,800	1,800		
課税所得	700	700	700	700	700	700	700	700	700	700	700		
税負担合計	106	106	106	106	106	106	106	106	106	106	106	1,057	千円
適用税率(合計)	15.1%	15.1%	15.1%	15.1%	15.1%	15.1%	15.1%	15.1%	15.1%	15.1%	15.1%		

子B

	現状	1年目	2年目	3年目	4年目	5年目	6年目	7年目	8年目	9年目	10年目	(10年間)	
役員報酬	9,600	9,600	9,600	9,600	9,600	9,600	9,600	9,600	9,600	9,600	9,600		現経営者からの住宅取得資金及び金銭贈与
贈与財産	0	17,700	12,700	12,700	12,700	12,700	12,700	12,700	12,700	12,700	12,700		
課税所得	5,360	5,360	5,360	5,360	5,360	5,360	5,360	5,360	5,360	5,360	5,360		
税負担合計	2,594	2,594	2,594	2,594	2,594	2,594	2,594	2,594	2,594	2,594	2,594	25,940	千円
適用税率(合計)	30.4%	30.4%	30.4%	30.4%	30.4%	30.4%	30.4%	30.4%	30.4%	30.4%	30.4%		

孫

収入	現状	1年目	2年目	3年目	4年目	5年目	6年目	7年目	8年目	9年目	10年目	(10年間)	
贈与財産	0	3,100	3,100	3,100	3,100	3,100	3,100	3,100	3,100	3,100	3,100		現経営者からの生前贈与
税負担合計	0	200	200	200	200	200	200	200	200	200	200	2,000	千円

一族全体の相続税等税負担合計　420,842

[6] 税金対策シミュレーション（節税効果の結果要約と内訳）

　節税効果の結果要約では、各パターンの「一族全体の相続税額等の税負担の合計額」と「成行きの一族の税負担合計額」と比較して、節税効果がどのくらい出るのかをまとめます。また、具体的にどの税金について節税効果があるのか税目ごとにその内訳を示していきます。

　A社でのシミュレーション結果では、まず**図表8-2**上段の節税効果の結果要約では、成行きの場合の税負担に対して、最大約2.4億円の節税が可能となります。そして、表の中段の図表はパターン別の各税金の負担額で、シミュレーション結果では、相続税と所得税（贈与税含む）の負担が軽減されていることがわかります。さらに、下段の表は、各税金の節税額の内訳で、相続税の節税額が最大で2億円、所得税は最大で約5千万の節税が可能という結果になりました。

　節税効果の内訳では、効果が不十分もしくは税制改正に伴い追加で適用可能な特例が創設されたような場合には、対策のテコ入れをするかを検討します。

　本書の例では紙幅の関係で、限定的な節税対策となっているため、節税対策としては十分なものとはいえず、法人税等の節税が不十分であることがわかります。そのため、今後の検討課題としては、①会社（A社）の法人税等の負担や②現経営者を中心とした所得税等負担の更なる見直し、③追加の相続税対策の余地がないかを検討する必要があると考えられます。

　なお、具体的に検討すべき対策の例は、以下の通りです。

- ✓ 現経営者の役員報酬の見直し
- ✓ 倒産防止共済や中小企業退職金共済の加入
- ✓ 納税資金の確保と法人税等の節税を考慮した生命保険（役員保険など）の加入
- ✓ 不良資産、不良債権の処分
- ✓ 生前贈与の対象者の拡大（例えば、子の配偶者など）
- ✓ 資産の組替え（現預金を投資用不動産や生命保険等の節税商品に替える）

✓ 一般社団法人や信託の利用　など

　以上のシミュレーション結果から、経営方針、後継者以外の相続人への配慮、費用対効果など複数の視点で検討し、会社とオーナー一族にとって最善と思われるパターンを選択することになります。

図表8-2

パターン別　節税効果　結果要約

(単位：千円)

シミュレーションの各パターン			一族の税負担合計	節税効果(試算)	効果の差異(累計)
成行きの場合			662,081	—	—
①	生前贈与　年間110万円	従業員へ10%譲渡	432,658	229,423	—
②		従業員へ20%譲渡	428,632	233,449	4,026
③	生前贈与　年間310万円	従業員へ10%譲渡	424,062	238,019	8,597
④		従業員へ20%譲渡	420,842	241,239	11,816

パターン別　一族の税負担　内訳

(単位：千円)

シミュレーションの各パターン			相続税	所得税等※(個人の税金)	法人税等(個人の税金)	一族の税負担合計
成行きの場合			249,534	204,687	207,860	662,081
①	生前贈与　年間110万円	従業員へ10%譲渡	66,256	154,491	211,912	432,658
②		従業員へ20%譲渡	62,230	154,491	211,912	428,632
③	生前贈与　年間310万円	従業員へ10%譲渡	51,659	160,491	211,912	424,062
④		従業員へ20%譲渡	48,440	160,491	211,912	420,842

パターン別　節税効果　内訳

(単位：千円)

シミュレーションの各パターン			相続税	所得税等※(個人の税金)	法人税等(個人の税金)	節税効果(試算)
①	生前贈与　年間110万円	従業員へ10%譲渡	183,278	50,196	▲4,051	229,423
②		従業員へ20%譲渡	187,304	50,196	▲4,051	233,449
③	生前贈与　年間310万円	従業員へ10%譲渡	197,875	44,196	▲4,051	238,019
④		従業員へ20%譲渡	201,094	44,196	▲4,051	241,239

※所得税等（個人の税金）には、贈与税が含まれている。

8-2　節税対策シミュレーションの実行と更新

[1] 工程表の作成

　対策実行の際には、年度ごとに具体的な実行スケジュールを設定していきます。

　具体的には、①だれが、②何を、③いつ、④どのように、実行していくのかを以下のような「工程表」を作成してまとめていくと便利です。

　「工程表」をまとめると、現経営者一族、税理士、その他専門家（例えば、司法書士や弁護士など）の役割分担が明確となり、各対策を効率的に進めることが可能と考えられます。

※以下工程表は事例「A 社」とは別の例になります。

第8章 10年間の税金対策シミュレーション

図表8-3 「工程表」の一例（一部抜粋）

	対策の内容	実施時期	必要な手続 ×社	司法書士	税理士
1	生前贈与	毎年 2月 or 9月〜12月	<Step1> 基礎資料のアップデイト ①〜⑤ ②相続財産の更新情報の準備（8月中） ③利益計画の更新の打合せ（9月上旬） <Step2> 税額計算・シミュレーションの更新 ⑥〜⑮ ⑦決算報告（10月中旬） ⑧株価算定に関する打合せ（10月下旬） ⑬シミュレーション（案）に基づく贈与の方針及び 金額の検討及び贈与額の確定（12月上旬） ⑮贈与契約書の捺印、資金移動（2月 or 12月中旬） <Step3> 贈与税申告 ⑯〜⑱ ⑰贈与税申告書の捺印、納付（4名分）（翌年3月上旬）		①相続財産更新のご案内（7月中旬） ④利益計画の更新作業（9月下旬） ⑤相続財産の更新（10月上旬） ⑥×社の決算確定（10月中旬） ⑨株価算定（11月上旬） ⑩相続税額の試算（11月下旬） ⑪節税対策シミュレーション（案） の更新（11月下旬） ⑫シミュレーション（案）のご報告 （12月上旬） ⑭贈与契約書の作成（2月 or 12月中旬） ⑯贈与税申告書の作成（翌年2月） ⑱贈与申告書の提出（翌年3月上旬）
2	住宅取得資金の贈与	H26年（仮）	②受贈者の検討（2月下旬） ③物件の選定（3月〜10月） ⑤資金の贈与（10月） ⑥物件の引渡し（12月） ⑧贈与税申告書の捺印（翌年3月上旬）		①適用要件の検討及び打ち合わせ （2月上旬） ④贈与契約書の作成（10月） ⑦贈与税申告書の作成（翌年2月中旬） ⑨贈与申告書の提出（翌年3月上旬）
3	生命保険の加入	毎年 2月 or 9月〜12月	②審査 及び 契約締結（2月 or 12月）		①加入時期 及び 支払保険料の検討（1月）
4	不動産管理会社設立	H27 1月〜4月	<Step1> 設立手続（2月） ※8月決算前提 ・会社設立シートの作成（会社名、出資額、設立日等） ・出資手続 ・出資者及び役員の印鑑証明書取得 ・会社実印の作成 <Step2> 利益計画・役員報酬決定（4月、10月） ・新会社の利益計画及び報酬決定に関する打合せ <Step3> 決算・申告（10月） ・決算報告	・定款作成認証 ・設立登記申請	・税務上の諸届 ・利益計画の策定 ・役員報酬の決定 ・法人税申告書作成 ・法人事業税・住民税申告書作成
5	本社ビル所有権の整理	H27 1月〜4月	<Step1 資料の収集>（1月） ・権利書 ・印鑑証明書 ・会社謄本 ・住民票 ・固定資産税評価証明書 <Step4> 譲渡所得の申告（翌年3月上旬） ・譲渡所得を含む申告書の捺印（社長分）	<Step3> 登記手続（4月） ・所有権移転登記 ・新会社の株主総会議事録 （利益相反の場合）作成 ・権利書の確認	<Step2> 譲渡価格の算定（2月〜3月） ・譲渡価格の算定 ・売買契約の作成 <Step4> 譲渡所得の申告（翌年3月上旬） ・譲渡所得の申告（社長分）
6	関連会社株式の譲渡	H27 1月〜4月			・株価算定（2社分） ・株式譲渡契約書の作成（2社分） ・株式譲渡承認通知書の作成（2社分） ・株主総会議事録の作成（譲渡承認）
7	DES	H27 5月〜8月	<Step2> 資料準備（6月） ・債権を証する会計帳簿の抽出	<Step3> 登記手続（7月） ・株主総会決議（債権出資） ・出資契約締結 ・債権を証する会計帳簿の抽出 ・増資登記	<Step1> 税制上の検討及び疎明資料の作成（5月） ・適格要件の検討（簿価移転か時価移転か）

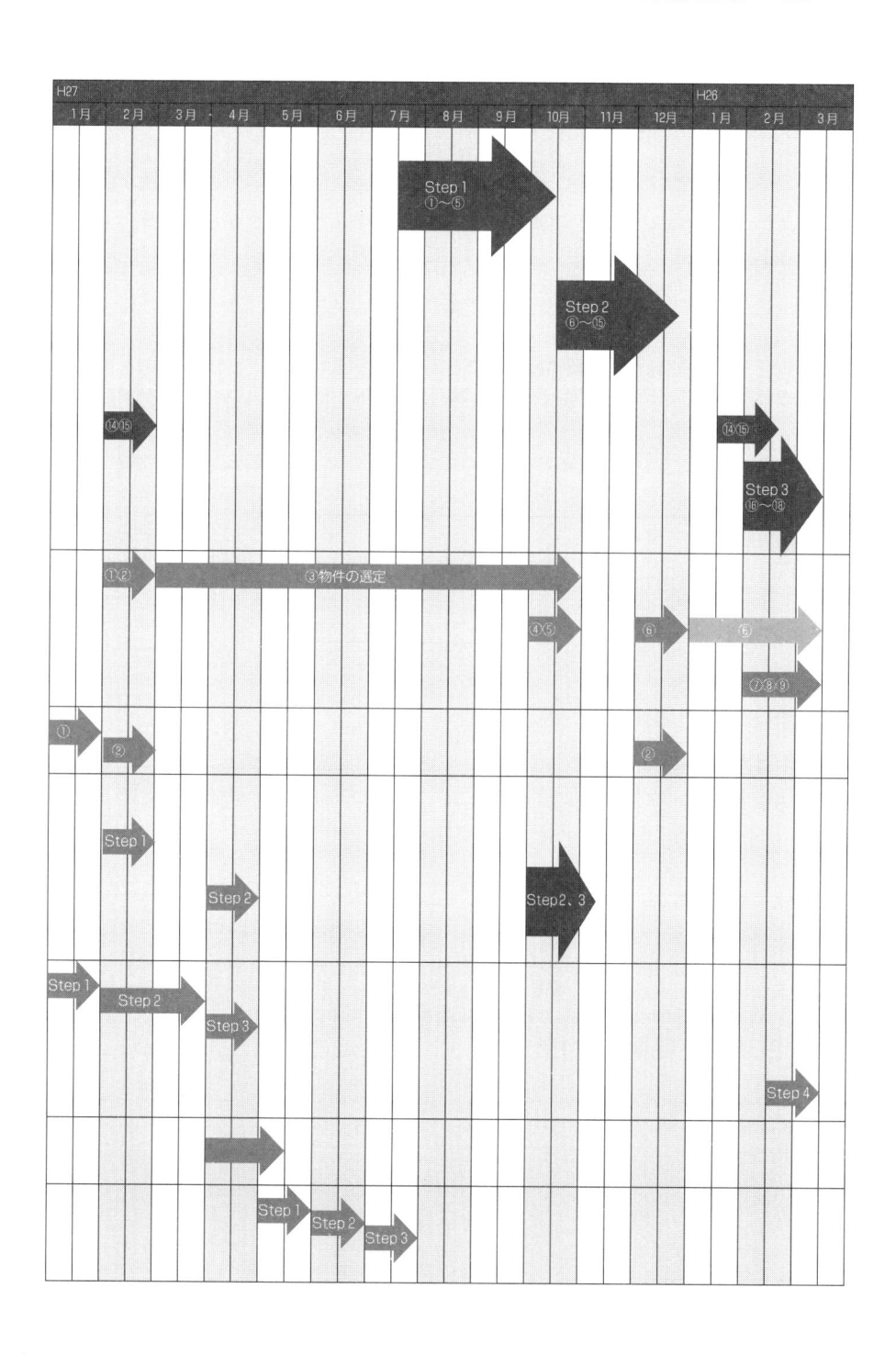

8-2 節税対策シミュレーションの実行と更新 265

[2] 相続財産の更新作業から贈与契約締結までのスケジューリング

　毎年の対策実行に伴い、相続財産の構成が変化したり、会社の業績が確定することで、必要に応じて利益計画の見直しを行うことになります。そして、最新の相続財産や利益計画のデータに基づき、自社株を評価して、相続税額の試算や税金対策シミュレーションの更新を行っていきます。

図表8-4　相続税試算〜贈与契約書締結までスケジュールの例

手続	役割 X社	役割 税理士	8月 上旬	8月 中旬	8月 下旬
① 相続財産更新のご案内（8月上旬）		○	▓		
② 相続財産の更新　資料の準備（8月中）	○		▓	▓	▓
③ 利益計画の更新の打合せ（8月下旬）	○	○			▓
④ 利益計画の更新作業（9月上旬）		○			
⑤ 相続財産の更新（9月中）		○			
⑥ 会社　決算確定（10月中旬）		○			
⑦ 決算報告（10月中旬）	○	○			
⑧ 株価算定に関する打合せ（10月下旬）	○	○			
⑨ 株価算定（11月上旬）		○			
⑩ 相続税額の試算（11月中旬）		○			
⑪ 節税対策シミュレーション（案）の更新（11月下旬）		○			
⑫ シミュレーション（案）のご報告（12月上旬）	○	○			
⑬ シミュレーション（案）に基づく贈与の方針及び金額の検討及び贈与額の確定（12月上旬）	○	○			
⑭ 贈与契約書の作成（12月中旬）		○			
⑮ 贈与契約書の捺印、株式の贈与（12月中旬）	○	○			

※下の図表は事例「A社」とは別の例です。

　具体的には、①相続財産の更新、②会社の決算作業、③決算確定、④会社の税務申告と納税、⑤自社株評価、⑥相続税額の試算、⑦税金対策シミュレーションの更新作業、⑧贈与契約書の作成、⑨贈与契約書の締結、⑩自社株や資金移動と工程が複雑になります。そのため、これら一連の工程については、前頁の工程表とは別に以下のようなスケジュール管理をしておくとスムーズに進めることが可能と考えられます。

	9月			10月			11月			12月		
	上旬	中旬	下旬	上旬	中旬	下旬	上旬	中旬	下旬	上旬	中旬	下旬

は、実行のタイミングを表している。

[3] 最新の決算書と利益計画に基づく自社株の再評価

　対策実行中に決算期が到来したら、最新の決算書及び税務申告書に基づき自社株を再評価していきます。例えば、対策1年目では、確定した最新の決算書に基づき自社株の再評価を行い、対策期間の残り9年間の利益計画に基づき対

■税金対策シミュレーション（自社株評価）対策1年目　**生前贈与310万円　従業員へ20%譲渡**

利益計画	0年目 H26/3期 実績	1年目 H27/3期 実績	2年目 H28/3期 計画	3年目 H29/3期 計画	4年目 H30/3期 計画
経常利益	6,870	18,079	13,820	20,120	21,100
役員退職金の計上					
弔慰金の計上					
不動産管理費の発生			▲1,500	▲1,500	▲1,500
税引前当期損益	6,870	18,079	12,320	18,620	19,600
法人税等	70	2,658	3,330	5,819	6,206
税引後利益	6,800	15,420	8,990	12,801	13,394
損金算入法人税等		2,658	3,330	5,819	6,206
繰越欠損金の損金算入		▲7,460			
課税所得		10,619	12,320	18,620	19,600
株主構成					
現経営者	60,000	63,003	61,098	59,239	57,473
配偶者	20,000	20,000	20,000	20,000	20,000
後継者	20,000	21,997	23,902	25,761	27,527
従業員	0	20,000	20,000	20,000	20,000
発行済株式数	100,000	125,000	125,000	125,000	125,000
類似業種比準価額					
資本金等の額（千円）	30,000	80,000	80,000	80,000	80,000
1株当たりの資本金等の額	300	640	640	640	640
1株当たり資本金等50円ベースの発行済株式数	600,000	1,600,000	1,600,000	1,600,000	1,600,000
Ⓑ：評価会社の1株当たりの配当金額					
年配当額（円）	0.00	0.00	0.00	0.00	0.00
Ⓒ：評価会社の1株当たり利益金額					
直前期課税所得（欠損金控除前）（千円）	7,050	18,079	12,320	18,620	19,600
直前々期課税所得（欠損金控除前）（千円）	▲3,685	7,050	18,079	12,320	18,620
年利益額（円）	2	7	9	9	11
Ⓓ：評価会社の1株当たり純資産価額					
資本金等の額（千円）	30,000	80,000	80,000	80,000	80,000
利益積立金額（千円）	300,000	315,420	324,410	337,211	350,605
純資産価額（千円）	330,000	395,420	404,410	417,211	430,605
純資産価額（円）	550	247	252	260	269
B：類似会社の1株当たりの配当金額	3.8	3.8	3.8	3.8	3.8
C：類似会社の1株当たり利益金額	20	20	20	20	20
D：類似会社の1株当たり純資産価額	218	218	218	218	218
要素別比準割合　Ⓑ/B	0.00	0.00	0.00	0.00	0.00
要素別比準割合　Ⓒ/C	0.10	0.35	0.45	0.45	0.55
要素別比準割合　Ⓓ/D	2.52	1.13	1.15	1.19	1.23
比準割合	0.56	0.43	0.5	0.5	0.57
会社規模：　中会社	0.6	0.6	0.6	0.6	0.6
A：類似業種の株価	141	141	141	141	141
1株当たり（50円ベース）の比準額	47.30	36.30	42.30	42.30	48.20
類似業種比準価額（円）	283	464	541	541	616
純資産価額					
純資産価額（相続税評価額）（千円）	382,607	398,027	407,017	419,818	433,212
純資産価額（円）	3,826	3,184	3,256	3,358	3,465
自社株の評価額（円）	1,700	1,552	1,627	1,667	1,755
Lの割合					
0.6					
後継者への生前贈与する株数					
年（千円）	3,100	1,997	1,905	1,859	1,766

8-2 節税対策シミュレーションの実行と更新　269

策終了時の株価を試算します。なお、最新の決算書に基づく自社株の再評価は、贈与税の申告に必要になるため、財産評価基本通達に従って評価します。

A社の対策１年目の決算後の利益計画とそれに基づく自社株評価の推移（税金対策シミュレーション　自社株評価）は以下の通りです。前提として、A社の税金対策では前述のパターン④の対策を採用しています。

（単位：千円）　　　　　　　　コメント

5年目 H31/3期	6年目 H32/3期	7年目 H33/3期	8年目 H34/3期	9年目 H35/3期	10年目 H36/3期		
計画	計画	計画	計画	計画	計画		
23,200	19,980	21,980	20,360	23,160	21,740		
					▲60,000		
					▲4,000		
▲1,500	▲1,500	▲1,500	▲1,500	▲1,500	▲1,500		対策実行に伴う税前利益の変動要因
21,700	18,480	20,480	18,860	21,660	▲43,760		
7,036	5,764	6,554	5,914	7,020	180		
14,664	12,716	13,926	12,946	14,640	▲43,940		
7,036	5,764	6,554	5,914	7,020	180		
21,700	18,480	20,480	18,860	21,660	▲43,760		最新の対策後の株主構成
55,779	54,126	52,512	50,936	49,403	47,506		
20,000	20,000	20,000	20,000	20,000	20,000		
29,221	30,874	32,488	34,064	35,597	37,494		
20,000	20,000	20,000	20,000	20,000	20,000		
125,000	125,000	125,000	125,000	125,000	125,000	株	DES実施
80,000	80,000	80,000	80,000	80,000	80,000	千円	DES実施
640	640	640	640	640	640	円	
1,600,000	1,600,000	1,600,000	1,600,000	1,600,000	1,600,000	株	
0.00	0.00	0.00	0.00	0.00	0.00	円	
21,700	18,480	20,480	18,860	21,660	▲43,760		
19,600	21,700	18,480	20,480	18,860	21,660		
12	12	12	12	12	0	円	
80,000	80,000	80,000	80,000	80,000	80,000		
365,269	377,986	391,912	404,858	419,498	375,558		期首残＋税引後利益
445,269	457,986	471,912	484,858	499,498	455,558		
278	286	294	303	312	284	円	
3.8	3.8	3.8	3.8	3.8	3.8		
20	20	20	20	20	20		
218	218	218	218	218	218		
0.00	0.00	0.00	0.00	0.00	0.00		
0.60	0.60	0.60	0.60	0.60	0.00		
1.27	1.31	1.34	1.38	1.43	1.30		
0.61	0.62	0.62	0.63	0.64	0.26		
0.6	0.6	0.6	0.6	0.6	0.6		
141	141	141	141	141	141		
51.60	52.40	52.40	53.20	54.10	21.90		
660	670	670	680	692	280	円	更新後の対策後株価
447,876	460,593	474,519	487,465	502,105	458,165		期首残＋税引後利益
3,583	3,684	3,796	3,899	4,016	3,665	円	
1,829	1,875	1,920	1,967	2,021	1,634	円	
1,694	1,653	1,614	1,576	1,533	1,897	株	

[4] 対策実行中の相続財産の更新と相続税額の試算

　対策実行中における相続財産の更新は、基本的には年に1回実施していきます。理由は、対策が毎年着実に進んでいるかどうかの進捗状況と税制改正の影響を確認するためです。

　もし、相続税の節税が不十分であるという結論に至った場合には、生前贈与の対象者を増やしたり（例えば、子の配偶者など）、納税資金に余裕があれば、資産の組替え（現預金を投資用不動産や生命保険等の節税商品にかえる）などの追加の対策を盛り込んでいきます。また、税制改正の影響では、例えば、平成25年度税制改正に伴い創設された「直系尊属から教育資金の一括贈与（1,500万円まで）を受けた場合の贈与税の非課税制度」（措法70の2の2）のように、一度に財産を移転できる税制上の特例の適用を検討していきます。

　下掲の例では、対策1年目に教育資金の一括贈与の特例を適用した場合の相続税の試算をしています。

　ところで、税金対策の対象となる相続財産は、毎年の対策実行や会社や家族の事情などの要因で変動していきます。この相続財産の更新にタイミングは、決算直後の自社株の評価の際に行うのが効率的です。最新の相続財産の把握は、基本的にはインタビューにより情報を吸い上げていきます。また、必要に応じて最新の固定資産税の課税明細などの財産の価額を示す書類が入手していきます。そして、相続財産の更新と自社株の再評価を経て、最新の相続税額の試算を行うことになります。なお、税金計算の精度に関してはケースバイケースですが、あくまで試算なので相続税申告のように細かな書類は必要ないと考えられます。

　最新の相続税額を試算することで、「今、相続が発生するとしたら、いくら納税資金が必要で、このまま対策を実行していけば、相続税額はどのくらいまで軽減できる」という目安を把握することが可能です。

8-2 節税対策シミュレーションの実行と更新

税金対策シミュレーション（相続税） 対策1年目　**生前贈与310万円　従業員へ20%譲渡**

（単位：千円）

現経営者

	1年目 H27/3期 評価額	10年目 H36/3期 評価額	1/2 配偶者	1/8 後継者A	1/8 子B	1/8 子C	1/8 養子	備考
居宅	26,000	26,000						
居住用宅地	65,000	65,000						
小規模宅地の特例	▲52,000	▲52,000						
●●ビル（貸家）	0	0						
●●ビル（貸家建付地）	100,000	100,000						不動産管理会社へ使用貸借するため自用地評価
不動産計	139,000	139,000						
自社株	97,781	77,625						10年目の株価×保有株式
A社貸付金	0	0						
死亡保険金	20,000	20,000						
非課税額	▲20,000	▲20,000						
死亡退職金	60,000	60,000						
非課税額	▲20,000	▲20,000						
上場株式	46,000	46,000						
預貯金（推定）								
X銀行	29,000	29,000						
Y銀行	20,000	20,000						
生前贈与								
後継者	▲5,000	▲5,000						
子B	▲8,100	▲36,000						
孫	▲18,100	▲46,000						教育資金の一括贈与（1,500万円非課税）の適用
貸家譲渡代金	43,000	43,000						
預貯金計	60,800	5,000						
遺産総額	383,580	307,624	153,812	38,453	38,453	38,453	38,453	
基礎控除	▲54,000	▲60,000						3,000万円+法定相続人の数（5人）×600万円
課税価格	329,580	247,624	123,812	30,953	30,953	30,953	30,953	
相続税額（試算）	28,437	16,762	0	4,191	4,191	4,191	4,191	配偶者の税額軽減適用
税率	40%	40%	40%	20%	20%	20%	20%	

（吹き出し：新たに盛り込んだ相続税対策）

現経営者の配偶者

	相続分 評価額	評価額	1/4 後継者A	1/4 子B	1/4 子C	1/4 養子	備考
居宅	26,000	26,000					現経営者より相続
居住用宅地	65,000	65,000					現経営者より相続
●●ビル（貸家）	0	0					
●●ビル（貸家建付地）	100,000	100,000					現経営者より相続
不動産計	191,000	191,000					
自社株	31,040	32,680					10年目の株価×保有株式
金融資産							
X銀行・上場株式	52,790	14,812					現経営者より相続
Z銀行	1,000	1,000					
預貯金計	53,790	15,812					
遺産総額	275,830	239,492	59,873	59,873	59,873	59,873	
基礎控除	▲48,000	▲54,000					3,000万円+法定相続人の数（4人）×600万円
課税価格	227,830	185,492	46,373	46,373	46,373	46,373	
相続税額（試算）	47,349	29,098	7,275	7,275	7,275	7,275	
税率	30%	20%	20%	20%	20%	20%	
相続税額合計（試算）	75,786	45,861					

（吹き出し：今、相続が発生したら相続税はいくらか？）

（吹き出し：対策終了時の最新データに基づく相続税はいくらか？）

[5] 税金対策シミュレーションと節税効果の更新

　相続税の試算のほか、個人の収支の実績を更新して（本書では特に個人の収支に変動がないため割愛している）、税金対策シミュレーションに更新後の①事業計画のサマリー、②自社株の評価、③相続税の試算、④各個人の収支の情報を次頁の税金対策シミュレーションに落とし込みます。

　最後に、下記のように「成行きの税負担合計」と更新した「対策後の税負担合計」をサマリーに落とし込み、最新の節税効果の金額を試算します。

　会社の業績や利益計画に見直しが行われると将来の自社株の評価や節税効果に大きな影響を及ぼすため、当初想定していた節税効果が期待できないと見込まれる場合には、節税対策を見直してシミュレーションの修正を行っていきます。

図表 8-5

節税効果　結果要約　　　　　　　　　　　　　　　　（単位：千円）

シミュレーションの各パターン	一族の税負担合計	節税効果（試算）
成行きの場合	662,081	―
生前贈与　年間310万円　従業員へ20％譲渡	420,583	241,498

一族の税負担　内訳　　　　　　　　　　　　　　　　（単位：千円）

シミュレーションの各パターン	相続税	所得税等※（個人の税金）	法人税等（個人の税金）	一族の税負担合計
成行きの場合	249,534	204,687	207,860	662,081
生前贈与　年間310万円　従業員へ20％譲渡	45,861	160,491	214,231	420,583

節税効果　内訳　　　　　　　　　　　　　　　　　　（単位：千円）

シミュレーションの各パターン	相続税	所得税等※（個人の税金）	法人税等（個人の税金）	節税効果（試算）
生前贈与　年間310万円　従業員へ20％譲渡	203,673	44,196	▲6,371	241,498

※所得税等（個人の税金）には、贈与税が含まれている。

8-2 節税対策シミュレーションの実行と更新   273

■税金対策シミュレーション（結果要約）対策1年目　生前贈与310万円　従業員へ20%譲渡
(単位:千円)

A社	0年目 実績	1年目 H27/3期 計画	2年目 H28/3期 計画	3年目 H29/3期 計画	4年目 H30/3期 計画	5年目 H31/3期 計画	6年目 H32/3期 計画	7年目 H33/3期 計画	8年目 H34/3期 計画	9年目 H35/3期 計画	10年目 H36/3期 計画	10年間	
経常利益	6,870	18,079	13,820	20,120	21,100	23,200	19,980	19,980					実績値へ更新に伴う税前の要因
役員退職金の計上	0	0	0	0	0	0	0	0					
弔慰金の計上	0	0	0	0	0	0	0	0					
不動産管理費の発生	0	▲1,500	▲1,500	▲1,500	▲1,500	▲1,500	▲1,500	▲1,500					
税引前当期損益	6,870	18,079	12,320	18,620	19,600	21,700	18,480	20,480	18,860	21,			
法人税等	70	2,658	3,330	5,819	6,206	7,036	5,764	6,554	5,914	7,			
税引後利益	6,800	15,420	8,990	12,801	13,394	14,664	12,716	13,926	12,946	14,640	▲43,940		
損金算入法人税等		2,658	3,330	5,819	6,206	7,036	5,764	6,554	5,914	7,020	180		
繰越欠損金の損金算入		▲7,460	0	0	0	0	0	0	0	0	0		
課税所得		10,619	12,320	16,620	19,600	21,700	18,480	20,480	18,860	21,660	▲43,760		
年税額合計		13,131	17,466	20,345	20,990	21,890	20,866	21,846	21,454	22,840	16,258	197,186 千円	
適用税率(合計)		39.5%	39.5%	39.5%	39.5%	39.5%	39.5%	39.5%	39.5%	39.5%	39.5%		
消費税等の税率		8.0%	10.0%	10.0%	10.0%	10.0%	10.0%	10.0%	10.0%	10.0%	10.0%		更新された利益計画に基づく自社株評価による相続税額
株式数													
発行済株式数	100,000	125,000	125,000	125,000	125,000	125,000	125,000	125,000	125,000	125,000	125,000		
議決権総数	100,000	105,000	105,000	105,000	105,000	105,000	105,000	105,000	105,000	105,000	105,000		
株価の推移	1,700	1,552	1,627	1,667	1,755	1,829	1,875	1,920	1,967	2,021			

不動産管理会社	H26/3期 実績	H27/3期 計画	H28/3期 計画	H29/3期 計画	H30/3期 計画	H31/3期 計画	H32/3期 計画	H33/3期 計画	H34/3期 計画	H35/3期 計画	H36/3期 計画		
課税所得		7,130	8,500	8,500	8,500	8,500	8,500	8,500	8,500	8,500	8,500		
年税額合計		1,645	1,711	1,711	1,711	1,711	1,711	1,711	1,711	1,711	1,711	17, 千円	
適用税率(合計)		24.8%	39.5%	39.5%	39.5%	39.5%	39.5%	39.5%	39.5%	39.5%	39.5%		

相続税	0年目	1年目	2年目	3年目	4年目	5年目	6年目	7年目	8年目	9年目	10年目	対策施行時	
現経営者	評価額											評価額	
課税価格	446,000											247,624	千円
相続税額(試算)	119,250											16,762	千円
適用税率(最高)	45%											40%	
配偶者	評価額											評価額	
課税価格	237,000											185,492	千円
相続税額(試算)	50,100											29,098	千円
適用税率(最高)	30%											20%	
相続税額合計(試算)	169,350											45,861	千円

現経営者	現状	1年目	2年目	3年目	4年目	5年目	6年目	7年目	8年目	9年目	10年目	(10年間)	
持株数・割合													
株数	60,000	63,003	61,098	59,239	57,473	55,779	54,126	52,512	50,936	49,403	47,506		DES及び生前贈与後の持株数
議決権割合	60.0%	60.0%	58.2%	56.4%	54.7%	53.1%	51.5%	50.0%	48.5%	47.1%	45.2%		
シェア(%)	60.0%	50.4%	48.9%	47.4%	46.0%	44.6%	43.3%	42.0%	40.7%	39.5%	38.0%		
収入	0.0%	0.0%	0.0%	0.0%	0.0%	0.0%	0.0%	0.0%	0.0%	0.0%	0.0%		貸家をH26/9に不動産管理会社へ譲渡H26は9か月分月割り計上
役員報酬	24,000	24,000	24,000	24,000	24,000	24,000	24,000	24,000	24,000	24,000	24,000		
不動産収入	15,000	11,250											
収入計	39,000	35,250	24,000	24,000	24,000	24,000	24,000	24,000	24,000	24,000	24,000		
合計所得	31,050	28,675	21,550	21,550	21,550	21,550	21,550	21,550	21,550	21,550	21,550		
課税所得	28,690	26,315	19,190	19,190	19,190	19,190	19,190	19,190	19,190	19,190	19,190		
税負担合計	13,531	12,384	8,401	8,401	8,401	8,401	8,401	8,401	8,401	8,401	8,401	87,997 千円	
適用税率(合計)	50.8%	50.8%	50.8%	50.8%	50.8%	50.8%	50.8%	50.8%	50.8%	50.8%	50.8%		

後継者A	現状	1年目	2年目	3年目	4年目	5年目	6年目	7年目	8年目	9年目	10年目	(10年間)	
持株数・割合													
株数	20,000	21,997	23,902	25,761	27,527	29,221	30,874	32,488	34,064	35,597	37,494		現経営者からの自社株贈与
議決権割合	20.0%	20.9%	22.8%	24.5%	26.2%	27.8%	29.4%	30.9%	32.4%	33.9%	35.7%		
シェア(%)	20.0%	17.6%	19.1%	20.6%	22.0%	23.4%	24.7%	26.0%	27.3%	28.5%	30.0%		
収入	0.0%	0.0%	0.0%	0.0%	0.0%	0.0%	0.0%	0.0%	0.0%	0.0%	0.0%		現経営者からの住宅取得資金と自社株贈与
役員報酬	15,000	15,000	15,000	15,000	15,000	15,000	15,000	15,000	15,000	15,000	15,000		
贈与財産	0	8,099	3,099	3,098	3,099	3,099	3,098	3,099	3,099	3,098	3,099		
収入計	15,000	23,099	18,099	18,098	18,099	18,099	18,098	18,099	18,099	18,098	18,099		
合計所得	12,550	12,550	12,550	12,550	12,550	12,550	12,550	12,550	12,550	12,550	12,550		
課税所得	10,340	10,340	10,340	10,340	10,340	10,340	10,340	10,340	10,340	10,340	10,340		
税負担合計	5,350	4,350	4,350	4,350	4,350	4,350	4,350	4,350	4,350	4,350	4,350	43,496 千円	
適用税率(合計)	43.7%	43.7%	43.7%	43.7%	43.7%	43.7%	43.7%	43.7%	43.7%	43.7%	43.7%		

配偶者	現状	1年目	2年目	3年目	4年目	5年目	6年目	7年目	8年目	9年目	10年目	(10年間)	
持株数・割合													
株数	20,000	20,000	20,000	20,000	20,000	20,000	20,000	20,000	20,000	20,000	20,000		
議決権割合	20.0%	19.0%	19.0%	19.0%	19.0%	19.0%	19.0%	19.0%	19.0%	19.0%	19.0%		
シェア(%)	20.0%	16.0%	16.0%	16.0%	16.0%	16.0%	16.0%	16.0%	16.0%	16.0%	16.0%		
収入	0.0%	0.0%	0.0%	0.0%	0.0%	0.0%	0.0%	0.0%	0.0%	0.0%	0.0%		
役員報酬	1,800	1,800	1,800	1,800	1,800	1,800	1,800	1,800	1,800	1,800	1,800		
収入計	1,800	1,800	1,800	1,800	1,800	1,800	1,800	1,800	1,800	1,800	1,800		
課税所得	700	700	700	700	700	700	700	700	700	700	700		
税負担合計	106	106	106	106	106	106	106	106	106	106	106	1,057 千円	
適用税率(合計)	15.1%	15.1%	15.1%	15.1%	15.1%	15.1%	15.1%	15.1%	15.1%	15.1%	15.1%		

子B	現状	1年目	2年目	3年目	4年目	5年目	6年目	7年目	8年目	9年目	10年目	(10年間)	
収入	0.0%	0.0%	0.0%	0.0%	0.0%	0.0%	0.0%	0.0%	0.0%	0.0%	0.0%		現経営者からの住宅取得資金及び金銭贈与
役員報酬	9,600	9,600	9,600	9,600	9,600	9,600	9,600	9,600	9,600	9,600	9,600		
贈与財産	0	8,100	3,100	3,100	3,100	3,100	3,100	3,100	3,100	3,100	3,100		
収入計	9,600	17,700	12,700	12,700	12,700	12,700	12,700	12,700	12,700	12,700	12,700		
課税所得	5,360	5,360	5,360	5,360	5,360	5,360	5,360	5,360	5,360	5,360	5,360		
税負担合計	2,394	2,594	2,594	2,594	2,594	2,594	2,594	2,594	2,594	2,594	2,594		最新の一族全体の税負担合計
適用税率(合計)	30.4%	30.4%	30.4%	30.4%	30.4%	30.4%	30.4%	30.4%	30.4%	30.4%	30.4%		

孫	現状	1年目	2年目	3年目	4年目	5年目	6年目	7年目	8年目	9年目	10年目	(10年間)	
収入	0.0%	0.0%	0.0%	0.0%	0.0%	0.0%	0.0%	0.0%	0.0%	0.0%	0.0%		
贈与財産	0	18,100	3,100	3,100	3,100	3,100	3,100	3,100	3,100	3,100	3,100		1年目に教育資金の一括贈与実施
税負担合計	0	200	200	200	200	200	200	200	200	200	200	2,000 千円	

一族全体の相続税等税負担合計　　　420,583

■参考文献

図解　相続税・贈与税（一般財産法人大蔵財務協会）
財産評価基本通達逐条解説　平成25年版（一般財産法人大蔵財務協会）
法人税基本通達逐条解説　（税務研究会出版局）
金融機関と専門家による相続・事業承継支援入門（近代セールス社）
「事業承継ガイドライン」事業承継協議会　事業承継ガイドライン検討委員会（平成17年10月）
中小企業白書（2013年版）
法人税基本通達の疑問点（ぎょうせい）

著者略歴

甲田　義典（こうだ　よしのり）

ミレニア綜合会計事務所（www.millennia-tax.com）代表税理士
東京都豊島区池袋2-14-4　池袋西口スカイビル2階
Tel: 03-3988-0311　Mail: ykoda@millennia-tax.com
- 東京税理士会　豊島支部　派遣税理士
- 経済産業省 認定経営革新等支援機関
- 公益財団法人　大田区産業振興協会　経営アドバイザー
- ㈱日本M&Aセンター（東証1部上場）日本M&A協会　理事
- ミレニアフィナンシャルアドバイザリー株式会社　代表取締役

■ 専門分野
相続、事業承継、オーナー企業の経営支援、M&Aサポート

■ その他略歴
- 1999年に税理士試験合格後、翌年2000年に税理士登録。
- 1997年〜2004年、公認会計士事務所及び財務・経営コンサルティング会社にて、相続税対策、自社株対策、事業承継対策に係る税務アドバイスの他、事業再生支援業務を提供。
- 2004年〜2010年、監査法人トーマツ（現　有限責任監査法人トーマツ）及び税理士法人トーマツにて、オーナー企業や上場企業のM&Aや事業再生に関する税務アドバイスを提供。
- 現在は、ミレニア綜合会計事務所代表税理士して、税務顧問業務及び相続税対策、事業承継対策を中心としたコンサルティング業務に携わる他、相続税対策、事業承継対策に関する書籍（金融機関と専門家による相続・事業承継支援入門（2012年9月　近代セールス社））など多数の執筆活動を行っている。

短期・中期・長期の
10年スパンで考える 事業承継・相続の税金対策

2014年10月6日　発行

著　者　　甲田　義典 ⓒ

発行者　　小泉　定裕

発行所　　株式会社 清文社

東京都千代田区内神田1−6−6（MIFビル）
〒101−0047　電話 03(6273)7946　FAX 03(3518)0299
大阪市北区天神橋2丁目北2−6（大和南森町ビル）
〒530−0041　電話 06(6135)4050　FAX 06(6135)4059
URL http://www.skattsei.co.jp/

印刷：亜細亜印刷㈱

■著作権法により無断複写複製は禁止されています。落丁本・乱丁本はお取り替えします。
■本書の内容に関するお問い合わせは編集部までFAX（03-3518-8864）でお願いします。

ISBN978-4-433-52674-0